굼벵이 태권도 사범의 좌충우돌 미국 체험기

■ **이정규** 저자

ANIBIG 애니빅

굼벵이 태권도 사범의
좌충우돌 미국 체험기

초판발행 2013년 4월 10일
글 쓴 이 이정규
발 행 인 문상필
편집디자인 이한솔
표지디자인 이태진

펴 낸 곳 주식회사 애니빅
주 소 서울특별시 영등포구 경인로 82길 3-4, 1118호
(문래동 1가, 센터플러스)
대표전화 02-2164-3840
팩 스 02-6209-7749
홈페이지 www.anibig.com
이 메 일 0221643840@hanmail.net
출판등록 제318-3180000251002008000010호

가격 13,000원

ISBN 978-89-97617-49-4 03800

프롤로그

싫든 좋든 누구나 길을 떠난다. 그것이 인생이다. 나 역시 배낭 하나 달랑 메고 길을 떠났었다. 무작정 떠나 온 길에서 고생은 많았지만, 성공의 문턱에는 가보지도 못했다. 큰일이다. 그러나 무엇보다도 큰일은 지금은 사라지고 없는 배낭과 파란만장했던 청춘을 맞바꿔 배운 것이 많지 않다는 점이다. 시쳇말로 맨땅에 헤딩하며 살아온 날들. 이끌어줄 선배도 없었고 눈치까지 없어 몸으로 때워가며 정착한 미국이었기 때문이다.

미국 태권도계를 살펴보면 숱한 성공신화를 이루어 내신 선배님들이 계신다. 이런 성공의 반열에 든 분들의 주옥같은 삶의 노하우(Know-how)를 듣고 싶었다. 성공이든 실패든 가감(加減) 없이 이

분들이 살아온 삶을 들을 수 있다면 얼마나 귀한 도움이 될 것인가?

하지만 불행히도 시작부터 시골로 쳐 박힌 나에게는 이런 분들을 만나볼 기회가 좀처럼 주어지질 않았다. 성공신화는 고사하고 내 앞에 펼쳐질 미국생활을 조금이라도 가늠해 볼, 앞서 이 길을 걸었던 선배들의 평범한 이야기라도 듣고 싶었지만, 그마저 쉽지 않았다. 혹시나 하며 태권도계에 출판된 서적들을 찾아봤었지만 이런 경험들을 담고 있는 책들을 만나기도 쉽질 않았다. 그러니 처음 미국 생활을 시작하는 이들에겐 성공신화도 중요하겠지만 실패하며 절며 갔던 나 같은 민초들의 경험도 필요할 것이란 생각이 들었다. 비록 시행착오뿐인 허접한 삶이었지만 겪지 않아도 될 고난을 피하거나 불필요한 험한 길을 미리 둘러 갈 지혜가 필요할 때 쓸모있을지도 모른다.

요즘 주위를 둘러보면 많은 이들이 태권도의 역사, 철학, 정신을 이야기하곤 한다. 부끄럽게도 난 이런 주제들을 잘 알지 못한다. 하지만 선배들이 겪었던 일들, 그리고 우리가 지금 몸소 겪고 있는 일들, 그 속에서 진주처럼 영글어간 삶의 교훈들이야말로 태권도의 역사요, 철학이요, 정신이 된다고 믿는다. 그러니 실패든 성공이든 우리 모두의 경험들이 모이고 기록되어질 때 태권도 발전에 꼭 필요한 자양분들이 생성될 것이다. 도전과 응전(應戰) 그리고 성공으로 이어지는 축적된 이 지식을 잘 연구한다면 오늘날 우리가 당면한 많은 문제들 역시 쉽게 극복할 만한 지혜를 얻어낼 수 있게 될 것이라 믿는다.

성공신화를 읽고 따라가기에도 바쁜 시간에 별 볼 일 없는 사람의 이야기를 꺼내 놓는다는 것이 마음에 짐이 되긴 하지만 우리 모두의 가슴 속에 묻힌 이야기들을 꺼내어 함께 나누길 바라는 마음으로 먼저 용기를 내었다.

굼벵이처럼 살아온 볼품없는 삶의 조각들이지만 이것들을 징검다리 삼아 진흙 같은 세상 사뿐히 지르밟고 건너가시길.

2013년 3월

Lookout Mountain이 올려다 보이는

무학선당(武學仙堂)에서

사범 이정규 배상(拜上)

{ 목차 }

3장. 굼벵이의 짝 81

4장. 굼벵이네 도장 풍경 113

5장. 굼벵이네 사랑방 197

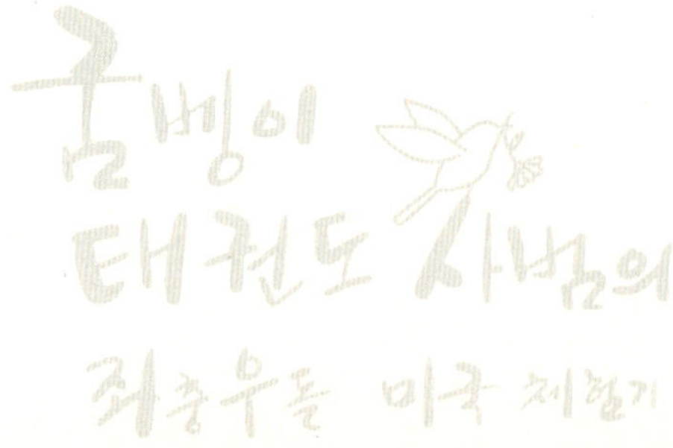

1장.
꿈꾸는 굼벵이

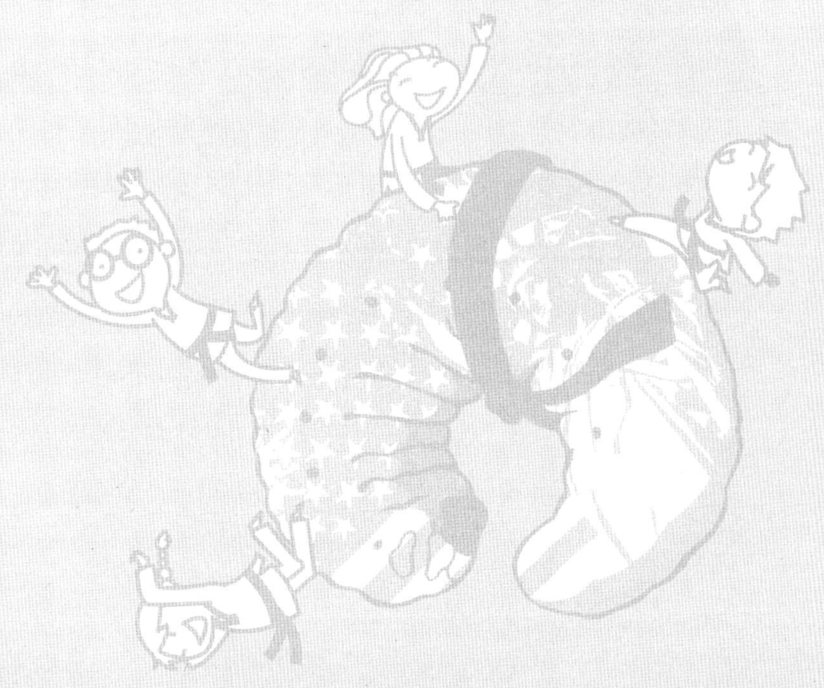

1장.

꿈꾸는 굼벵이

한국에선 다리에 족쇄라도 채워 놓은 것처럼 학교, 집, 도장만을 게으르게 오가며 살았다. 청춘의 특권처럼 여겨지던 여행 한번 훌쩍 떠나본 기억이 없다. 딱히 모범생이라 그랬던 것은 아니었고 단지 이렇다 할 도전정신이 없던 탓인 것 같다. 그렇게 낡은 처마 밑을 벗어나지 못하던 굼벵이가 넓은 세상을 향해 날아오를 꿈을 꾼 것은 막연한 동경 때문이었다. 무지에 가까운 정보력과 선부른 객기 하나로 태평양을 건넜으니 이리저리 정신없이 채이고 다녔음은 당연지사. 그 꼬이기 시작한 청춘의 모험은 이렇게 시작되었다.

영어가 문제였다.

지금도 별반 다르지 않지만, 학창시절 영어와 나 사이에는 만리장성이 쌓여 있었다. 대학 1학년 때 교양 필수로 영어를 수강했다. 여학생이 많은 학과와 공동으로 수강하는 시간이었다. 영어엔 관심도 없었지만 예쁜 여학생들이 많아 나름 행복한 수업이었다.

중간고사를 보는데 주관식 문제가 나왔다. 지문이 설명하는 글을 읽고 답을 한 단어로만 쓰면 된단다. 한문 섞인 신문을 읽듯이 아는 단어들을 골라 조합해 보았다. **Desert(사막)+Trade(무역)+Animal(동물)=?**, 이런 방정식이 나왔다. 직감적으로 '낙타'를 떠올렸다. 그래서 영어로 '낙타'라고 자신 있게 쓰고 나왔다. 친구들에게 확인해 보았다. "아까 그거 낙타 맞지?" 다들 맞는다고 했다. 얼마 만에 맞춰 본 주관식 문제인가? 스스로 대견스러웠다.

다음 시간이 돌아왔다. 교수님께서 점잖게 물으셨다. "지난주 시험 주관식 문제에 답 '낙타'라고 쓴 사람 손 좀 들어 보세요." 자랑스럽게 손을 번쩍 들었다. 그런데 분위기가 이게 아니다 싶었다. 나 말고 아무도 손을 안 들었기 때문이다. 모두 나를 쳐다봤다. 가슴 철렁한 불길한 예감이 들었다. 이렇게 쉬운 문제를 나 혼자 맞추었단 말인가? 불가능한 상황설정이다.

교수님이 "자네, 낙타 철자가 'N-a-c-k-t-a'라고 생각하나?" 순간 강의실이 뒤집어 졌다. 다들 웃고 난리가 났다. 철자가 틀렸나? "그럼

K가 빠져야 되는 건가요? 그럼 넥타(Nacta)가 될 텐데……" 이번엔 더 크게 뒤집어 지게 웃는 게 아닌가? 나중에 알았다. '낙타(駱駝)'는 우리말이고 영어로는 '카멜(Camel)'이라는 것을…….

관광통역

여름. 친구들과 해운대로 바캉스를 떠났다. 형 몰래 선글라스와 가슴에 영어가 큼지막하게 적힌 폼 나는 빨간 티셔츠를 훔쳐 입고 갔다. 고향이 충청도 내륙이었던 나에게 파도치는 해변은 별천지였다. 수영복 차림의 아가씨들이 떼 지어 다녔다. 수영을 못하기에 바다나 목욕탕이나 마찬가지였다. 물 몇 번 튀기고 나와 모래사장에 쭉 뻗고 누워 선글라스 너머로 오가는 아가씨들을 감상하고 있었다.

그때 저만치서 노란 머리 백인 남자 하나가 나타났다. 뭘 묻고 다니는데 말이 안 통하는 것 같아 보였다. 이럴 때 나서서 멋지게 통역을 해주면 얼마나 폼 날까를 상상을 해봤다. 그런데 난처한 표정을 짓던 그 노란 머리 백인이 주위를 둘러보다 나와 눈이 마주치더니 미소를 머금고 나를 향해 저벅저벅 걸어오는 것이 아닌가? 뜨끔해서 고개를 돌렸다. '혹시 나한테?' 가자미 눈을 뜨고 보니 정말 나를 향해 오고 있었다. 이건 아니지 싶어 슬그머니 일어나 도망쳤다.

몇 발짝 걷다가 돌아보니 나를 놓칠까 발걸음을 재촉하고 있었다. '윽, 이런!' 더 빨리 걸었다. 내 걸음이 빨라지자 그의 발걸음도 빨라졌다. 갑자기 당황하니 호흡마저 가빠졌다. 화장실로 가는 척 모퉁이를 돌자마자 사람들이 많은 상점으로 뛰어들었다. 진열장 사이로 빠끔 내다보니 그 백인 남자가 난감해진 얼굴로 날 찾는지 두리번거리고 있었다. 그가 사라지고 한참 만에야 주위를 확인하고 자리로 돌아왔다.

친구들이 혼자 어디 갔다 왔느냐고 묻길래 사실대로 답해줬다. 웬 백인 남자가 자꾸 나를 따라다녀서 피했다가 왔다고. "내가 영어 잘해 보이나?" 그 말에 다들 배꼽을 잡고 모래밭을 굴렀다. 친구들이 내게 "너 바보지? 대학은 어떻게 들어왔냐?"며 놀렸다. 형 몰래 훔쳐 입고 나온 빨간 티셔츠가 문제였다. 거기엔 크게 흰색으로 'Tourism Interpretation(**관광 통역**)'이라고 적혀 있었다. 우리 형은 관광통역과 학생이었고 그 티셔츠는 형네 학과 과T였다!

영어를 배우자

이후 충격을 먹어 새벽 영어 회화반에 등록했다. 10명이 한팀이 되어 수업을 듣는데 수업 내내 여자 강사가 영어로 말을 한다는 것이다. (원어민은 아니었고 어학연수를 다녀온 강사였다.) 첫 시간에 영어로 서로 자기소개들을 하며 각자의 수준을 평가했다. 나도 눈치껏 대답을 했다. 남들과 영어로 어깨를 나란히 할 수 있다니 뿌듯했다. 강의 끝에 다음 시간 준비사항을 전달하는데 온 추리력을 동원해 들으니 내일은 Free talking(자유토론)을 할 테니 책은 필요 없다는 뜻이었다. '그래, 나야 책보다는 Free talking에 강하지!' 다음 날 새벽 열심히 공부하고자 하는 의욕을 보이기 위해 제일 먼저 가서 둥그렇게 책상들을 정리하고 바로 강사 자리 옆에 자리를 잡았다. 잠시 후 학생들과 강사가 들어왔다. 다 둘러앉고 강사가 한마디를 하자 모든 학생이 일제히 책을 펼쳐 들었다. 나만 빈손이었다. 다들 나를 쳐다보았다. '에이~ 씨, 또 나만 못 알아들었구나......' 그 날 이후 회화반은 그만두었다.

체육특기생?

대학 때 학과 학생회장 일을 맡아 보았다. 공부는 잘 못했지만 일은 곧잘 했기 때문에 그랬던 것 같다. 같은 해 전국체전에 도대표로 선발되었다. 전국체전 기간 동안 학교 수업을 빠져야 했기 때문에 학과장 교수님께 결강신청을 하러 갔다. 도에서 지급한 대표선수 유니폼을 입고 갔다. 허구한 날 MT다, 학교 축제다 그런 이유로만 휴강을 요청하느라 찾아뵙던 학과장 교수님께 전국체전을 이유로 결강신청을 하니 의아한 눈으로 쳐다보셨다. 교수님이 조심스럽게 물으셨다. "혹시 우리 학과에서도 체육특기생 뽑습니까?" "네? 아닌 걸로 알고 있는데요?" "그런데 우리 학과 학생이 웬 전국체전을 나갑니까?"

난 물리학과를 졸업했다. 명목상 전공이 물리학이긴 하지만 그거야 대학 4년 동안 어깨너머로 기웃거린 거고 어려서부터 계속해 온 태권도가 전공이라면 전공이었다. 학과 공부보다 태권도 시범 다니고 시합 다니느라 들인 시간이 훨씬 많다. 그러다 보니 물리학과에서는 체육특기생 대접을 받고 태권도계에서는 물리학도 취급을 받았다. 양쪽에 발을 들여놓곤 둘 다 제대로 못 해 양쪽 세상을 오가며 빌붙어 사는 '박쥐' 같은 인생이었다.

게다가 난 도복 입었을 때와 벗었을 때의 모습이 너무 달라 전혀 다른 사람 같다는 평가를 듣곤 했다. 대학 가을 축제 때 친구들에게 보조를 부탁해서 시범을 했다. 무식한 격파들을 잘 끝내고 호신술 시범을 하는데 한 친구가 실감 나게 하자며 자기를 진짜 차라고 했다. 친구의 공격을 피하며 돌려차기로 차 주었다. 친구도 실감 나게 맞고 쓰러져 주었다. 문제는 시범이 끝나고도 일어서질 못했다는 것이다. 7번, 8번 갈빗대 골절! 이렇게 열심히 시범을 했으니 평소 강의 노트를 빌려주며 나를 업신여기던(?) 여학생들이 감동했을 꺼라 생각했는데 그것은 오산이었다. 평상복으로 갈아입고 나니 당장 부회장이 달려왔다. 여자 후배였다. "선배 봤어? 조금 전에 우리 학과라며 태권도 시범한 사람. 누군지 알아?" 어이가 없었다. "뭐? 그거 나야." "에이, 장난 말고!" "나라니까!" "웃겨, 선배가 무슨 태권도, 그러지 말고. 그 사람 누구야?" 아무도 안 믿어줬다. 그럴 줄도 모르고 괜히 실감 나게 한다며 친구 갈빗대만 날려 먹었다.

처음 본 미국, 리틀 도쿄(Little Tokyo) 시범

어릴 적부터 어머니께 듣던 말씀이 있었다. '제발 아들 덕에 김포공항 구경 한번 가보자.' 지금은 해외여행이 자유롭지만 90년대 초만 해도 김포공항은 나 같은 촌놈이 함부로 가 볼 수 있는 곳이 아니었다. 가끔 TV 드라마를 통해서 보면 성공한 이들이나 드나드는 세상을 향한 게이트였다. 함께 활동하던 분이 일본에 사범으로 갈 일이 생겼다. 지금 생각하면 촌스럽겠지만 그때는 학교강의도 빼먹고 김포공항까지 따라갔다. 환송은 핑계였고 그저 김포공항 방문이 목적이었다. 그때 처음 본 김포공항은 어찌나 신기했던지. 나도 언젠가는 저 게이트를 통해 세상을 향해 날아오르리라!

1995년 대학에서 그 흔한 토익, 토플 강좌 하나 안 듣던 내게도 미국 땅을 밟게 될 기회가 생겼다. 내가 속한 시범단이 초청을 받은 것이었다. 캘리포니아의 LA를 간다고 했다. 밤차 타고 서울에 올라가서 미국 대사관 앞에서 새벽부터 줄 서 가며 어렵게 받은 비자로 촌놈이 처음 해외여행이란 것을 했다. 처음 본 미국은 신기하기만 했다.

시범 일정을 마치고 나서 LA 다운타운에 있는 유명한 도장을 방문했다. 벽에 걸린 관장님 액션 사진을 보니 어릴 적에 본 영화 포스터 '차이나타운(원제:Ninja turf)'이 기억났다. 그 포스터 속의 액션 배우였던 정준 관장님이셨다. 멋진 콧수염과 인상적인 액션장면 때문에 유심히 들여다보던 그 포스터가 떠올랐다. 그 옆에서 늘씬하게 발차기를 하고 있는 사람 사진은 당시 내가 제일 열광하던 영화 '베스트 오브 더 베스트'(Best of the Best)의 주연 배우 필립 리(Philip Lee) 사범님이었다! 불행히도 두 분 다 자리에 계시지 않았다.

대신 수업 중이던 한국 사범님과 인사를 나누던 중 며칠 후에 일본인 타운인 리틀 도쿄(Little Tokyo)에서 아시아 각계의 무술 고수들이 다 참여하는 큰 시범경연대회가 열린다는 소식을 들었다. 한국서 태권도나 합기도 시범은 보았지만 다른 나라 무술들은 구경하기 힘들던 때였기에 입맛이 당겼지만, 귀국 날짜보다 이틀이나 더 지나서였다. 어떡해서든 보고 가야겠다고 맘을 굳혀 먹었다. 몰래 대한항공에 전화를 걸어 귀국 스케줄을 뒤로 사흘을 미루어 놓았다. 귀국하는 날 아침에야 단장님께 난 남았다가 따로 귀국하겠다고 했다. 예상대로 난리가 났다. '아니 이 사람이 여기가 어디라고? 자네 돈은 있나? 영어는 할 줄 아나?' 수중에 남은 50불이 전부였다. 영어는 물론 한마디도 안 통했다. 하지만 어떻게 든 있다 갈 테니 걱정하지 마시라고 하고 나만 달랑 남았다. 다들 떠나고 나서 시범 다니며 받아두었던 명함들을 꺼내 여기저기 전화를 걸어 한 군데에서 잠자리를 신세 지기로 했다. 그리곤 시범경연을 구경하는 날까지 LA 시내를 발이 부르트도록 걸어 다녔다. 배가 고프면 값이 제일 쌓던 바나나를 한 뭉치 사서 옆구리에 끼고 걸어 다니며 까먹었다. 길들은 지평선 너머로 시원스레 뚫려 있었지만, 나처럼 걸어 다니는 사람은 거의 없었다. 나중에 보니 홈리스(Homeless: 노숙자)로 보일 수 있던 짓이었다.

마침내 무술시범경연대회가 열리는 날 리틀 도쿄(Little Tokyo)를 찾아갔다. 행사명은 팬암 아시아 마셜아츠 페스티벌(Pan-Am Asia Martial Arts Festival)이었다. 행사장에 가보니 무대주위를 빙 둘러 빼곡하게 천막들이 쳐있고 각 문파들이 진을 치고 있었다. 중국의 각종 쿵푸 팀들과 일본의 유술, 검술, 창술, 궁술 등의 무술들 외에 처음 보는 남방 아시아계 무술들도 있었다. 처음 보는 기술들이며 예리한 기합소리, 뛰고 구르는 빼어난 동작들. 그날 내 눈이 호강했다.

하루 종일 벌이는 시범경연 가운데 태권도는 단 한 팀만 초청되어 있었다. 예사 자리가 아니었다. 각 팀마다 예리하게 다른 팀을 주시하고 있다가 조금이라도 실력이 밀린다 싶으면 끌끌 혀를 차는 분위기였다. 분위기가 그렇게 돌아가자 태권도 쪽 사범님이 나에게 함께 시범을 하면 어떻겠냐고 제안을 하셨다. 이런 자리에 낄 수만 있다면 나로선 더없는 영광이었다. 8명으로 구성된 이 도장 시범단 수준도 상당했다. 1단을 따는 데만 5년이 걸리고 2단은 기약도 없다는 도장이었다. 그러니 절도 있는 파워풀한 동작들이며 깔끔한 실력이 이미 흠잡을 데가 없었다. 나도 도복을 갈아입고 같이 몸을 풀고 있었는데 한 원로 관장님이 오시더니 이 자리가 어떤 자린데 아무나 함부로 끼워 주느냐며 시범담당 사범님을 나무라셨다. 속으로 서운했지만 행여 폐가 되면 빠지겠다고 했다. 하지만 담당 사범님이 괜찮다고 만류하시는 덕분에 끼게 되었다. 마침내 우리 순서가 되자 다들 시범을 멋지게 해냈다. 역시 뛰어 차고 이어 차며 송판을 부숴 나가는 빠르고 강한 발차기는 어느 무술도 태권도를 따라오지 못하고 있었다.

나도 함께 몇 가지 발차기 시범을 보이고 나서 마지막 남은 송판들은 손끝 찌르기로 마무리하기로 했다. 미국 송판은 한국보다 두꺼웠다. 남은 송판이 세 장이었다. 다 겹쳐 잡았다. 담당 사범님이 가능하겠냐고 물었다. 손가락이 부러지면 부러졌지 이런 자리에서 물러설 수는 없는 일이었다. 걱정하지 마시라고 했다. 야외여서 다소 소란한 분위기였는데 내가 낼 수 있는 발악에 가까운 기합을 최대한 끌어내며 손끝으로 송판을 조준하자 일순간에 정적이 돌았다. '설마?'하는 눈치 같았다. 당시에는 손끝 격파가 흔한 시범이 아니었다. 최대한 폼을 잡다가 한 걸음 들어가며 찔렀다. '빽!' 소리를 내며 송판들이 둘로 갈라지고 내 손끝은 보조자의 가슴에 닿아 있었다. 그런데 순간적으로 그냥 조용했다. '아니 이 정도에 아무 감흥이 없나?' 잠시 정적이 흐르는가 싶더니 일제히 환호성이 터졌다. 다른 문파에서도 '아니, 저놈이!' 하는 눈치였다.

인사를 하고 무대에서 내려오자 사회를 보던 금발 미인이 뛰어와 손 좀 만져 봐도 되냐며 이리 만지고 저리 만지며 무척 좋아했다. 함께 다정한 포즈로 사진도 찍고 아주 황송한 대접을 받았다. 나를 못마땅하게 여기셨던 원로 관장님도 잘했다며 어깨를 두드려 주셨다.

시범을 마친 후 다른 문파의 천막들을 돌며 기웃거렸더니 째려보는데 기분이 나쁘지 않았다. 그들과 나란히 어깨를 견줄 수 있는 상대로 인식된 것 같아 기뻤다. 어쨌거나 그날 하루는 좁았던 식견을 확 넓혀준 값진 경험이 되었다. 역시 강호는 넓고 무술은 끝이 없구나!

애틀랜타 올림픽 파크(Olympic park) 시범

이듬해인 1996년 애틀랜타 올림픽 때에 맞추어 또 한 번 시범단이 구성되었다. 그때만 해도 미국 비자 받기가 매우 까다롭던 때였다. 미국과 인연이 있으려고 했는지 가기로 한 사람 중 비자를 못

받은 사람들이 무더기로 생겨 예정에도 없던 내가 또 끼게 되었다. 그러나 부푼 기대와 달리 애틀랜타는 처음 봤던 미국만 못했다. 미국 서부의 이국적인 경치와 다르게 동부지역인 애틀랜타는 기후나 경치도 한국과 크게 다를 바 없었다. 후에 실패한 올림픽이라는 악평을 듣게 된 애틀랜타 올림픽은 심지어 그곳 주민조차 언제가 개막식인지도 모르고 있을 정도로 올림픽 분위기조차 조성되지 않았었다. 메인 스타디움과 문화행사가 열리는 올림픽 파크가 있는 다운타운을 제외하곤 아무런 축제 분위기를 느낄 수가 없었다. 게다가 올림픽 파크에는 테러방지를 위해 섬뜩할 정도로 중무장한 경찰병력들이 까맣게 깔려 위압감을 주고 있어 축제분위기가 위축되어 있었다.

올림픽 파크에서 길거리 시범을 하려던 우리의 시도도 경찰의 제지로 무산되었다. 올림픽 기간 중엔 어떠한 단체행동도 용납되지 않는다는 것이었다. 경찰 몇이 우리가 기습적인 시범을 할까 봐 졸졸 따라다니는데 여차하면 수갑 채우겠다는 식이었다.

때마침 전국 TV 네트워크인 abc 방송 리포터가 도복을 입고 몰려다니는 우릴 보더니 전국 생방송에 오프닝 시범 하나만 해 달라고 부탁했다. 경찰 때문에 안 된다고 하니까 리포터가 경찰을 붙잡고 사정을 했다. 나중에 보니 그 리포터는 꽤 유명한 사람이었다. 그의 노력으로 카메라 앞에서 격파 하나만 하기로 허락을 받았다. 마침내 큐 사인이 들어오고 메인 스튜디오에서 올림픽 현장을 연결한다며 우리 쪽으로 화면이 돌아왔다. 당시 태권도 한마당 장년부 종합격파 우승자였던 김희도 관장님이 짧은 기합과 함께 제자리에서 뛰어올라 공중 몸돌아 앞차기로 풍선 두 개를 터뜨리는 간단한 시범을 보였다. '팡!' 소리를 내며 풍선이 터지고 착지를 하자 주위에 벌떼 같이 모여들었던 사람들이 일제히 환호했다. 바로 리포터가 고양된 올림픽파크의 축제 분위기를 전하며 약 5분간 생방송이 진행되었다. 방송이 끝나자 우리를 쫓아다니던 경찰들도 박수를 치고 악수를 건네는 등 태도가 바뀌었다. 이때다 싶어 소란 안 피울 테니 시범 한 번만 하자고 했다. 처음엔 미안하지만 안 된다더니 동료 경찰들과 상의를 하고는 그럼 자기들이 지켜 줄 테니까 잠깐만 하라는 것이다. 중무장한 경찰들이 둥그렇게 둘러싸고 즉석 무대를 만들어 주어 호위를 해주는 가운데 시범을 했다. 각국에서 온 관람객들이 환호하며 좋아했다. 모처럼 제대로 된 축제 분위기가 났던 것이었다. 시범 후엔 함께 사진들을 찍고 자기 나라 기념품이라며 작은 배지나 소품을 하나씩 우리에게 건네주었다. 국적을 넘어 태권도로 하나가 된 자리였다.

그런데 바로 다음 주에 그곳에서 폭탄 테러가 발생했다. 이 테러로 2명이 사망하고 100여 명이 부상을 당하는 등 전 세상이 발칵 뒤집혔다. 방송에서 폭발 현장을 보여주는데 나도 서 있던 장소였다. 하마터면 큰일을 당할 수도 있었겠구나 생각하니 오싹했다. 그 많은 중무장한 경찰병력들로도 폭탄테러 하나를 막지 못한 것을 보니 인류 평화는 무력시위보다 우리 같은 민간 평화사절들이 더 기여하는 것이 아닐까 싶었다.

드디어 들이닥친 영어 쓰나미(Tsunami)

영어는 못해도 어떻게 취직자리 하나 정도는 비집고 들어갈 수 있겠지 하던 넉살 좋은 생각은 대학 졸업반이 되면서 깨졌다. 한 대기업 입사시험에 응시를 했다. 30대 1일 넘는 경쟁률에 1차, 2차, 3차 시험이 영어필답, 영어듣기, 영어면접 시험으로 치러졌다. 당연히 미끄러졌다. '단기간에 영어를 배워야 산다.'는 결론에 닿았다. '어떻게? 영어의 바다에 빠져라!' 미국으로 가는 거다. 게다가 내 어릴 적 꿈이 바로 국제 태권도 사범이 아니었던가?

애틀랜타 올림픽 때 애틀랜타에서 두 시간 위에 있는 테네시 주의 차타누가라는 도시의 한인교회에 들려 시범을 했었는데 시범을 본 그 교회 부속 한글학교에서 태권도를 가르칠 사범 하나 보내줄 수 없겠느냐는 요청을 했던 것을 기억해 냈다. 어렵게 전화번호를 구해 전화를 드렸더니 오면 좋기는 한데 보수를 주기에는 교회의 규모가 너무 작다고 했다. 대신 일자리를 찾아 줄 테니 생활은 알아서 해야 한다는 조건이었다. 젊어 고생은 사서도 하라지 않았는가? 받아만 주신다면 감사하겠다며 신바람 나서 얼른 가겠다고 결정을 했다. 겨우내 아르바이트를 해서 비행기 표를 마련했다. 미국행을 결정하고서 떠나기 바로 전 주까지 모든 이들에게 비밀로 했었다. '써프라이즈(Surprise)~!' 내 생각대로 모두 놀라긴 했다. 미국만 가면 영어도 배우고 성공도 할 것이라고 생각하는 내게 모든 사람들이 물었다. '영어는 지지리도 못하는 게 하필 미국이냐?'고.

2장.
굼벵이의 좌충우돌 시험비행

2장.

굼벵이의 좌충우돌 시험비행

드디어 미국행!

대학 졸업식을 마치자마자 배낭 하나 달랑 매고 비행기에 몸을 실었다. 유학의 길에 오른 것도 아니었고 태권도 사범으로 성공하고자 떠난 길도 아니었다. 그저 한 일 년 세상구경도 하고 영어도 좀 배워 오리라 생각하며 가볍게 떠난 길이었다. 미국 가서 일 년쯤 살면 영어가 저절로 막 될 줄 알았다. 그 실력으로 다시 보란 듯이 취업의 문을 두드리리라. 지금 돌아보면 정말 무지의 극치가 빚어낸 비극의 서막이었다.

먼 길 떠나는 내게 아버지께서 거듭 당부를 하셨다. "넌 태권도 사범이다. 행여 나라 망신시킬 짓 하지 말고, 돈 벌려 하지도 말고, 국위선양해라!" 일본강점기에 태어나셔서 6.25, 4.19, 5.16을 거쳐 월남전, 새마을 운동에 88올림픽까지 치러 내신 아버지다운 충고셨다. 하지만 이 말씀이 오늘의 미국을 살아가면서도 가장 뼈저리게 느껴지는 충고가 될 줄은 그땐 미처 몰랐었다. 이에 반해 어머니의 충고는 다소 현실적이셨다. "외롭다고 함부로 살지 말고. 혹여 눈 파란 며느리는 괜찮지만, 얼굴 까만 며느리는 안 된다!" "네?"

미국에 들어간다니 아는 사람이 동생에게 보낼 물건이 있는데 좀 가져가 달라고 부탁을 했다. 김포공항 국제청사, 탑승시간이 다되어 가는데 약속한 사람이 오지 않아 발만 동동 구르고 있었다. 마침내 그 사람이 뛰어들어 왔다. 검은 가방을 건네주며 잡다한 생활용품들이라고 했다. 남의 짐을 가지고 비행기를 타는 일은 금지된 일이지만 조급한 맘에 서둘러 비행기를 탔다. 태평양을 건너며 온갖 상상을 다했다. '영어를 마스터 하고 돌아오리라! 서양 친구들 팍팍 사귀고 오리라!' 상상의 나래를 크게 펴면 펴는 만큼 내가 무식했다는 것을 그땐 몰랐다.

샌프란시스코 공항 출입국 관리소

샌프란시스코 국제공항에 도착하여 입국신고를 하면서 비자를 보여주었다. 내가 가진 비자는 관광용 방문비자였다. 미국 공항에 도착하면 출입국 관리소에서 다시 한 번 방문 목적을 확인하고 체류기한이 찍힌 도장을 찍어준다. 그 기간을 초과해서 있을 수 없다는 것도 몰랐다. 더욱이 방문비자로 학교에 다닌다거나 일을 할 수 없다는 것도 몰랐다. 입국 목적이 뭐냐고 묻길래 '영어도 좀 배우고 미국 생활도 경험하려고 왔다'고 했다. '한국에선 뭘 했느냐?' '대학을 막 졸업했고 직업은 아직 없다.' 더듬거리긴 했지만 성실하게 대답했는데도 인상을 팍 쓴다. 권총 찬 사람을 하나 불러 나를 인계하더니 따라가라고 했다. 배낭을 등에 지고 손엔 검은 가방을 들고 덜렁덜렁 따라갔다. 공항 한구석 사무실로 들어갔다. 다들 정복 차림에 권총을 차고 있었다. 가슴이 철렁 내려앉는 것이 '이게 아니다.'싶었다! 아니나 다를까 짐을 다 풀어놓으라더니 수색을 한다.

배낭을 뒤지고 주머니를 털어 지갑까지 까서 돈이 얼마나 있는지도 다 세 본다. 옷도 벗겨 허리띠며 신발 밑창까지 정밀 수색이다. 맨발로 서서 범죄자 취급받으며 취조를 당했다. 일기장도 들추더니 내용이 뭐냐 말하란다. 그러다가 수첩에서 영어로 써진 학교 이름 하나를 찾았다. '이건 뭐냐?' '온 김에 영어도 좀 배우려고 알아본 학교다.' 그랬더니 그건 불법이고 넌 분명 불법체류를 계획하고 들어온 녀석이라며, 우린 너를 미국에 받을 생각이 없다. 다른 범법행위가 발견되지 않아도 그대로 강제 출국이라며 막 다그쳤다.

덜컥 겁이 났다. 그럼 학교 안 다니고 몇 달만 있다가 가면 안 되느냐고 물었더니 젊은 놈이 직업도 없이 남의 나라에 몇 달씩 머무는 게 말이 되느냐며 안 된단다. 게다가 내가 가지고 온 돈으론 한 달도 못 버틴다는 것이다. 아메리칸 드림이 한순간에 물거품이 되고 있었다. 떠들썩하게 환송식까지 치르고 어제 떠난 한국을 오늘 쫓겨 간다면 이 얼마나 창피한 일인가? 아찔했다. 그때 크게 배운 것이 있었다. 큰일 일수록 일이 다 이루어지기까지 조용히 처리해야 한다. 미리 떠들고 다니다가 장담한 대로 안 되면 그 창피함을 어떻게 감당하겠는가? 그 뒤로 정말 내게 중요하다 싶은 일들은 조용히 혼자 품고 준비를 하는 버릇이 생겼다. 이럴 때는 모든 일이 순조롭게 이루어졌다. 하지만 말부터 떠벌리고 다녀서 잘 된 일은 하나도 없었다. 어른들 말씀에 큰일에 남의 입을 타면 될 일도 안 되니 항상 살펴 근신하고 착실히 준비하라 하셨던 것이 정말 맞는 말이구나 싶었다.

찬 바닥에 맨발로 서서 강제 출국을 당할 일만 기다리고 있었다. 그때 나를 취조하던 사람 곁으로 정복차림에 권총 찬 사내가 지나가다 발걸음을 멈춰 섰다. 책상 위에 흩어져 있던 내 사진 중 한 장을 손으로 짚었다. 추억이 될 만한 사진들을 골라 온 것인데 군대에서 M60 기관총 사수 때 찍은 사진이었다. 가슴에 탄띠를 교차해서 걸고 기관총을 들고 있던 사진이었다. 그 사람이 내 사진을 보더니 너도 M60 사수였냐고 물었다. 시무룩하게 그렇다고 대답했다. 제대로 훈련받은 기관총 사수라면 사진만 봐도 알 수 있다. 숙달된 사람이 총을 들고 있는 모습인지 아니면 그냥 사진 찍자고 남의 총 들고 폼 잡고 있는 건지. 난 복무했던 기갑여단에서 M60 최고 기록 사수였다.

(샌프란시스코 공항에서 나를 구해주었던 군대사진들)

물끄러미 내 사진을 들여다보던 사람이 나를 취조하던 사람에게 무어라 귓속말을 건네고 사진 잘 봤다며 자리를 떴다. 그러자 갑자기 취조하던 사람이 짐을 다시 싸란다. 짐을 싸고 허리띠를 찾아 매고 신발을 신으니 여권에 도장을 꽝 찍어 주었다. 6개월짜리 체류허가였다. 가도 좋단다. '가도 돼?' 뜻밖이었다. 아마 그 사람이 잘 좀 봐주라고 부탁한 모양이었다. 마치 총알이 빗발치는 전쟁터에서 전우가 나타나 구해 주곤 화랑 담배 연기 속으로 사라진 것 같았다. 어쨌든 감사하다는 말만 연발하며 취조실을 나와 세관 신고를 향해 갔다.

인상이 안 좋아 보이나? 이번엔 세관에 잡혔다. 또 짐을 다 풀었다. 그러더니 검은 가방 속에서 꽁꽁 저며 맨 검은 비닐봉지를 꺼냈다. 아까 그 사무실에서 미처 열지 못했던 봉지였다. 이게 뭐냐고 묻는데 갑자기 아득했다. 모른다고 하면 문제가 생긴다. 그렇다고 그 안에 뭐가 담겼는지는 나도 모르겠고....... 머뭇거리는 표정이 보이자 의심이 갔는지 바로 겹겹이 꽁꽁 싸맨 비닐봉지를 풀기 시작했다.

'저게 뭘까?' 마음이 다급해졌다. 봉지를 다 풀기 전에 답을 맞춰야 한다! 그런데 갑자기 감이 오는 게 있었다. 비닐봉지 모양이 마치 고무호스를 말아놓은 것처럼 보였다. 하지만 '설마, 그건 아니겠지? 미국까지 오는 사람에게 그런 짓을?' 그 순간 봉투 매듭을 딱 풀어헤치고 속을 들여다본 세관원이 비명을 지르며 얼굴을 뒤로 제쳤다. "으악! 이게 뭐야?" 바로 대답했다. "코리안 푸드(Korean food), 순대!"

두 손을 쭉 내민 채 기겁을 하고 서 있는 세관원의 검은 봉지 너머로 풍겨오는 순대냄새! '맞았군.......' 난 쫓겨나다시피 순대 봉지를 들고 공항을 빠져 나왔다. '아~ 이 무슨 봉변이란 말인가, 아니 보낼 게 없어서 자르지도 않은 둘둘 말린 순대를 나를 시켜 보내나?' 하마터면 또 쫓겨날 뻔했다. 처음부터 순탄하지 않은 내 입국 과정이 앞으로 어떻게 펼쳐질지 모르는 내 앞날을 예고하는 듯했다.

비자 변경과 신분전환 과정

아무것도 모르고 무작정 건너온 미국이었다. 와보니 사정들이 내 생각과 너무도 달랐다. 관광용 방문비자로는 일을 할 수가 없었다. 지금은 한국과 무비자 협정이 체결되었기 때문에 단순 방문 목적으로 미국에 오면 비자가 필요 없다. 입국 비자 자체가 없기 때문에 비자 변환이라는 것 자체가 불가능하다. 하지만 당시만 해도 방문비자로 왔더라도 스폰서만 있으면 취업비자나 학생비자로 변경이 가능했었다.

한인교회에서 한글과 태권도를 가르치는 교사가 필요해서 전문인인 나를 채용하고 싶다는 서류를 만들어 방문비자에서 종교기관 취업비자로 비자 변경 신청을 냈다. 하지만 그 과정이 쉽지 않았다. 우선 고용할 단체가 그 사람을 고용할 경제적 능력이 있음을 증명해야 한다. 또 피고용인이 고용하고자 하는 분야에 필요한 전문자격이 있는 사람인지를 증명해야 한다. 게다가 자국인 취업 우선 원칙에 따라 3달간 해당 지역신문에 광고를 내서 적합한 구인자를 찾지 못할 때 비로소 외국인을 채용할 수 있게 해달라는 청원서를 노동청에 낼 수 있게 된다. 한인 교회 하나만으로는 재정이 약해 나를 고용할 수가 없자 같은 교단에 속한 미국인 교회가 함께 스폰을 해주었다. 양쪽 교회에서 태권도를 가르치고 지역사회 봉사와 선교활동의 일환으로 태권도를 활용하려 한다는 사업보고

서를 내고, 내가 태권도를 가르칠 수 있는 사범자격과 수상경력 등의 증빙서류를 제출하고 그 밖에 종교 단체에서 다년간 봉사한 경력을 제출했다. 변호사를 통해 증빙서류를 제출하고 몇 번에 걸친 보충 서류를 제출하고 나서 3년 만에야 종교 취업 비자인 R비자를 받게 되었다.

입국 당시부터 취업비자를 받기 전까지 3년 동안은 합법도 불법도 아닌 법적인 서류 계류 상태였기 때문에 아무 일도 할 수 없고 어떤 공식적인 수입도 있어선 안 되었다. 하지만 먹고는 살아야 하지 않겠나. 그러니 불법이지만 청소 용역 일을 해서 생활비를 충당해야 했다. 뭐가 뭔지도 모르고 입국 다음날부터 청소를 따라 나갔다. 쓰레기통을 비우고 걸레질하고 변기 닦고 정신없이 뛰어다녔다. 그렇게 내 미국 생활은 바닥부터 시작되었다.

3년 후 취업 비자가 나오고 나서도 교회는 신분유지를 위해 협조해주는 것만으로 사전 협의가 있었기 때문에 교회에서는 따로 봉급이 나오지 않았다. 교통비 조로 한 달에 $300을 받긴 했다. 스폰서가 되어주는 것도 고마운데 교회에 폐 끼치기 싫어 이 돈은 이런 저런 헌금 명목으로 다시 교회에 환원했다. 그리곤 청소며, 식료품점, 주유소, 옷가게 등을 전전하며 일을 해서 먹고 살았다. 취업비자를 받고 나서 어느 정도 기간이 지나서 다시 영주권 신청을 하게 된다. 여기서부터 적체된 이민국 서류 상황에 따라, 또는 영주권 신청 우선순위에 따라 짧게는 수년에서 길게는 십 년도 기다려야 한다. 그렇게 기다린다고 영주권이 나온다는 보장도 없다. 이 기간에는 취업비자에 명시된 장소에서만 정해진 일을 할 수 있을 뿐이다. 다른 직장으로 이동을 하거나 다른 직업을 가져서도 안 된다. 이 모든 과정들이 만만치 않았다. 과정마다 막대한 변호사 비며 수수료를 내야 했다.

평일엔 태권도, 주말엔 한글학교와 교회봉사를 하며 남는 시간만으로 교회가 아닌 다른 곳에서 불법으로 일해서 먹고살려니 수입도 적고 떳떳하지 못해 경제적, 심적 부담이 컸다. 게다가 스폰서가 돼 주는 교회에서 연봉을 15,000불을 받는다고 노동청에 보고했기 때문에 그에 해당하는 세금을 내가 내야 했다. 내가 매년 내야 할 세금은 전체 수입의 약 30%에 달하는 4,700불씩이었다. 세금 감면 혜택 등은 하나도 받지 못해 법률이 정한 그대로 세금을 내야 했기 때문이었다. 세금을 꼬박꼬박 내지 않으면 세금 탈세 혐의로 영주권은 물 건너가는 것이니 벌어 보지도 못한 돈이었지만 어쩔 수 없이 돈을 아끼고 아껴 세금을 냈다.

청소해서 돈을 벌긴 했지만, 전체 금액에서 15%를 떼고 받았다. 남의 이름으로 일을 했기 때문에 피고용인과 청소 회사가 내야 할 세금을 뺀 만큼이다. 그러니 같은 시간만큼 일을 해도 남들만큼 벌지도 못한다. 엄청난 세금에 생활비며 영주권 신청에 필요한 각 과정마다 변호사비를 내야 했기 때문에 닥치는 대로 일을 했다.

동트기 전 새벽부터 공장들을 돌며 구석구석 화장실 청소를 하고 낮에는 빈민촌의 식료품점이나 옷 가게 등에 가서 일을 했다. 그리고 늦은 밤이 되면 다시 빈 오피스 빌딩들을 돌며 새벽 두, 세시까지 밤 청소를 했다. 그러면서도 주 4일은 시간을 내어 교회 체육관에서 아이들에게 태권도를 가르쳤다. 태권도 시간이 끝나도 늦게까지 일하는 부모들이 올 때까지 아이들을 돌보아 주거나 그러지도 못하면 일일이 집까지 다 태워다 주고 나서야 움직일 수가 있어 밤늦게나 돼서야 밤 청소를 하러 갔다.

이렇게 하루에도 3, 4개의 파트타임을 뛰면서 주7일 쉬는 날 없이 일을 했다. 남들은 쉰다는 일요일도 일 마치고 집에 돌아오면 새벽 네 시께였다. 너무 피곤하면 집까지 가지도 못하고 깜깜한 교회 예배당에 들려 쓰러져 잠들곤 했다. 새벽 기도를 하러 오신 노인분들이 예배당 의자 위에서 잠이 든 나를 보고 불쌍하다며 혀를 차시는 소리에 깨기 일 수였다. 집에 가 씻기만 하고 바로 교회로 나와 아이들 가르치고 예배드리고 점심 먹고 태권도 가르치고 교회 청소에 뒷정리까지 다 하고 불 끄고 돌아서면 다시 밤이 되고 월요일이 되었다.

이런 상황이니 아무리 일을 해도 돈은 모이질 않았다. 태권도를 가르치고 교회의 잡다한 일들과 한글학교의 일을 돌보느라 일할 시간도 부족한데다가 벌어 놓은 돈은 변호사비와 방세, 자동차 할부, 각종 공과금, 기름값, 식료품 등 버는 족족 사라졌다. 일정한 수입은 없는데 일정하게 나갈 돈은 있었다. 아무리 일해서 벌어도 밑

빠진 독에 물 붓기였다. 그러니 생각했던 영어 공부는 물 건너 간 지 오래였고 지출을 줄일 수 방법이라야 먹는 것, 입는 것을 줄이는 수밖에 없었다. 근사한 외식 따위의 사치는 부릴 처지가 못 되었다. 옷도 일하던 흑인 옷가게에서 팔다 남는 옷을 사서 입었다. 그러니 사람이 품위라는 게 있을 수 없었다.

그렇게 몇 년이 지나자 불규칙한 생활과 과로로 몸도 망가지고 말았다. 끼니를 챙기지 못하고 건너뛰는 일이 많아지다 보니 갑자기 허기가 확 지고 눈앞이 캄캄해지기도 하는데 운전을 하는 손에 힘이 빠져 자동차가 휘청휘청 중앙선을 넘어갔다 왔다 했다. 그럴 때면 가까스로 주유소에 차를 세우고 설탕이 잔뜩 발라진 도너츠를 사서 입에 마구 밀어 넣었다. 휘청거리는 다리에 덜덜 떠는 손으로 꼬깃꼬깃한 돈을 내미는 나를 점원은 약물 복용자로 오해하기도 했다. 그럴 때면 이러려고 미국 왔나 싶어 가슴이 마구 무너져 내렸다.

물론 한국으로 돌아갈 비행기 표를 살 돈도 없었지만 바라던 영어도 못 배우고 심신마저 다 망가진 꼴로 돌아갈 용기도 없었다. 엎친 데 덮친 격으로 한국을 떠난 지 일 년 만에 IMF 한파가 한국을 덮쳤다. 국제전화를 걸 때마다 힘들면 돌아오라던 부모님마저 너만이라도 거기서 살 수 있으면 그냥 버텨 보라셨다. 한국경제가 곤두박질쳤고 직장인들이 거리로 내몰렸다. 견디다 못해 자살하는 사람들의 소식들이 끊임없이 들려왔다. 나라가 망한 것 같이 느껴졌다. 내겐 돌아갈 나라도 선택권마저 사라지고 만 것이다.

불법 체류까지는 아니었어도 불법노동을 하며 사는 이민 생활의 설움과 어려움은 몸도 마음도 병들게 했다. 게다가 영어까지 못하니 별별 자질구레한 것까지 남에게 신세를 져야 했다. 그러니 같은 한인들에게도 눈치가 보였다. 불법으로 일하는 것이 걸리면 강제 추방 조치당할 수도 있어 미국인들의 눈치도 봐야 했다. 그러니 이런 삶은 24시간 압박감을 느끼며 어둠 속 그것도 바닥에서 기어 다니며 눈에 띄지 않게 살아가야 하는 형벌이었다.

밤에 빈 빌딩에 들어가 혼자 하는 청소는 견딜 만했지만 대낮에 백화점 분식코너에서 먹고 난 테이블을 닦고 화장실을 치우고 쓰레기통을 비우고 다니려면 정말 죽을 맛이었다. 내가 가르친 학생들이 다니는 학교에 가서 청소하게 될 땐 고개를 푹 숙이고 땅만 보고 빨리빨리 걸어 다녔다. 쓰레기통을 밀고 다니는 나를 누군가 알아볼까 두려웠기 때문이다.

한글학교 태권도

미국 와서 태권도를 가르치기 시작한 것은 한글학교였다. 한글학교라 하지만 유치원부터 고등학교 학생까지를 총괄한 한인 2세들을 위한 주말 학교였다. 나이 구분보단 한글 실력에 따라 반을 나

눴다. 학교 못 간 꼬맹이들은 집안에서 할머니나 엄마 품에서 살기 때문에 한국말을 곧잘 한다. 하지만 학교에 가고 커질수록 한국말보다 영어를 사용하는 빈도가 높아지기 때문에 한국말을 곧 잊고 만다. 한글학교 반을 수준별로 나누어 놓으면 유치원생과 고등학생이 한 수업에 들어오기도 한다. 그러니 아무리 가르쳐도 진도는 제자리를 맴돌기 일 수다.

우리 한글학교 아이 중엔 부모님 중 한쪽이 미국사람인 혼혈아들이 많았다. 나중에 알고 보니 대도시 한인교회들엔 한인 2세들이 많아 순수 혈통끼리 모여 지내고 혼혈아들은 잘 어울리지 못한다고 했다. 생긴 것도 좀 다른데다 한국말까지 서투르면 따돌림을 당하기 쉽기 때문이다. 하지만 이런 작은 도시의 한인교회에는 아이들이 다 영어만 쓰기 때문에 그런 구분 없이 서로 잘 어울려 지냈다.

한국말을 잘 못하는 아이들이 대부분인 그런 한글학교에서 의무적으로 배워야 하는 태권도 시간에 난 영어가 안 되고 아이들은 한국말이 안 되니 의사소통 자체가 어려웠다. 처음엔 아이들이 너무 버릇없어 보였다. 뭘 시켜도 잘 모르겠다며 말대답이었다.

"어허! 이런 버르장머리들하곤. 전체 엎드려뻗쳐!" 아이들은 그게 무슨 뜻인지 몰랐다. 그래서 내가 먼저 보여주고 따라 하라고 했다. 다들 엎드려뻗치고 나자 사내고 계집애고 할 것 없이 죽도(竹刀)로 정신 바짝 나게 패 버렸다. 맞은 아이들이 너무 놀라 눈이 휘둥그레졌다. 울려고 하는 녀석들에겐 버럭 소리를 쳤다. "울어? 그래, 울어

봐! 우는 녀석은 한 대씩 더 맞는다! 감히 사범을 뭐로 알고.” 아이들은 내 호통에 놀라 울음을 꿀꺽 삼켰다. 그 뒤로도 좀 맘에 안 든다 싶으면 그냥 엎어놓고 패 버렸다. 구경하던 부모들도 내가 너무 당당히 때리니까 아무도 뭐라 못했다.

어쨌거나 아이들이 태권도 시간을 싫어하고 나를 잘 따르지 않았다. 부모들이 억지로 밀어 넣은 태권도 시간에 영어도 못하는 사범이 군기반장 모양으로 그저 패고 기합만 주니 아이들은 갈 곳이 없었다. 진도가 안 나가자 답답하고 모자라 보이는 아이들이 밉기까지 했다.

그러던 어느 날 문득 이런 생각이 들었다. ‘미국서 쓸 일도 적은 한국말과 한글은 배우라고 아이들에게 소리치면서 나는 정작 미국 생활에 필요한 영어 하나 제대로 못 하지 않는가.’ 내가 뭐 잘한 게 있다고 불쌍한 애들을 잡나 싶었다. 정신이 퍼뜩 났다. 그 뒤로 아이들과 가까워지기 위해 노력을 했다. 가급적 기합도 덜 주고 때리는 일은 아예 그만두었다. 태권도 시간 외에 한글학교나 교회에서 모든 일을 아이들 편을 들어 주었다. 그러다 보니 차츰 아이들과 친해졌다. 나중엔 나만 보면 큰놈, 작은놈 할 것 없이 달라붙기 시작했다. 정이 붙자 아이들 하나하나가 얼마나 사랑스러운지. 이 아이들과 어울려 사는 시간만큼은 삶이 즐거웠다. 하지만 여전히 태권도 시간만큼은 군기를 잡고 있었다. 아이들이 물었다. “사범님은 태권도 시간하고 태권도 끝나고 왜 그렇게 달라요?”

난 태권도를 재미있게 배워본 적이 없었다. 태권도 시간에 웃어본 적도 없고 사범님 말씀에 한 번도 토를 달았던 적도 없다. 태권도를 맞으며 엄하게 배운 세대였다. 그러니 다른 방법은 모를 수밖에. 나도 멋쩍었다. "태권도는 태권도니까! 자, 전체 집합! 좌우로 정렬!"

어쩌다 아이들이 '사범님 아이스크림 사 주세요!' 하고 조른다. 한 달을 바짝 조여 봐야 내가 쓸 수 있는 용돈이라곤 20불 안팎이 전부인 살림을 쪼개서 아이들에게 아이스크림을 사 주곤 했다. 아이스크림 하나씩 들고 좋아하는 아이들의 웃는 얼굴을 보는 것이 내 유일한 낙이었다. 무슨 옷을 입고 무슨 일로 밥을 먹고 살던 그나마 내가 '사범' 일 수 있었던 것은 바로 이 아이들 때문이었다. 아이들에겐 나는 '청소부'가 아닌 인기 만점의 영원한 '사범님'이었기에 아이들은 내 정체성의 근원이 되어 준 것이다. 나를 보면 달려와 매달리며 까르르 웃어주는 아이들과의 시간이 고달픈 현실에서 잠시나마 도피할 수 있는 탈출구였고 삭막하고 지친 삶에 솟아나는 샘물이었다.

한글학교라고 하지만 고전무용, 전통악기 등도 가르치고 지역사회에 대한 봉사와 한국 바로 알리기 일환으로 지역 주민에게 무료로 태권도 시간을 오픈했다. 이웃 미국인들 중 태권도를 배우다가 나중에는 한국에 대한 관심이 커져 아예 한글학교에 등록하여 한국말을 배우는 이들도 여럿 생겨났다. 그 중 성인들은 내가 따로 시간을 내어 개인지도를 하기도 했다.

그 틈에 시간을 더 쪼개 교회 청년들을 모아 청년시범단도 조직했다. 태권도를 해보지 못한 청년들에게 각자 특기 하나씩을 정해 훈련시키다 보니 서로의 단점은 가려주고 장점은 살려 웬만한 수준의 시범을 할 수 있게 되었다. 미국인 교회들은 이런 우리를 얼마나 신기해하고 부러워했는지 모른다.

미국도 대학 입시에 교과 성적 외에 스포츠, 사회봉사 등의 과외 활동이 입학 사정에 크게 영향을 미치게 된다. 우리 아이들은 끊임없이 양로원, 노숙자 쉼터, 거리축제 등 각 곳에서 태권도시범을 하고 봉사활동을 했다. 이 경력들이 나중에 크게 도움이 되기도 했다.

우리 아이들은 학교 주제발표시간에 태권도를 선보였다. 다른 학생들이 악기, 스포츠 등 일반적인 주제로 발표하는 것과 달리 우리 학생들은 도복을 입고 즉석에서 시범을 보이며 태권도를 설명하고 한국을 알렸다. 당연히 인기 만점이었고 점수도 잘 받았다. 그러다 보니 대학생이 된 녀석들의 대학에 가서 시범을 하기도 했다. 주제 발표 분야의 전문가를 초빙하여 오면 가산점이 붙었기 때문이다. 덕분에 미국 강단에 서(?) 보는 기회가 생기기도 했다.

지역 학교나 사회단체 등에서 한국 문화를 소개해 줄 수 있겠느냐는 요청이 들어오면 아이들을 이끌고 시범을 나갔다. 한복 밑에 도복을 받쳐 입고 나가 고전무용을 선보이고 나서 바로 한복을 벗어젖히고 기합을 지르며 태권도 시범을 보이는 반전은 역시 인기 최고였다. 태권도 시범에 열광하는 미국인들을 보면 태권도만큼 한국문화를 강하게 어필하는 것도 없다는 생각이 들었다. 이렇게 민간문화사절 역할까지 하는 것이 보람 있긴 했지만 먹고사는 일 이외에 한글학교 업무 전체를 담당하며 태권도도 가르치고 외부 시범까지 해야 해서 도무지 쉴 틈이 없어 병이 날 지경이었다.

(한글학교 학생들과 한인 청년들로 구성된 시범단의 한국문화공연)

미국 도장 시범단의 도전

우리 교회 목사님께서 한 한인 아주머니를 전도하려고 교회 좀 나오시라고 했더니 요즘 블랙벨트 1단을 따고 미국인 도장에서 태권도를 가르치느라고 바쁘다고 했다. 목사님이 잘됐다 싶어 우리 교회에도 한국에서 사범이 와서 태권도를 가르치니 와서 같이 가르치시면 좋겠다고 인사를 건네셨단다. 그러자 아주머니 왈, '교회에서 태권도를 하면 얼마나 하겠냐?

그 아주머니가 다니시던 도장은 이 도시에서 제일 잘 나가는 도장이었다. 어느 일요일 예배 후에 점심 먹고 태권도를 가르치고 있었는데 갑자기 하얀 도복에 까만 띠를 맨 미국인들이 교회체육관으로 쏟아져 들어왔다. 아이며 어른들이며 유단자만 30여 명에 그 가족들까지 삼삼오오 짝지어 들어오자 금방 교회체육관이 8, 90명이 넘는 미국인들로 가득 찼다. 어찌 오셨냐고 물으니 오늘 여기서 시범하러 왔다는 것이다. 아무런 통보도 받지 못했던 터였다. 수염을 액션배우 척 노리스(Chuck Noris)처럼 멋지게 기른 로이(Roy)라는 사범이 단장이었다. 4단이라고 했다. 내가 최대한 정중히 인사를 했는데 뻣뻣한 인사만 돌아왔다. 단수도 아래인 사람이 남의 수업시간에 통보도 없이 밀고 들어와 인사도 제대로 않는 게 거슬렸다.

어쨌든 가르치던 것을 마무리하고 아이들에게 이웃 도장에서 유단자들이 시범을 왔으니 잘 보고 배우라 하고 자리에 앉혔다. 그때 우리 아이들은 최고참이 파란 띠였었다.

요란한 음악을 틀어놓고 시범을 보이는데 품새와 한번 겨루기 그리고 격파는 송판 한 장씩을 기본 발차기와 손기술로 깨는 정도였다. 제일 난이도 높은 발차기라야 뛰어 뒤차기로 송판 3장 격파. 자기들끼리 박수를 치고 소리 지르고 아주 잔치를 벌였다. 당시에는 미국 시범단 수준과 한국 시범단의 수준이 천양지차(天壤

之差)였었다.

마지막으로 단장인 로이 사범님께서 등장했다. 다들 긴장했고 나도 그랬다. 송판 한 장을 한참을 노려보며 폼을 잡는데 그 폼을 봐서는 도대체 뭐로 격파할지 감이 오질 않았다. '저 자세에서 무엇을 할 수 있을까? 내가 모르는 비기(秘技)가 있단 말인가?' "아~핫!" 대갈일성(大喝一聲) 후, 손날등 돌려치기 격파....... 같이 온 시범단과 가족들이 박수를 치고 난리가 났다. 황당했다.

어쨌건 시범을 마쳤으니 우리 아이들에게 좋은 말씀 좀 해달라고 부탁했다. 그러자 '태권도는 대단한 무술이다. 잘만 하면 인생이 바뀐다. 그러니 될 수 있으면 이런 데서 함부로 배우지 말고 도장 와서 제대로 배워라!' 대충 뭐 그런 뜻이었다. 연설만 끝내고 그냥 가려 하길래 불러 세웠다. "여기까지 오셨는데 준비 한 건 없지만, 우리도 뭐라도 보여 드리는 게 답례라 생각한다. 잠깐 시간 내 줄 수 있겠는가?" 나가려던 사람들이 다시 자리에 앉았다.

당시에는 격파용 송판이라는 게 따로 없었고 건축자재상에서 1인치(2.54cm) 두께의 널빤지를 사다가 전기톱으로 대충 잘라 쓰던 때였다. 송판을 꺼내다가 꼬맹이고 계집애고 할 것 없이 노란 띠, 파란 띠 무작위로 즉석에서 불러내어 격파를 시켰다. 장애물 너머 이단 옆차기, 뛰어 뒤후려차기, 돌개차기, 벽 밟고 뛰어올라 차기. 뛰어 3방향 차기. '빡! 빡! 빡!' 이쯤 되니 뭔가 아니다 싶은 얼굴로 바뀌기 시작했다. 나중에 들으니 우리 파란 띠 여자아이와 같은 반인

학교 친구가 그 시범단에 있었는데 기가 확 죽었다고 한다. 저도 못하는 격파를 파란 띠인 자기 친구가 하고 있으니.

게다가 우리 교회에 용인대를 나온 여자국가대표 출신 김 민정 사범도 있었다. 싱가포르 여자대표팀 코치도 했던 실력파였다. 다른 도시에서 사범으로 있다가 막 시집을 와서 같은 교회를 다니고 있었다. 조그만 여자가 나와서 눈 한번 깜짝하기도 전에 사방의 송판들을 연결 발차기로 '빠바박!' 빡빡! 박살 내고 조용히 들어가자 판이 뒤집어 졌다.

다음은 내 차례였다. 5인치 두께의 송판들을 한주먹에 뚫었다. 연이은 손끝 찌르기, 손날, 손날등 치기로 이어지는 위력 격파 '빡! 빡! 빡!' 다들 보는 앞에서 부엌에서 식칼을 꺼내 들고 와 사과를 꽂아 들게 하곤 맨발로 뛰어 돌아 차서 박살 내 버렸다. 그쪽 유단자들의 입이 딱 벌어졌다.

다시 한 번 정중히 인사를 했다. "지금은 준비된 것이 없어서 뭐 별로 보여 드릴게 없지만 다음에 기회 닿으면 우리도 그쪽 가서 시범 한번 했으면 좋겠다."

로이 사범은 교회에서 태권도를 한다니까 시범 한번 잘 보이면 신입관원 꽤 늘겠다 싶어 온 것인데 잘 알아보지 않고 와서 망신만 당했다는 눈치가 역력했다. 그 팀을 끌고 오는 데 주력했던 한인 아주머니는 안절부절 몸 둘 바를 몰라 했다. 사실 나도 한국 사범이 둘씩이나 있다는 걸 듣고서도 당당히 시범단을 끌고 쳐들어온 것이 괘씸했었다. 그리고 태권도 간판 걸고 저 정도면 저 수련생들은 한국 태권도를 뭐로 알까 싶었다.

하지만 뭐 나야 손해 본 것 없으니 그 일은 잊고 있다가 한참 지나 인사도 할 겸 그 도장을 찾아갔다. 필요하다면 로이 사범을 도와줄 생각도 있었다. 품위 있는 백인 할머니가 블랙벨트를 매고 매니저로 계셨다. 2단이셨다. 도장에 들어서자마자 나를 알아보고는 지난 번 시범 너무 잘 봤다며 달려와 손을 잡고 반가워하셨다. 그날 이후 유단자들이 벽 밟고 뛰어 차는 거 해본다고 하도 뛰어서 벽에 구멍이 날 지경이란다. 로이 사범은 내가 했던 손끝 격파를 해보겠다고 손에 붕대 둘둘 감고 송판을 노려보다가 손가락 부러진다고 말리니까 끝내 못하고 포기했다고 했다. 그러면서 주위 학부모들에게 나를 소개하며 칭찬이 대단했다.

로이 사범은 수업 중이었는데 나를 흘깃 보더니 바로 눈길을 피해 버렸다. 기다렸다가 인사나 하고 가려 했는데 수업이 끝나자마자 못 본체 서둘러 다음 수업으로 바로 넘어가 버리는 것이었다. 아차, 싶었다. '혹시 시비나 걸러 온 것으로 보일 수 있겠구나.' 그래서 그냥 뒤에서 정중히 고개 숙여 인사를 하고 나와 버렸다. 로이 사범은 그 사건으로 마음의 상처를 입었는지 그 뒤로도 가끔 나와 마주칠 일이 생기면 멀찍이서 못 본체 먼저 피해버렸다. 겸손해야 한다는 평범한 사실을 다시 한 번 깨달았다. 세상천지엔 나보다 상수(上手)가 수도 없이 많지 않은가? 괜히 까불다 민망한 꼴이나 당하지 말아야 하지 않겠는가 생각했다.

그런데 내가 이겼다고 생각했던 것이 독으로 돌아왔다. 어려울 때 청소를 하나 더 맡았는데 하필 그게 그 도장 바로 옆 칸 사무실이었다. 일주일에 두 번 밤에 가서 청소를 해야 했는데 그 도장 사람들이 나를 알아볼까 겁나 멀찍이 차를 세우고 그 도장 사람들이 안 볼 때 뛰어들어가 숨어서 청소를 하고 도망치곤 했다. 나중에는 그것도 맘에 걸려 도장이 불 꺼질 때까지 멀리 숨어 있다가 들어가 청소를 했다. 가끔 불이 늦게까지 꺼지지 않으면 새벽에 다시 와서 청소를 하기도 했다. 그게 얼마나 가슴 조이고 마음에 상처가 되던지. 아마 그 사범에게 창피를 주고 마음의 상처를 크게 주었기 때문에 나도 그만큼 당하지 않았나 하는 생각이 들었다. 세상엔 인과응보와 카르마(Karma)의 법칙이 정말로 존재하는 것 같다.

흑인 빈민촌 벽돌 격파

살기 위해 밤낮을 가리지 않고 일을 했다. 밤엔 청소를 하고 낮에는 주유소가 딸린 식품점에서 일을 했다. 한국 슈퍼마켓과 비슷하지만 없고 못 배운 흑인들 몰려 사는 빈민촌에서 언제 있을지 모를 총격전을 무릅쓴다는 것이 다르다. 가끔 이런 곳에서 일하다가 권총 강도의 총격에 사망하는 한인들의 소식을 접하기도 한다. 어찌 보면 전쟁터만큼 험한 동네에서 살아간다고 해도 과언이 아닐 것이다. 내가 일하던 가게도 벽이며 천장에 총알구멍이 뚫려 있고 봄, 가을로 강도가 들었다. 간간이 가게 앞에서 총격전도 벌어졌다. 달리는 차에다 마구 총질이다. 경찰도 안 온다. 총 쏜 녀석한테 물으면 마약만 받아 채고 돈 안 내고 도망가서 그랬단다. 이 동네에선 마약 딜러가 되어 주머니에 현금 뭉치 말아 들고 다니는 게 청소년들의 꿈이다. 다들 작은 일에도 쌍욕을 하며 엉겨 붙고 멱살잡이를 한다. 술에 절고 마약에 절고, 제정신 갖고 사는 사람 찾기 힘들었다. 가로등마저 어두운 가게 앞에는 때에 찌든 옷을 입은 흑인들이 밤이고 낮이고 뭐라는지 알아듣기도 힘든 괴성을 지르며 산다.

길을 잘못 든 경우가 아니면 백인들은 이 동네를 향해 차를 달리지도 않는다고 했다. 백인들끼리 하는 말이 있었다. 행여 이 동네 지나 달리다가 사람을 치게 되면 정지하지 말고 그 동네를 통과하고 나서 신고하라는 말이 있을 정도였다. 그건 경찰도 이해해 준다고 '당신 같으면 그 동네에서 차 세울 수 있겠나? 자칫 총 맞아 죽을 수도 있는데.'

그러니 처음엔 나도 얼마나 무서웠는지 모른다. 가게에 일하러 가자마자 무지막지하게 시달렸다. 이 동네 물정 잘 모르는 동양인이 치르는 신고식이었다. 주로는 물건값을 모자라게 던져 놓는다. 뭐라고 하면 당장 주먹을 꽉 쥔 채 가운뎃손가락만 튀어 올라온다.

그리곤 피치 높은 짧은 욕들이 쏟아져 나온다. 처음엔 괜찮았는데 점점 갈수록 욕을 알아듣게 되자 참기가 어려웠다.

돈도 없이 물건을 집어가며 외상이라고 성질을 부린다. 옷 속에 훔친 물건을 걸리면 아직 가게 밖으로 안 가져 나갔으니 된 것 아니냐고 도리어 큰소리다. 훔치다 들킨 물건을 더럽다며 땅바닥에 던지거나 밟아 터뜨리고 나가기도 한다. 맥주나 과자를 상자 채 들고 뛰는 놈들도 부지기수다. 잡으려 들면 칼을 뽑아들거나 주머니에 불룩한 권총을 두드리며 너 하나 죽여도 아무도 모른다고 협박하는 놈들도 있다. 어쩌다 도둑 하나 잡으면 주위 녀석들이 떼거리로 더 난리를 친다. 폭동이 날 분위기다. 물건이나 돌려받으면 다행이지 신고해 봐야 경찰도 안 온다. 그만큼 험한 동네였다.

대부분이 실업자들이다. 가게 앞에 진을 치고 앉아 하루 종일 시비 거는 죽돌이들도 많다. 그 죽돌이 녀석들 가운데 대장 격인 모리스(Morris)란 녀석이 있었다. 키가 190센티미터쯤 되는 거구였다. 가방 끈은 짧은 게 분명한데 말은 청산유수였다. 하루에도 몇 번씩 욕을 하며 달려든다. 가게 물건을 제멋대로 꺼내 먹는다. 기물파손은 예사고 돈 받고 파는 신문들을 다 펼쳐보고는 던져버리고 나간다. 뭐라고 하면 당장에 "너 같은 동양 놈이 뭐라는 거냐. 너 오늘 밤에 죽는다!" 손으로 권총 모양을 해서 내 머리에 대고 한 방씩 날린다. '피~융!' 이거 당해 보면 알겠지만, 무지하게 기분 나쁘다. 그렇다고 같이 욕을 할 수도 경찰을 부를 수도 없다. 만약 녀석에게 너무 들이대면 가게 앞에서 손님들을 쫓아 버린다. 그러니 자릿세 치른다 생각하고 웬만한 것은 그냥 당해야 했다.

시간이 좀 지나자 내가 사범이라는 게 소문이 났다. 도리어 놀림감이 되었다. '네까짓 게 가라테를 하면 어쩔 건데? 한 주먹거리도 안 되는 것이.' (동양무술은 다 가라테인 줄 안다.) 당하다가 당하다 급기야 폭발할 지경에 이르렀다. 죽든 살든 끝장을 봐야겠다는 결심이 섰다.

모리스는 왼 다리를 절었다. 그게 약점이다 싶어 왼 다리를 죽도록 돌려차고 자빠지면 어떻게 해보자는 게 작전이었다. 아무리 거구지만 나 역시 돌려차기로 도낏자루를 꺾는 놈이 아닌가. 그런데 막 거사를 벌이려는 참에 술을 마시며 다리를 걷어 올리는데 보니 신발 위로 드러난 다리가 쇠파이프로 만들어져 있었다. 의족이었다. '윽~, 작전 미스다!' 아무리 화가 나도 다리 없는 녀석 의족을 걷어찬다는 것은 비겁했다. 나중에 들으니 모리스도 한때는 잘나가던 마약 판매상이었는데 경쟁자의 샷건(Shotgun)에 맞아 무릎 아래가 통째로 날아가 버린 후 이 동네에 처박혀 악만 남은 녀석이었다.

그날도 모리스와 그의 추종세력들이 온종일 나를 상대로 온갖 협잡을 다하고 있었다. 참다못해 소릴 질렀다. "야! 너희들 다 따라나와!" '요 쪼그만 게 오늘따라 왜 이렇게 빳빳이 구나?' 가소롭다는 식으로 다들 따라나왔다.

부서진 담벼락 옆에 시멘트가 덕지덕지 발려진 채 비 맞고 얼어 붙은 빨간 벽돌들이 여기저기 널려 있었다. 그 중 하나를 집어 들고 주위를 살폈다. 마침 단전 높이로 쇠말뚝이 서 있었다. 그 위에 올려놓고 길게 기합을 넣고 죽을힘을 다해 손날로 내리쳤다. "아~핫!" '빽!' 소리를 내며 벽돌이 깨져 나갔다. 그냥 두 쪽으로만 깨진 게 아니라 부서진 반쪽이 꽁꽁 언 콘크리트 바닥에 맞고 다시 조각이 나며 사방으로 튀었다. 돌아서며 악을 썼다. "야~, 이 새끼들 다 덤벼!" 모리스와 일당이 일제히 한발 물러났다. 놀란 토끼 눈이 되었다. 잠깐의 간격을 두고 입을 딱 벌리고 섰던 모리스가 먼저 소리쳤다. "마스터 리!(Master Lee!)" 그것은 모리스가 처음 나를 높여 부른 말이었다. 지금까지 쌍욕 뒤에 따라붙는 이 새끼, 저 새끼가 내 이름이었다. 말투가 들떠 있었다. "Master Lee, 손 괜찮나?" "농담해? 물론 괜찮지!" 모리스가 손 좀 만져 봐도 되느냐고 물었다. 그리곤 내 손을 부여잡고 어쩔 줄 몰라 했다. '이게 남자끼리 손을 잡고 왜 이래?' 손이 벌겋고 후끈거렸다. 모리스와 그 일당이 부서진 반쪽과 나머지 파편들을 서로 한쪽씩 집어 들곤 지나가는 사람들을 불러 보여주며 난리가 났다. 갑자기 죽일 놈에서 친구가 되어 버렸다.

그날 이후 일할 시간이 되어 가면 가게 앞에 죽치고 앉아 있던 모리스가 먼저 벌떡 일어나 반갑게 맞아줬다. "오늘은 별일 없었다. 몇 놈이 시끄럽게 굴길래 내가 잘 타일러서 보냈다.", "고맙다. 모리스." "뭘, 친구끼리!" 그렇게 일을 시작했다. 그러자 갑자기 그 무섭고 싫던 동네가 그럭저럭 살만한 동네가 되어 버렸다.

(미국인들에겐 간단하면서도 어필이 큰 손날 위력격파. 잘 먹혀 수시로 선보였다.)

그래도 일을 하다 보면 어김없이 누군가 또 시비를 건다. 모자란 돈을 계산대에 던져 놓고 물건 달라며 큰소릴 친다. "그러지 말고 더 내라. 안 그러면 나도 물건 못 주지." 웃으며 얘기한다. "없다잖아. 죽고 싶어? 여기가 어디라고 동양 놈이!" 당장 멱살 잡을 분위기다. 그러면 어느새 바깥에 있던 모리스가 쫓아 들어온다. 뒤통수 먼저 한방 '빡!' "너 죽고 싶어 환장했어? 얘가 누군지 알아? 맨손으로 벽돌 깨는 애야. 네 머리통 벽돌보다 세?" 맞은 녀석 왈, "에이~, 쟤가 무슨." 이어지는 모리스의 한방. "빡!" "이게! 내가 봤다니까!" '속 시원하다. 짜식!' 그러면 내가 점잖게 말한다. "모리스, 그만해라. 그러다 애 잡겠다." "아니, 이 자식이 내 말을 안 믿잖아. 죽을 라고." 맞은 녀석은 하는 수 없이 남은 돈을 내고 간다.

그 일 이후 나는 모리스를 인간적으로 조금 이해하게 되었다. 녀석도 어쩔 수 없어 그렇게 사는 거지, 누군들 행복하고 안락한 생활 안 갖고 싶겠는가. 이런 환경에 이렇게 버려졌으니 이렇게 살아갈 밖에. 어쩐지 같은 유색인종으로 친밀감이 느껴지기도 했다.

이들이 이렇게 사는 것은 비단 이들만의 잘못은 아닌 것 같다. 사회복지에 관련된 시스템의 문제이기도 하다. 빈민구호 대상자로 분류되면 정부에서 식료품을 살 수 있는 무료 쿠폰을 주었다. 당시 기준으로 가족 한 사람당 200불이었다. 4인 가족이면 800불의 식료품을 살 수 있는 쿠폰이 나온다. 극빈자에게 제공되는 의료혜택도 있었다. 학교도 16세까진 무상교육에 무료급식이 시행된다. 스쿨버스가 집 앞까지 와서 데려가 준다. 이런 것에 길이 들면 힘써 일할 필요가 없게 되었다. 최소한의 생존이 보장된다는 말이다. 식료품 쿠폰을 불법으로 속칭 '깡'해서 싸게 팔아 술, 담배, 마약을 사는데 써버리는 일도 많았다. 어쩌다 푼돈이라도 생기면 유흥비로 바로 써버리고 만다. 그러니 평생을 빈민촌에 갇혀 헤어나질 못하게 된다. 게다가 의무적으로 교육을 받아야 하는 나이인 16세까지 할 수 없이 학교 출석이나 때우며 살다가 16세가 되면 학교부터 떠났다. 빈민촌 인근 고등학교는 졸업률이 50% 훨씬 미만이다. 즉, 그날그날을 때우며 살아갈 수 있는 복지제도가 도리어 이들에게 도전정신을 죽이는 독이 된 것이 아닌가 생각이 들었다.

반면에 한인이나 타민족 이민자들은 영어도 안 되었지만, 열심히 일을 하고 저축하기 때문에 몇 년 안지나 그 생활 정도가 이들과 비교가 안 될 정도로 올라가게 된다. 특히, 한인들은 교육에 어느 타민족보다 열심이어서 2세들은 다들 전문직을 갖고 사회의 중상류층으로 진출하게 된다. 그러니 삶에 대한 기본보장보다는 공정한 교육과 도전의 기회가 주어질 때 이를 열심히 바르게 사용하는 삶의 방식이야말로 인생을 바꾸는 수단이 아닐까?

주방장 스캇(Scott)과 샌드위치

가게 한구석에 닭튀김을 파는 주방이 있었다. 그 주방장 스캇이란 녀석과 쌈이 붙었다. 말이 주방장이지 요리랄 만한 것은 아니었다. 그냥 생닭을 쳐서 쪼개고 튀김가루를 입혀 기름에 넣었다 빼면 그만인 요리였다. 그런데 매번 튀긴 통닭들을 뒤로 몰래 싸주고 1, 2불씩 받아 챙겼다. 어떤 때는 요리재료인 생닭을 박스 채 쓰레기통에 숨겨 넣고 나가 고작 몇 불에 팔아버리고 들어오기도 했다. 아무리 말려도 막무가내였다. 나중엔 화가 나서 당장 주방장일 그만둬라. 그랬더니 적반하장이었다.

"주인도 아닌 게 왜 난리냐? 죽고 싶어? 네가 가라테 좀 한다고 까불어? 너 이리와 토막을 내 줄 테니까!" 스캇이 닭치는 칼을 들고 삿대질이다. "저 새끼가, 가라테가 아니라 태권도라니까!" 수양이 덜 돼 먹으면 황천길 갈 일을 자초한다. 괜한 싸움에 너무 오버하고 말았다. "칼 들었다고 내가 겁낼 줄 알아? OK! 너 그 칼 들고 덤벼!" 주방 앞을 막아섰다. "네가 죽고 싶어 환장했구나. 내가 칼 없인 너 하나 못 잡을 것 같아?" "웃기지 마. 난 태권도 마스터야. 주먹으론 넌 내 상대가 안 돼! 그러니 그냥 칼 들고 나와! 때려잡고 정당방위였다고 하게!"

가게 안에 있던 손님이 밖에다 쌈 났다고 소릴 지르니 우르르 관객들이 밀려 들어왔다. 드디어 소문으로 듣던 동양 놈 실력 보게 되었구나! 다들 신 났다. 하긴 구경 중에 싸움 구경 불구경만 한 것도 없다지 않은가. 스캇은 목이 어깨에 딱 붙고 허리통이 따로 없이 통짜로 생겼는데 근육이 다부진 게 힘이 장사였다. 마구잡이로 휘두르는 펀치 한 방이면 황천길을 헤맬 판이었다. "저 새끼가 미쳤나? 너 진짜 토막 난다!" 스캇 눈에 독기가 서리고 목에 핏대가 섰다. 마구 휘젓는 칼이 주방 허공을 갈랐다.

가진 거 없는 놈은 남는 게 괜한 객기뿐인가 보다. 내가 그랬다. '에라, 모르겠다. 될 대로 되라!' 더 악을 써 댔다. "빨리 나와! 죽든 살든 결단 내!" 하지만 내가 아무리 열이 받아도 칼을 든 황소 같은 놈에, 일 년 내내 튀겨대는 튀김기름에 절어 혼자 걷다가도 미끄러져 자빠지는 주방바닥에 먼저 뛰어들 순 없었다. 일단 밖으로 나와 붙게 되면 칼을 든 중단(中段)은 피하고 앞차기든 뒤차기든 짧고 강한 걸로 낮게 급소를 노려 목숨 걸고 한 방 날려보자 싶었다. 손은 손끝 찌르기로 숨통을 노릴 생각이었다. 송판 뚫듯 지르면 숨통이 뜯겨 나갈 수도 있다. 그러니 칼 든 놈이나 나나 어차피 한 방에 죽고 사는 싸움이었다.

"뭐해? 빨리 나와! 칼 든 놈 잡고 정당방위였다고 하게!" 내가 너무 길길이 날뛰니까 스캇이 어이없다는 표정이었다. "너 오늘 이 동네 살아서 못 나가!" 마구잡이로 칼을 그으며 위협이다. "걱정 마! 자식아! 난 죽어도 상관 할 사람 아무도 없으니까 덤벼!" 이쯤 되니 '저 놈, 진짜 고수인가?' 하는 의심의 눈빛이 도는 것이 보였다.

불안한지 둘러선 관객들에게 은근한 도움을 청했다. "너희는 친구가 싸운다는데 보고만 있느냐?" 하지만 평상시와 다르게 아무도 끼려고 하지 않았다. 보고만 있는 것이 되려 내가 이길 거라는 쪽에 기대를 걸고 뭔가 멋진 장면을 기대하는 눈치였다. "붙어봐, 넌 칼도 들었잖아!"하며 추켜세우고 있었다. 분위기가 이상하게 돌아가자 스캇이 슬며시 꼬리를 내렸다. "무술한 사람들은 자제력이 있다던데 넌 왜 그렇게 흥분 하냐?" "먼저 성질 건드린 게 어떤 놈인데! 왜? 겁나? OK! 그래 그럼 죽이진 않고 팔이든 다리든 하나만 작살내서 병신 만들어 줄 테니까 나와!" 스캇 눈에 공포가 비쳤다.

상황이 그쯤 되자 문제는 스캇 뿐이 아니었다. 도둑도 도망갈 구멍은 만들어주고 몰아야 한다는데 다들 붙어보라는 아우성뿐이었고 나도 둘러싸인 구경꾼들에 밀려 이대로 물러설 수는 없는 일이 되고 말았다. 좁은 가게 안이 자칫 피바다가 될 판이었다. 때마침 외출 중이셨던 가게 주인어른이 밖에서 난리를 보고 뛰어들어오셨다. "이 사범! 이게 무슨 일인가? 이 동네에서 사고 치면 우리 큰일 나네! 제발 참고 가게. 부탁일세!" 주인어른이 날 몰아냈다. 속으로는 얼씨구 고마웠지만, 등 떠밀려 가는 척했다. "오늘은 절대 그냥 못 갑니다!" 구경거리 놓친 관객들이 아우성을 쳤다. "그냥 둬라. 싸우게!"

그날은 그렇게 일단락되었지만, 흥분이 가라앉고 다음날이 되자 걱정이 되었다. 다시 붙어보자면 어쩌나. 잔뜩 긴장한 채 가게 문을 들어서는데 스캇이 나를 보고는 흠칫 놀랐다. 나도 일부러 시선 안 주고 모른 체 하고 있는데 녀석이 푸짐하게 닭고기를 찢어 넣은 치킨 샌드위치에 상추까지 한 장 끼워 들고 왔다. 어제는 미안하게 됐다며 스캇이 먼저 사과를 했다. 나도 잘되었다 싶어 얼른 사과를 했다. "어젠 무도인 답지 않게 이성을 잃어서 미안하게 됐다. 같이 일하는 처지에 앞으론 그러지 말자." 화해의 뜻으로 악수를 하며 웃어 주고는 녀석의 까맣게 기름 때 낀 손으로 만든 치킨 샌드위치를 크게 한 입 베물었다. 당연히 맛이 없을 것이라 여기고 있었는데 의외로 무척 맛이 있었다. 그 일 이후 안팎으로 일하기가 두루두루 편해졌다. '저놈, 진짜 뭐 좀 하는 놈인가 보더라. 건드려 봐야 손해다.' 라고 소문이 돌았기 때문이다.

오랜 시간이 지났지만 지금도 가끔 닭 가슴살을 듬뿍 발라 넣어 만들어 주었던 스캇의 샌드위치가 그리울 때가 있다. 아쉬운 건 그 친구의 샌드위치를 다시 먹을 수가 없다는 것이다. 그 일 얼마 후 인근 다운타운에서 빌딩 해체 공사 일을 하던 중 벽이 무너져 압사했다는 소식을 들었다. 가슴이 허전하고 아팠다. 젊은 사람도 그렇게 확 가버릴 수도 있구나 싶어 산다는 게 허망한 생각이 들었다. 내게 오는 모든 사람은 만나야 할 인연이 있어서 온 것이라고 한다. 악연이든 선연이든 그 인연들을 통해 우리는 인생을 배우며 성숙해 간다. 스캇, 그가 이렇게 말해주는 것 같다. '인생 별거 없어! 성내지 말고 즐겁게 살다 가!'

담배내기

가게 안에 사람들이 돌고 돌기 때문에 드나드는 손님의 안면을 다 익히고 나니 그 동네가 더 이상 무섭지만은 않았다. 거칠긴 했지만 일단 친구로 받아들여지고 나면 그럭저럭 공생관계를 유지하기 때문이다. 빈민촌에 들어와 돈만 벌어가는 미운 동양인이지만 이들마저 가게 문을 닫고 나가면 이들은 당장 술이며, 담배, 우유, 계란 등 잡다한 식료품을 구할 곳이 없게 된다. 차가 없는 사람이 대부분이라 어디로 차 타고 장 보러 가기도 어렵기 때문이다.

어느 날 못 보던 녀석 하나가 가게에 들어왔다. 울퉁불퉁한 근육에 멋지게 새겨 넣은 문신들. 길게 땋아 내린 머리며 짧게 깎은 수염이 당차 보였다. '감옥 갔다 왔나?' 이 동네에선 안 보이면 십중팔구 감옥에 가 있는 것이다. 그런데 이 녀석이 대뜸 뒤춤에서 칼을 뽑아들더니 계산대를 탁 내리찍는 게 아닌가. "나 담배 필요해!" 낮게 까는 목소리와 치켜뜬 눈이 시비조다. 그새 나도 눈치가 늘었다. 한 번 지면 계속 당한다. 가게 안에 있던 녀석들이 뒤에서 낄낄거렸다. 담배를 꺼내 탁 내려놓으며 녀석의 칼 위로 목을 들이밀고 말했다. "그러냐? 난 돈이 필요해!" 뭐 이딴 녀석이 있나 하는 눈으로 한동안 째려보더니 "얼만데?" 하곤 돈을 내놓는다. 뒤에 있던 녀석들이 다가와 녀석의 뒤통수를 치고 막 웃었다. 나도 같이 웃었다. 녀석만 영문도 모르고 바보 됐다.

영어는 짧게, 간단하게 하지만 확실하게

태권도를 했다면 꼭 이렇게 묻는다. "너 맨손으로 사람 죽일 수 있느냐?" 못 한다 그러면 실력 없다고 한다. 할 수 있다 그러면 그러려고 태권도 배웠느냐며 양아치 취급이다. 가시가 든 질문이다.

그럴 때면 짧게 그러나 힘 있게 대답을 했다. "I don't want to!(그러고 싶지 않다!)" 이 말 한마디에 움찔하곤 더 이상 묻지 않았다. 실력은 있지만 참는다는 뜻이다. 짧은 영어가 때에 따라선 보약이다.

옷가게 주먹 단련

흑인들과 백인들 동양인들은 패션 스타일이 확실하게 틀리다. 요즘은 힙합 스타일이라고 백인들이나 동양인들마저 흑인들처럼 입고 다니기도 하지만 미국에선 흑인들이 입는 취향의 옷을 파는 가게들은 따로 있다. 그런 흑인 옷가게에서 일할 때였다. 같이 일하는 덩치 좋은 흑인 점원들이 있었지만 누가 물건을 집어가도 못 본 체하는 경우가 대부분이었다. 어쩌다 그걸 보고 따지면 자기들도 어쩔 수 없단다. 일 끝나고 돌아가는 곳이 흑인촌인데 가다가 만나면 같은 흑인끼리 안 돕고 고자질했다고 해코지 당할 수도 있단다. 그러니 물건에 손대는 건 나보고 잡으란다.

그렇다고 이 친구들이 힘이 없는 게 아니다. 농구를 할 때 보면 그 큰 덩치로 백 덩크 슛을 텀벙텀벙 넣는다. 힘이며 스피드, 점프, 발놀림이 귀신같다. 장난삼아 가르친 앞차기가 살인적인 파워로 허공을 가른다. 틈만 나면 50파운드짜리 덤벨을 한 손으로 들었다 놨다가를 몇십 번씩 한다. 나보고 해 보라며 건네주는데 몇 번도 어려웠다. 하여튼 노래 부르고 춤추고 운동하는 데는 아주 타고난 인종이다. 평소에도 좀처럼 가만있질 않는다. 혼자 노래 부르고 몸 흔들며 춤추고. 그게 내 눈에는 끝없는 육체의 단련으로 보였다.

사방이 꽉 막힌 옷가게 안에서만 12시간씩 서서 일하다 보면 몸이 망가지는 느낌이 들었다. 지쳐서 운동이란 걸 할 기운이 없었다. 그나마 내가 짬 내어 할 수 있는 게 주먹단련이었다. 시간이 나면 가게 안을 오가며 나무 몽둥이로 주먹머리를 계속 때렸다. 그걸 보고 그 친구들도 신기한지 따라 해 본다. 단련도 안 된 맨 주먹머리에 몽둥이질 몇 번 해 보면 뼈까지 저리고 피부가 벗겨지기도 한다. 몇 번 따라 하곤 죽는다고 엄살이다. 그러니 힘 좋은 녀석들 기죽이는 데는 이 방법이 제일이었다. 게다가 빨간 벽돌을 주먹으로 때려 날리는 내 사진을 보여 주었다. 파편이 되어 튀는 벽돌 사진을 보고는 자기 머리통이 깨져 날아가는 상상들을 한다.

나른한 오후, 몇 시간째 손님 하나 없는 빈 가게에 관상이 딱 '소도둑놈'인 녀석이 하나 들어왔다. 난 목탁 두드리듯 딱딱 소리를 내며 몽둥이로 주먹머리를 때려가며 졸음을 쫓고 있었다. 보통은 손님에게 혐오감을 줄까 봐 얼른 감추곤 했는데 그날은 그러지를 못했나 보다. 그 손님이 같이 일하는 숀(Sean)이란 친구에게로 다가가서 뭐라고 몇 마디 주고받더니 나를 흘깃 쳐다보고는 한숨을 푹 쉬더니 고개를 흔들며 그냥 나갔다. "왜? 맞는 사이즈가 없어?" 숀이 귀찮다는 듯이 대답을 했다. "아니, 나보고 물건 좀 집어 갈 건데 모른 척하래. 그래서 난 괜찮은데 재 보이지? 몽둥이로 두 시간째 저러고 제 주먹 내리치고 있어. 재한테 얘기해 봐. 그랬더니 그냥 가더라." 졸음이 확 깼다. '그래? 그 소도둑놈 다시 오면 망치로 종목을 바꿔야지. 꽝! 꽝! 꽝! 옷에 손만 대봐라! 망치로 한 대 팍!'

(부순 벽돌이 늘어갈수록 내 몸의 골병도 함께 늘어갔다. 비디오 캡처)

백야의 땅, 알래스카

알래스카 앵커리지의 한인교회에서 태권도를 가르치던 3단짜리 후배가 있었다. 몇 년을 가르쳤는데 승단 심사를 봐 줄 수 있겠냐고 연락이 왔다. 미국은 국가 협회 조직이 약해 국기원에서 지도자 자격증을 받은 사범에게 개인적으로 승단 신청 자격이 주어진다. 즉, 국기원에서 인정한 사범이라면 협회의 도움 없이 혼자서도 승단심사를 진행할 수 있다. 비싼 비행기 티켓을 보내준다기에 이게 웬 떡이냐 싶어 알래스카 구경도 할 겸 흔쾌히 간다고 했다.

같은 미국이라지만 알래스카는 캐나다를 건너야 닿는 땅이다. 애틀랜타에서 직항으로 9시간을 비행해 도착 시간이 밤 11시 반이었다. 그런데 공항에 내려보니 해가 중천에 떠 있는 백주대낮이었다. 말로만 듣던 '백야(白夜)'였다. 새벽 3시에 인적 끊긴 거리에 홀로 나가 보았다. 세상은 환한데 사람들은 어디론가 다 증발해 버린 듯 아주 외롭고 낯선 느낌이었다.

아무 때고 눈만 감으면 잠드는 체질인데도 한밤 커튼 틈 사이로 쏟아져 들어오는 빛 때문인지 쉽게 잠이 들지 않았다. 그렇게 사나흘이 지나자 얼굴이 누렇게 뜨고 내장기관마저 작동 불량이 되었다. 손님 대접한다고 끼니때마다 좋은 음식들을 내오는데 소화가 안 되니 먹는 것도 고역이었다. 화장실에 가도 뭐 나오는 것 하나 없고. 승단심사도 치르기 전에 파김치가 되었다. 빨리 일을 끝내고 돌아가고만 싶었다.

심사 전날 예행연습으로 송판격파를 시켜보았다. 그런데 다들 고작 1인치 두께 송판 한 장을 제대로 못 깨는 것이 아닌가? 의아했다. '우리 동네에선 애들도 이 정도는 하는데?' 할 수 없이 후배에게 먼저 시범을 보이라고 했다. 사범이 깨야 학생들보고도 깨라고 할 것 아닌가. 팔꿈치로 세 장을 겹쳐놓고 돌려치게 했다. 힘차게 돌려치긴 했지만 깨지질 않았다. 팔이 아프다고 했다. '이런! 더 세게 쳐야지!' 후배가 이를 악물고 다시 돌려쳤다. 그때야 육중한 소리를 내며 송판들이 깨졌다. 그런데 후배 얼굴이 일그러졌다. 팔꿈치의 살갗이 터져 피가 흘렀다. '음~, 아프겠다!' 혹독한 추위에서 자란 나무들을 잘라 써서 그런지 목질이 무지하게 단단했다. 지역마다 송판의 강도가 다를 수도 있겠구나 하는 걸 그때 알았다.

심사 당일. 장소는 동네 YMCA의 마루가 깔린 댄싱 룸이었다. 기본동작에 품새며, 발차기, 한번 겨루기, 호신술, 겨루기 등 일련의 심사과정을 잘 마치고 마지막으로 격파 순서가 왔다. 어제와 다르지 않게 다들 송판 격파에 애를 먹고 있었다.

심사자들의 용기를 북돋우기도 해야겠고 멀리서 초청받아온 사범으로서의 위신도 세워야 했다. 간단하면서 어필이 강한 게 바로 손끝 지르기. '1인치 두께 송판 한 장정도야 뭐.' 별생각 없이 평소하던 대로 힘차게 손끝을 질렀다. '빡!' 부러진 송판 사이에 꼬친 손끝을 타고 통증이 쓰나미가 되어 밀려왔다. 코끝이 찡하며 눈물이 울컥 앞을 가렸다. 무지하게 아팠다. 얼른 뒷짐을 졌다. '그러니까 격파는 자신감이다. 에~또......' 횡설수설 내가 무슨 말을 하고 있는지도 몰랐다. 손이 너무 아파 정신이 온통 뒷짐 진 손에 가 있었다. 움켜쥔 손안에서 피가 고여 흘러내렸다. '윽~! 알래스카 송판 진짜 세구나!'

어쨌든 약발이 먹혔는지 이후 격파는 신명 나게 잘 끝났다. 한 분이 먼 곳까지 와주셔서 감사하다며 선물이라며 알래스카 사슴 녹용을 담은 봉투를 내밀었다. 거듭 사양을 하다 마지 못해 받아 챙졌다. 먹고살기 급급해서 변변한 선물 하나 못 보내 드린 부모님 생각이 나서였다. 내 꼴이 이 모양이니 부모님이 자꾸 뒷전이 되는 것 같아 마음이 아팠다.

어쨌든 알래스카는 부서져 내리는 빙하가 장관이었고 풍부한 해산물로 먹거리가 풍성하고 겨울엔 오로라가 아름답단다. 한인들은 알래스카 최북단 마을까지 들어가서 장사하며 산다고 한다. 정말이지 강인한 사람들이 아닐 수 없다. 지구촌 구석구석까지 길을 뚫고 들어가 산다. 아마 이런 인프라를 타고 한국의 저력이 퍼져 나가는 것이 아닐까 싶다. 어쨌든 태권도 덕분에 지구 꼭대기 동네 구경도 하고 가는구나 싶어 고마웠다.

영어 미국 산다고 그냥 배울 수 있는 건 아니다

혼자 사는 총각은 끼니때가 제일 괴롭다. 그래서 한 끼라도 먹고 가라고 불러주면 그게 제일 감사했다. 경제적 여유가 없다 보니 비싸기만 한국 식료품점은 자주 가기가 어려웠고, 어쩌다 가더라도 김치 한 병, 된장 하나를 집고 나면 사치품에 해당하던 비싼 한국 과자들은 집을 수가 없었다. 그러던 하루 친구 집에 저녁 식사를 초대받아 갔는데 식사 후에 한국 과자가 나오는 것이 아닌가? 모처럼 맛나게 과자를 집어 먹으며 과자봉지에 쓰인 회사이름을 보았다. 영어로 하이 타이라고 쓰여 있었다. 혼잣말로 중얼거렸다. "야, 요즘은 하이 타이에서 과자를 다 만드네." 아무 생각 없이 한 말이었는데 순간 주위에 있던 사람들이 일제히 나를 주목했다. "아니 이 사범, 그걸 하이 타이라고 읽어?" "여기 쓰여 있잖아요. 하이-타이!" 회사이름을 다시 읽고 나서 순간 뜨끔했다. '이거 해태(Haitai)구나!'

한인들 사이에서 살고 일만 하러 다니니 영어가 늘 턱이 없었다. 아무리 미국이라도 스스로 공부하지 않는 한 영어를 배울 순 없었다. 듣기나 말하기는 시간이 지나면서 눈치로 대충 배우기도 하지만 읽기, 쓰기는 언제나 제자리였다. 책을 많이 읽지 않으면 아는 단어와 들리는 말에도 한계가 있고 이 메일 하나 쓰는 것도 무척 어렵다. 당연히 미국인들과의 대화에도 한계가 지어진다. 그래서 아무리 쉬운 책일지라도 다독(多讀)이야말로 영어를 배우는 지름길이 된다. 난 영어가 짧아 4컷으로 끝나는 가필드(Garfield)라는 말썽꾸러기 고양이 만화를 보면서 영어를 익혔다. 그래선지 아직도 내가 무엇인가를 영어로 열심히 설명하면 수련생들이 그런다. "사범님 말하는 거 보면 무슨 만화 같아요!"

청소부에게 배우는 호신술

밤에 빈 건물에서 일하는 사람들은 청소하는 사람만이 아니다. 경비원들도 야간에 일한다. 물론 편해 보이긴 하지만 밤낮을 바꾸어 생활한다는 것과 유사시엔 위험한 상황도 감수해야 하는 일이다. 불편한 상황에서 강제로 사람을 끌어내기도 한다. 봉급도 적고 대우도 형편없어 좋은 직업은 못 된다. 하지만 밤에만 건물을 드나드는 청소부들과는 자연히 안면이 익어 잡담도 주고받고 친해지기 마련이다.

얼굴에 태권도 사범이라고 써 놓고 다니는 것도 아닌데 티가 나는지 곧 정체가 드러난다. 한 빌딩은 보안상 외부인의 출입을 엄금한 곳이었다. 그런데 정작 이곳 경비원들은 플래시 하나만 달랑 들고 근무를 설 뿐 정말 필요한 호신술은 몰랐다. 내가 태권도 사범임을 알자 호신술 하나만 가르쳐 달라고 했다. 친절하게 대해주는 것이 고마워서 매일 청소 끝나고 호신술 한 가지씩을 재미 삼아 가르쳐 주고 갔다. 그랬더니 밤새 서로를 상대로 반복 숙달을 했다고 한다. 다음날 와서 확인해 보면 꽤 연습한 흔적이 났다. 이렇게 들고나며 몇 달을 가르쳤더니 웬만한 실력들이 되었다. 자기들도 배우곤 싶었지만, 시간이 안 돼서 못 배웠노라고 하며 무척 고마워했다.

소문이 나자 옆 빌딩 백화점 경비원도 합세를 했다. 이 친구는 내가 쓰레기 버리러 바깥에 나올 때를 기다렸다가 나를 붙잡고 어두운 골목에서 한 가지씩 배웠다. 나중엔 청소하고 도망가기도 바쁜데 무료 강좌로 시간을 너무 빼앗긴다 싶어 은근히 귀찮아졌다. 하지만 알고 보니 이 사람들의 도움이 보이지 않게 있었다. 이 사람들이 경비만 서는 게 아니라 야간 빌딩 관리도 한다. 특히 청소 상태며 청소하는 사람 근무태도를 보고하는데 이 사람들 평가가 나쁘면 다시 청소 용역을 따는데 어렵다고 한다. 그런데 내가 근무하는 동안은 이 경비원들이 보고를 아주 잘해주었다고 했다. 덕분에 연장계약을 따기에도 아주 쉬웠다고 했다.

백화점 경비를 서던 친구는 나중에 한글학교에 와서 태권도를 배웠는데 아주 잘했다. 그 친구가 주선해 주어서 백화점 크리스마스 행사에 태권도 시범을 요청받았다. 우리 한글학교 아이들이 백화점 한복판 무대에서 조명받으며 폼 나게 시범을 했다. 그 친구도 정복 차림에 그간 어둠 속에서 배운 호신술을 선보였다. 다른 경비원들이며 상점 주인들이 언제 저런 것을 배웠느냐며 놀랐다. 그 친구는 시범 후에 내가 손으로 깬 차돌을 주워들고 다니며 우리 사범은 진짜 동양에서 왔다며 자랑하며 다니기도 했다.

이 친구가 태권도를 배우고 나자 점점 자신감이 생겨서 항상 바라던 교도관으로 지원했는데 무술특기가 인정받아 합격했다며 고마워했다. 더 높은 연봉에 좋은 자리이지만 죄수들을 다루다 보면 위험한 일이 생겨 호신술이 필수인 자리였다. 백화점 야간 경비원에서 당당한 국가 공무원으로 자리를 옮긴 셈이니 태권도 덕을 제대로 본 것이다.

(교도관이 된 경비원. 백화점 무대에서 청소부에게 배운 호신술을 시범 보였다.)

메이드 인 코리아

미국 와서 남의 집 마당에 오래 서 있던 차를 500불에 사서 몇 년을 타고 다녔다. 출고한 지 16년이나 지나 도색이 바싹 바랜 차였지만 터보 엔진이 달린 스포츠카였다. 액셀레이터를 밟으면 '쉐엑~' 비행기 엔진 소리가 났다. 물론 속도는 안 올라갔지만 말이다. 그런데 이 차로 폐차를 당하는 사고를 당했다. 자정이 넘어서 일 끝내고 돌아가던 길이었다. 피곤해서 좌우를 제대로 살피지 않았나 보다. 골목 어귀를 가로질러 나가는데 갑자기 시커먼 물체가 조수석 쪽을 꽝하며 치고 들어왔다. 충격에 날아간 차는 시궁창에 처 박혔다가 다시 튕겨 올라 길 옆 나무 둥치를 박고 섰다. 순간 죽는구나 하는 생각이 들었다.

잠시 후 간신히 눈을 뜨고 보니 어디가 어딘지 분간이 안 되었다. 엔진에서 솟아나는 자욱한 연기와 깨진 유리파편들이 어둠과 함께 뒤덮여 있었다. 안전벨트 덕분에 살았다. 몸을 움직여 보았다. 감각이 무뎠지만 크게 부러진 곳은 없어 보였다. 손에서 끈적끈적하게 피가 나고 있었지만, 손가락도 그냥 붙어있었다. 나가려고 보니 차가 찌그러져서 문이 열리질 않았다. 어깨로 간신히 문을 밀고 열려 진 틈 사이로 한 발을 내밀었다. 잠시 한숨을 돌리고 나서 나머지 몸도 차 밖으로 꺼냈다. 우습게도 그 순간 어둠 속에서 모락모락 연기 나는 차 문을 밀고 나오는 내 모습이 영화 터미네이터(Terminator)의 한 장면 같다고 느껴졌다.

주위를 둘러보니 도로 중앙선 한복판에 트럭 한 대가 서 있는데 비틀거리며 가 봤더니 젊은 녀석 하나가 정신을 잃고 있었다. 나도 멀쩡하진 않았지만, 녀석이 걱정되어 깨워 보니 상황 판단이 안 되는지 횡설수설이었다. 잠시 후 이웃들의 신고를 받은 경찰차와 앰뷸런스가 도착했다. 경찰이 길옆에 서 있던 내게 저 차 운전자를 봤느냐고 물었다. 나라고 했더니 부서진 내 차와 나를 번갈아 봤다. 차가 박살 난 상태로 보아 운전자가 제 발로 걸어 나왔다고 보긴 힘들었나 보다. 괜찮으냐고 묻길래 엄지손가락을 치켜 올리며 말했다. "메이드 인 코리아!(Made in Korea!)"

구조대원이 나를 검진했다. 외상은 심각한 게 없어 보이지만 혹시 모르니 앰뷸런스를 타고 응급실로 가자고 했다. 나도 그러고 싶었다. 하지만 이게 타면 돈이다. 앰뷸런스 사용료며 병원비가 살인적으로 청구된다. 그래서 안 간다고 우겼다. 털털 뛰어도 보였다. 구조대원이 그러면 본인이 명확한 의식상태에서 앰뷸런스 타고 가기를 거부했다는 사인을 해달라고 했다. 해줬다. 그러자 '너 진짜 튼튼한가 보다'라고 했다. 엄지손가락을 세우며 또 말했다. "Made in Korea!" 어이가 없다는 듯이 고개를 저었다.

국위 선양(?)한 그 Made in Korea는 친구의 도움을 받아 집에 실려가 누운 채 사흘을 밥도 못 먹고 돌아눕지도 못했다. 집에 오자마자 쓰러졌는데 어찌 된 일인지 온몸이 마비 돼 버렸다. 저리고 쑤시는 것이 너무 아팠다. 한 주 벌어 한 주 먹는 주급 생활에 저축해 둔 돈도 없으니 병원에 가 볼 엄두도 못 냈다. 무엇보다 한 주를 놀면 당장 아파트 세가 밥보다 문제였다. 차마저 박살나고 없으니 몸을 추스르고 일을 나가려도 방법이 없었다. 대부분의 미국이 땅은 넓고 대중교통이 발달하지 않아 차 없이는 한 발자국도 못 움직이는 곳이다.

그러니 희망이 다 사라지고 내일에 대한 대책도 없이 누워 한숨만 짓고 있었다. 깨끗하게 죽기라도 했다면 다행이겠는데 이대로 누워 굶어 죽는 불쌍한 꼴을 겪어야 하나 하는 절망감이 드니 헤어나기가 힘들었다. 하필 사고 낸 당사자나 나나 다 보험이 없었기에 어디 하소연할 곳도 없었다. 지금은 법률로 책임보험에 가입하도록 정해졌지만, 당시의 테네시는 보험 없이도 차를 끌 수 있는 곳이었다.

그렇게 사흘을 굶은 채 누워 지냈다. 뒤늦게 사고 소식을 들으신 한글학교 어머니들 세 분이 찾아오셨다. 당장 먹을 수 있는 정갈스러운 음식들을 보자기에 곱게 싸서 오신 데다가 당분간 밥 차리기가 어려울 테니 몸조리하라며 사골을 푹 고아 국물까지 내어 큰 통에 담아 오셨다. 어찌나 감사한지 목이 메었다. 이분들이야말로 미국 생활에서 내가 만난 날개 없는 천사들이었다. 어쨌든 그 정성스런 음식들 덕분인지 일주일이 지나자 몰라보게 몸이 회복되었고 다시 일을 나갈 수 있게 되었다. '아직 죽지 않았으니 사는 데까지 한번 살아보자. 뭐 또 방법이 있겠지.' 하고 마음을 다잡아 먹었다. 그때 배운 것이 살아만 있다면 어떻게든 희망은 있다는 것이다. 아무리 절망스러워 보여도 죽지 않았으면 어떻게든 또 헤쳐나가기 마련이다. 포기만 않는다면 더 좋은 쪽으로 발전하면서.

주위 분들께 차편을 부탁해서 몇 주 동안 일을 다니고 태권도를 가르치러 다녔다. 다시 일을 해서 모은 돈으로 계약금을 내고 고물 벤(Van)을 마련했다. 아침마다 냉각수와 엔진오일을 채워 넣어야 가는 차였다. 사거리 한복판에서 길을 막고 서버리기도 했고 김이 모락모락 나는 차를 밀어 길 곁으로 밀어낸 적도 여러 번 있었다. 고속도로에서 달리다가 시동이 꺼지기도 부지기수였다. 하지만 그

차로 참 많은 일을 했고 많은 곳을 다녔다. 매번 새로운 곳이 고장이 나던 차였지만 요령껏 고쳐가며 타고 다녔다.

나중에 도장을 차리고 나서도 타고 다녔는데 시합이며 뭐며 장거리 주행이 많이 생기자 이 차로는 무리였다. 팔려고 보니 몇 푼 쳐주지도 않았다. 이걸 팔아 새 차를 사는데 보태는 것보단 차라리 어려운 사람에게 그냥 주자고 결론을 냈다. 나도 어려울 때 마련한 차이고 이미 내겐 훌륭하리만치 그 값을 한 차이지 않는가.

미국이 부자 나라지만 그 안에도 없는 사람들이 있고 그들의 삶은 평탄치 않고 힘겹긴 마찬가지다. 수련생 중에 한 청년이 있었는데 차가 없어 일거리를 못 잡는다고 했다. 도장 회비도 몇 달 밀린 채 못 나오고 있었다. 조용히 불러서 차가 필요한 것 같은데 새 차는 아니지만 어떻겠냐고 말을 했다. 고물이긴 하지만 이렇게 저렇게 요령껏 손을 봐 가면서 타면 한참은 탈 차라고 방법도 일러주었다. 깜짝 놀라며 차가 당장 필요한 처지니 차마 거절은 못 하겠지만 나중에 얼마만이라도 차값을 내겠다는 것이었다. 그러지 않아도 된다고 했다. 그저 나중에 도움이 필요한 누군가를 보면 그 사람에게 대신 베풀면 된다고 일러주었다.

두 번째 끊어진 인대

테네시 강이 유유히 가로지르는 강변 공원에서 인터내셔널문화축제(International Culture Festival)가 열렸다. 유럽과 아시아에서 온 팀별로 민속춤이며 전통음악공연들이 이어졌다. 미국 전통으로는 체로키 인디언 춤과 재즈 연주 등이 선보인 다채로운 행사였다.

한국 문화 공연으로 우리 한글학교가 초대되었다. 아이들이 색동저고리를 차려입고 꼭두각시 춤과 부채춤을 선보였다. 부채춤이 끝나고 한복을 벗어젖히자 바로 도복으로 판이 바뀌었다. 단체 연무와 한번 겨루기, 격파 시범을 선보였다. 관객들의 호응도 무척 좋았다. 지루하도록 춤과 연주 등이 이어지던 행사에 갑자기 송판이 날아가고 기합을 지르니 활력이 넘쳤다. 내 차례가 왔다. 호신술 시범과 격파 몇 개를 끝냈다. 다음으로 칼에 사과를 꽂아 뛰어 돌아찼다. 첫 번째 발이 빗나갔다. 한여름 무더운 날씨에 차례를 기다리다 몸이 지친 데다가 바닥도 고르지 못했다. 구경꾼들이야 풀밭에 길게 누워 일광욕을 즐기며 보는 여유로운 자리지만 한국 문화를 선보이는 나로서 실수는 말이 아니었다.

다시 한 번 몸을 띄웠는데 도약하는 발이 잔디에 밀려 미끄덩하더니 움찔 몸이 뒤로 넘어갔다. 몸의 각도가 잘못되었지만 발을 거두기엔 이미 늦었다. 칼날을 밑에서부터 그대로 올려 찼다. 사과는 산산이 부서져 날아갔지만, 발등에 섬뜩한 느낌이 왔다. 얼른 돌아서서 신발을 주워 신었다. 다친 모습을 보이면 축제에 찬물을 끼얹을 것 같아서였다. 신발에 피가 고여 철퍽거리기 시작했고 발등엔 깊게 통증이 뼈까지 미치고 있었다. 큰일이다 싶었지만 서둘러 시범을 마치곤 아무에게도 내색하지 않고 한글학교까지 그 발로 차를 몰고 돌아왔다. 대학 4학년 때도 시범하다 맨발로 칼에 사과 꽂아 차서 인대가 끊어진 적이 있었다. 전교 신입생 오리엔테이션이 2박 3일 산속 리조트에서 있었다. 자연과학대 대의원 의장이었던 내가 신입생들 앞에서 폼 좀 잡겠다고 즉석에서 시범을 했었다. 여학생 하나를 불러내어 칼을 잡도록 하는 무모한 짓이었다. 긴장한 여학생이 눈을 감으며 발이 날아오는 쪽으로 칼날을 비트는 바람에 인대가 끊어졌었다. 손에 쥐었던 칼이 날아가 관중석으로 뛰어들었지만, 다행히 다친 사람은 나밖에 없었다. 한밤에 벌어진 일이고 행사의 중책을 맡은 터라 밤새 피를 흘리며 버티다 그 다음 날 오후에야 병원에 실려가 수술 받고 한 달간 입원했던 적이 있었는데 하필 딱 그 자리였다.

한글학교에 돌아와 발을 꺼내 보니 하얀 양발이 발목까지 빨간 양말이 되어 있었다. 깊게 패인 칼자국 사이로 꾸역꾸역 피가 흘러나왔다. 지혈도 안 되고 엄지발가락이 움직이질 않았다. '또 인대가 끊겼구나!' 아픈 것보다 병원비가 더 문제였다. 한숨만 쉬고 앉아 있는데 한 학부형 아버님께서 보시더니 큰일 났다며 나를 태워 응급실로 달려가셨다.

주말 당직 의사가 상처 난 곳을 검사하기 위해 집게로 헤쳐 봤다. 너무 아팠다. 칼자국이 난 상처를 쇳조각으로 막 파헤치다니 고문이 따로 없었다. 그래도 사범 체면이 있지 싶어 어금니 깨물고 꾹 참았다. 옆에서 지켜보던 보시든 분이 한마디 하셨다. "이 사범, 안 아파?" "예, 견딜 만합니다." 그런데 그다음 말씀에 난 숨이 너머 가는 줄 알았다. "와~ 대단해, 난 뼈가 다 보이는데!" "윽!"

의사가 발등으로 올라오는 인대가 끊어졌고 이건 전문의가 와야 한단다. 그 사이 웬 기본 검사가 그리 많은지 이미 피 흘린 놈한테서 이것저것 검사한다며 피를 또 빼고, 혈압재고 묻는 거 많고. 의료보험도 없는 내게 그게 다 돈으로 돌아올 것을 생각하니 너무 아까웠다. 전문의가 들어와 다시 상처를 보더니 내게 묻는다. "멋지게 뼈까지 잘랐네? 뭐하다 그랬냐?" "맨발로 칼을 찼다." "뭐? 그런 짓을 왜 해?" "난 태권도 사범이다. 오늘 시범이 있었다." 그러자 자기도 한때 태권도 배웠었다며 되게 반가워했다. "근데 이게 뭐야? 난 아직 건들지도 않았는데 이 자리에 벌써 수술 자국이 있는데?" 대답하는 나도 한심했다. "이번이 두 번째다." 그랬더니 어이없다는 듯이 "인생 스타일을 좀 바꿔보지?" 그랬다. "나도 그래 보려고. 다음엔 다른 발로 차 볼께." 농담은 했지만, 불안해서 물었다. 완전히 회복되겠느냐고. 첫 번째도 아니고 두 번째라 기능이 70% 정도 돌아오면 성공이란다. 다시 예전처럼 뛸 수는 없을 테고 걸을 때 조금 절 수도 있고....... 전신 마취하고 수술을 받았다. 눈을 떠보니 붕대에 칭칭 감긴 다리와 목발 두 개만 곁에 놓여 있었다.

목발을 짚고 늦은 밤 집으로 돌아왔다. 무조건 푹 쉬라곤 하지만 다리가 이 모양이니 태권도는 고사하고 또 먹고 사는 게 문제였다. '수술비는 어찌 감당하고 생활비는 또 어떻게 버나? 내일부터 어떻게 살아가나?' 고향 생각이 절로 났다. 부모님께는 알리지도 못한 채 그렇게 목발을 짚고 몇 달을 살았다.

목발을 떼기까지는 청소 일을 할 수 없어 옷가게 일만 했다. 그나마 계산대에서 돈이나 바꿔주지. 옷상자를 나르고 물건을 치우는 등의 일을 할 수가 없어 너무 눈치가 보였다. 게다가 수입까지 줄어 죽을 맛이었다. 할 수 없이 두 달이 지나서부터는 저는 다리로 다시 청소를 나갔다. 절뚝거리는 다리로 쓰레기통을 치우고 다니면 누가 봐도 장애인이었다. 한 걸음 한 걸음이 너무 느리고 무거웠다. 태권도도 입으로만 가르치는 것으로 때웠다.

나중에 병원비가 엄청나게 나왔다. 내 벌이가 신통치 않다고 사정을 하고 할부로 갚기로 했다. 그래서 그 병원비를 매달 삼백 불씩 삼 년을 갚아야 했다. 벌어도 못 본 돈을 쓰려니 너무 아까웠다. 그까짓 시범 한번 보고 나면 그뿐인데 누가 알아준다고 이런 짓을 했나. 첫 번째 실수했을 때 그만두었어도 이런 일은 없었을 텐데, 무모한 객기에 평생 장애까지 가진 사람이 되었구나 싶어 너무너무 서글펐다.

그리운 고향, 어머니

이렇게 삶이 힘들어질 때면 이따금 힘든 꿈을 꾼다. 고향 집이 보이고 몇 년째 못 뵌 그리운 어머니가 나타나신다. 정겹게 얘기를 나누던 어머니가 일어나 어디론지 가신다. 아무리 부르며 따라가도 점점 멀어지기만 한다. 힘겹게 부르다 퍼뜩 잠이 깨고 나면 칠흑 같은 어둠 속에서 혼자 누워 있다. 덜컹 가슴이 내려앉는다. '여기가 어딘가? 나 혼자 이곳에서 무엇을 하고 있는가?' 갑자기 몰려드는 외로움, 서러움이 어둠과 함께 파도가 되어 나를 삼켰다. 너무너무 어머니가 보고 싶었다. 내가 전화에 대고 늘 그러듯이 어머니도 항상 괜찮다고만 하시는 것은 아닐까. 군대 갔을 땐 그나마 남쪽 하늘 아래 어딘가 계시겠지 싶어 별을 보며 그리움을 달랬었지만 이젠 한 하늘을 올려 볼 수도 없는 지구 반대편에 계신다. 한달음에 달려가고 싶어도 그럴 수 없는 곳이다. 미 대륙을 동에서 서로 횡단하고 다시 태평양을 건너야 닿는 땅. 돌아가고 싶지만 비행기 표를 마련할 돈도 없었다.

현실은 비정했다. 아무리 발버둥치고 먹는 것 입는 것 죽도록 아껴 모아봤자 일 년에 한 번씩 벌금처럼 엄청난 세금을 물어야 했고 끝없어 보이는 영주권 절차에 드는 변호사비가 모아놓은 쌈짓돈을 떼어갔다. 한 달이 멀다 하고 길에서 서버리는 자동차는 동전까지 끌어 먹어치웠다. 보험이 없어 슈퍼마켓 진통제로 때우다가 할 수 없어 찾아가는 치과의사는 차라리 저승사자처럼 보였다. 객기 부리다 끊어진 인대 수술비는 매달 어김없이 나가고...... 이 밖에도 끊임없이 달려드는 일들이 하나 둘이 아니었다. 없는 집에 제사 잦다는 말이 결코 틀린 말이 아니었다. 이게 살라는 말인지 죽으라는 말인지, 돌이켜 생각해 보면 도대체 어떻게 버티며 살았는지 모를 시간이었다. 행여 차에 기름이라도 떨어지면 집까지 어떻게 오나 싶어 차에 감추어 놓은 5불짜리 한 장이 비상금 전부였다. 정말 돈이 무서웠다. 취업비자에서 영주권이 나오면 이 모든 일 들이 한꺼번에 풀릴 것만 같았다. 제발 영주권만 나와라 하며 참고 또 참았다. 어머니가 꿈에 보인 날이면 서럽도록 보고 싶은 어머니를 그리며 까만 밤을 하얗게 지새워야 했다. 내 청춘은 그렇게 회색빛으로 변해가고 있었다.

굼벵이
태권도 사범의
좌충우돌 미국 정착기

3장.
굼벵이의 짝

3장.

굼벵이의 짝

짝 만난 굼벵이

나에게 태권도를 배우던 한인 여대생이 하나 있었다. 어느 날 내게 "사범님 오늘 학교 도서관에서 한국 언니 하나를 만났는데 사범님하고 정말 잘 어울릴 것 같아요. 꼭 한번 만나보세요!" 라며 졸라댔다. 유학생이 나 같이 청소부 만나 뭐하게 싶어 흘려듣고 말았는데 그 여학생이 계속 나와 그 아가씨 사이를 오가며 열심히 공을 들였다.

나도 누군가에게 기대고 싶었지만 서른한 살의 나이에 번듯한 직장도 없고 영주권도 없이 취업비자로 사는 나로서는 누굴 만난다는 것이 두려웠다. 내 사정을 알면 '거지 같은 게 감히!' 하지 않을까 싶어 연애는 꿈도 못 꾸었다. 어쨌든 성화에 못 이겨 한번 만나나 보기로 했다. 일하던 옷가게에서 싸구려 옷 하나 주워 입고 약속장소에 나갔다. 정말 나와 안 어울리는 '유학생'이었다. 다소곳이 앉아 미소 짓는 유학생이 시답지 않은 내 얘기를 들어 주니 모처럼 기분이 좋았다.

바래다주겠다며 사는 곳을 찾아갔는데 94살이나 되는 미국 할머니를 돌보며 방 한 칸을 얻어 산다고 했다. 고풍스러운 집에 여러 명의 미국 여학생들이 방 하나씩을 차지하고 교대로 침대에 누워 생활하는 할머니를 돌보고 있었다. 그런데 다들 공짜 방 때문에 마지못해 있는 분위기였다. 그런데 이 한국 아가씨는 집안에 들어서자마자 침대에 누워계신 할머니께 쪼르륵 달려가 큰 소리로 웃으며 인사를 하고 음식을 내오고 이리저리 주물러 드리며 하루 종일 밖에서 있었던 일들을 일일이 말해 드리며 말벗이 되어 주었다. 정말 친손녀라도 저럴까 싶었다. 할머니도 너무 좋아하셨다. 그 장면에 맘을 확 뺏기고 말았다. '잡자!' 하지만 그 아가씨는 일주일 후 플로리다 주에 있는 대학으로 전학을 간다고 했다.

시간이 얼마 없으니 다음날부터 시간을 쪼개어 밤마다 찾아가 한 시간씩 데이트했다. 데이트라야 할머니 집 주위를 뱅뱅 돌며 이야기를 나누는 게 고작이었다.

그런데 갑자기 나에게 "어디 아파요? 왜 다리를 저세요?"하고 묻는 것이었다. "네? 제가요?" 그러고 보니 달빛에 길게 늘여진 내 그림자가 걸음을 디딜 때마다 휘청휘청 흔들리고 있었다. 덜컥 가슴이 내려앉았다. 인대 접합 수술을 받은 지 일 년이 지났지만 내 걸음걸이를 자세히 들여다본 적이 없었다. 태권도 하다가 좀 다쳐서 그렇다고 대충 변명을 하고는 돌아왔다. 밤새 한숨 못 자고 다음 날 태권도 시간에 아무것도 모르는 여학생 하나를 불러 놓고 부탁했다. "사범님이 여기 선을 따라 일자로 걸어 볼 테니까 잘 봐봐." 그리고는 앞뒤로 선을 따라 걸었다. 그리곤 "사범님이 다리를 저니?" 하고 묻자 무슨 말인가 고개를 갸우뚱하더니 갑자기 얼굴이 굳어졌다. 그리곤 "전 몰라요!" 하며 달아나 버렸다.

'아~, 내가 정말 다리를 저는구나.' 숨이 막혔다. 이런 다리를 가지고 무슨 태권도며 가진 것도 없고 미래도 없는 나에게 누가 오겠나 싶어 가슴이 또 무너졌다. 청춘이 푸르다고 하나 내게 해당하는 말은 아니었다.

그 아가씨가 떠나기 전날 내 사정을 숨김없이 다 털어놓았다. 내 사정이 이러니 차마 잡을 수는 없지만, 언제고 이 자리에서 기다릴 테니, 공부하러 갔다가 지치고 힘들면 돌아와 달라고 했다. 지친 날개를 쉬러 돌아올 수 있는 둥지가 되어 주고 고향이 되어주겠다고. 내게만 와주면 하고 싶은 공부 다 끝낼 때까지 뒤에서 돕겠다고 했다. 잠시의 침묵 끝에 만약 자기가 다시 돌아오게 된다면 하늘의 뜻으로 알고 결혼해 주겠다고 했다.

그리고 다음 날 아침 주소도 남기지 않은 채 떠났다. 하지만 우여곡절 끝에 여름 한 철을 보내고 그해 가을 아가씨는 내 곁으로 돌아왔다. 그리고 두 달 후 우린 부모님도 없는 타향에서 주위 분들의 도움을 받아 단출하게 결혼식을 올렸다. 아버지 대신 미국인 지도교수님이 신부 손을 잡고 입장을 하셨고 휠체어를 타신 94살의 할머니가 어머니 역을 대신 해주셨다. 그렇게 결혼한 사람이 바로 지금의 내 아내이다.

그 후 아내는 10년 세월을 꾸준히 학업에 정진하면서 나를 도와 도장을 운영했고 한국을 알리는 일에도 힘을 다했다. 그 긴 학업의 모든 과정을 내 도움 없이 장학금을 받아 마쳤다. 이런 힘든 과정을 묵묵히 견뎌낸 아내가 너무도 자랑스럽고 사랑스럽다.

결혼 13년 차가 된 지금까지 난 나름대로 결혼 전의 약속을 지켰다고 생각한다. 아내가 대학원에 다닐 땐 주말부부로 살며 집을 지켰고 박사과정을 위해 유학을 떠나 일 년에 여름 한 달, 겨울 한 달만 돌아오는 아내를 기다려 주었다. 지금도 캘리포니아의 한 주립대학 강단에서 교편을 잡고 있는 아내와 학기 중에는 헤어졌다가 여름 한 달, 겨울 한 달을 같이 산다. 그래도 나는 아내를, 아내는 나를 하늘이 맺어준 천생연분으로 믿으며 살고 있다.

나중에 물었다. 그때 뭘 믿고 청혼을 받아 주었느냐고. 아내가 대답했다. 달빛 아래 절며 걷던 그 그림자가 너무 불쌍해서 함께 살아줘야겠다고 맘먹었다고. 나중에 시간이 지나고 나서 깨닫게 되었다. 어둠이 짙을 때 비로소 새벽도 온다는 것을.

사브리나(Sabrina)와 손끝 격파

아내가 다니던 대학에 학생들끼리 구성한 태권도 클럽이 있었다. 친구들에게 남편이 태권도 사범이라고 소개하자 그럼 자기네 팀 좀 지도해주면 안 되겠느냐고 부탁을 해서 자원봉사 차원으로 일주일에 한 번씩 가서 지도해주었었다.

팀 주장은 4학년 여학생인 사브리나로 ATA(American Taekwondo Association) 1단이었다.

사브리나 혼자 유단자였고 나머지는 흰 띠, 노란 띠, 파란 띠, 빨간 띠로 수준이 천차만별이었다. 내가 가기 전까지는 사브리나가 학교 체육관을 빌려 기본기 수준의 태권도를 가르치고 있었다. 그런 참에 내가 가니 다들 무척 좋아하며 잘 따랐다. 좀 친해지자 단원들이 틈만 나면 우리 집에 놀러 오곤 했었다. 몇 달 지나자 대학 부설 초등학교에 가서 시범을 하겠다고 도와달라고 했다. 그래서 그 팀 수준에 맞는 시범 안을 짜서 훈련시켜주었다. 송판은 어디서 구하냐 길래 건축물상에 가서 1인치 두께 널빤지를 사서 알맞게 잘라 오면 된다고 했더니 그러면 송판은 자기들이 준비하겠다고 했다.

그런데 시범하는 날 가보니 굵직한 옹이가 가운데 여러 개씩 박힌 송판을 그것도 큼직하니 정사각형으로 잘라 왔다. 아니? 어디서 이런 송판을 구했느냐고 했더니 무지하게 싸게 파는 것들이 있기에 사 왔단다. 이런 것들은 비틀어지고 옹이가 박혀 못도 잘 안 들어가기 때문에 건축자재로 쓸모가 없다. 그래서 싼 것이다. 격파용이 아니라 땔감용이었다. 아차, 싶었다. '송판 하나 잘라 오는 것도 안목이 필요한 일이구나!'

아니나 다를까 실수가 이만저만이 아니었다. 송판 하나를 제대로 격파 못 해 덩치 큰 녀석들이 몇 번을 차고 또 차고 있었다. 게다가 격파는 차는 사람보다 보조자의 역할이 중요한데 경험들이 없다 보니 발만 날아오면 눈 감고 손부터 빼기에 바빴다.

사실 난 이 팀이 편하지만은 않았다. 도와 달라고 해서 없는 시간 내서 가보니 실력이 형편무인지경인데다가 1단밖에 안 되는 사브리나는 주말이면 2시간씩 차를 몰고 컨트리 뮤직의 본고장인 내쉬빌(Nashville)까지 가서 파트타임 사범 노릇을 한단다. 그래선지 자부심이 지나칠 정도였다. 말빨이 세고 군기 반장인데다가 대우받으려는 것을 보면 완전 관장님 수준이었다. 나를 불러놓고 보니 팀원들이 자기보다 나를 따르자 은근히 서투른 경쟁심까지 보이던 녀석이었다. 자기 실력으로 안 되니까 한번은 자기 도장 사범이라며 유치하게시리 고작 2단짜리 사내 녀석을 불러들여 겨루기를 했다가 나한테 체면만 구기고 가지 않았던가. (미국 태권도장들은 지관 형식으로 여러 개의 도장을 여기저기 차려 놓고 일, 이 단짜리 파트타임 사범을 보내 운영하는 새틀라잇(satellite:인공위성) 스쿨들이 많았다.) 그런 터프한 녀석이 오늘은 앞차기 하나에 뒤차기 하나도 제대로 격파를 못 해서 연신 차고 또 차고 있었다. 관객이 초등학생들인지라 그것도 신 난다고 박수 치며 좋아하긴 하는데 내가 저 정도밖에 못 가르친 것으로 보일까 봐 창피했다.

끝으로 내 차례가 되어 앞에서 실수한 것들을 만회하고자 힘주어 격파들을 했다. 달려가다 뛰어 벽을 밟고 차는 발차기 격파를 선보였더니 아이들이 손을 들고 질문을 한다. "어떻게 스파이더맨처럼 벽을 타고 다닐 수 있어요?" 우리야 별것 아니지만 이런 시범을 처음 보는 어린 학생 눈에는 신기했었나 보다.

발차기는 그럭저럭 끝내고 마지막 마무리 손끝 격파. 손끝으로 송판을 조준하고 보니 하필 가운데 큼직한 옹이가 딱 박힌 놈을 들고 있었다. '아~ 이런 눈치 없는 것들. 좀 보고 고르지!' 손끝에 미칠 고난을 생각하니 한숨이 절로 나왔다. 하지만 올망졸망한 수백 개의 작은 눈들이며 구석에서 나를 째려보는 사브리나의 시선까지. 선택의 여지가 없었다.

기합을 넣으며 손끝을 질렀는데 한참을 밀고 들어가고 나서야 '딱!' 하고 부러지는 소리가 들렸다. 손끝 격파는 '저거 아플 텐데......' 하는 느낌이 관객들에게 전해진다는 것이 묘미이다. 손을 불끈 감아쥐고 인사를 하고 물러났다. 그쯤 되자 사브리나도 완전 항복이었다. 자기가 발로 그렇게 차도 안 깨지던 송판을 손끝으로 찔러 깼으니. 조르륵 달려와 고개 숙여 인사를 하더니 도와줘서 고맙다며 모처럼 웃으며 악수를 청했다.

손을 펼쳐 보여주었다. 손바닥이 피로 흠뻑 젖어 있는 것을 보자 기겁을 했다. 웃으면서 한마디 해줬다. "Don't try at home!(함부로 따라 하지 마!)" 사실 그건 해 볼 테면 해보라는 위협이었다. '사범이 만만해 보이냐?'

헤어지고 집으로 돌아오는데 차 시동을 왼손으로 걸어야 했다. 겨우 한 손으로 운전하고 돌아오니 공부하던 아내가 물었다. "사범 어땠어?" "잘했어. 그건 그렇고 대접에 얼음물 좀 떠 주라." 집사람은 내가 마시려는 줄 알고 대접에 얼음물을 떠왔다. 손을 담그자 대접에 시뻘겋게 핏물이 고였다. 난리가 났다. "무슨 일이야? 손가락 부러진 거 아냐? 내가 그거 하지 말랬지? 왜 자꾸 사서 고생이야? 응? 사람들은 그거 봐도 얼마나 힘든지 모르잖아?" 괜찮다는 데도 아내는 수건으로 손을 닦아주고 약을 발라주며 펑펑 울었다. 나도 사브리나처럼 영어 잘해서 말로 한몫할 수 있으면 이런 짓 좀 덜 할 텐데 싶었다. '아~ 도대체 영어는 언제나 제대로 되려나?'

ATA(American Taekwondo Association): 미국태권도연맹

영주권이 나오고 때가 되어 도장을 차리고자 고심은 했으나 미국에서는 어떤 법적 절차나 과정을 거쳐 도장을 열 수 있는지, 어떻게 입관절차를 밟는지, 계약서는 무엇이 필요한지 등, 미국에 선배 하나 없는 나로선 도통 알 수가 없었기에 너무 불안하고 답답했다.

바로 그때 ATA 본부에 다녀온 친구로부터 ATA에 가입하고 사범교육을 받으면 미국식 도장 경영 비법을 전수해 주고 신기술까지 보급해 준다는 말을 들었다. 비즈니스에 대한 상담 및 관리를 지속적으로 해 주기 때문에 가입만 하며 무조건 성공할 수 있다는 말이었다. 귀가 번뜩 뜨였다. 태권도야 배워 봤지만, 비즈니스가 무엇인지 미국식 태권도가 무엇인지 나로선 통 알 수가 없었다. 때맞춰 당시에 한국 TV 다큐멘터리 프로그램에서 ATA 이행웅 회장님의 성공신화를 방송해주었던 것을 비디오를 통해 본 터라 더욱 신뢰가 갔었다.

당시에는 인터넷도 별 기능을 못했고 정보라는 것이 남의 입소문에 의지하던 때였다. ATA 본부를 방문했던 친구 말만 듣고 보니 ATA가 국기원을 뛰어넘는 뛰어난 조직이라는 상상이 들었다. 전화를 몇 차례 걸어 담당자와 통화도 했는데 궁금한 것이 많았지만,

얼굴도 모르는 사람에게 전화로 주는 정보는 매우 제한적이었다. 일단 오면 다 된다고만 했다.

이참에 아예 미국식 제대로 배워야겠다고 맘먹고 하던 일을 다 때려치우고 알칸사스 주(州) 리틀 락(Little rock)에 있는 ATA (America Taekwondo Association) 본부를 찾아가기로 했다. 제대로 배워 나도 성공한 도장을 열고 이놈의 지긋지긋한 생활에서 벗어나 보리라!

최단시간에 교육을 마치고 돌아와야겠다고 생각했다. 그래서 하던 일을 다 정리하고 수입이 없을 몇 달 동안 아내 혼자 버텨야 하기 때문에 궁핍한 살림을 더 아껴 약간의 자금을 비축해 놓았다. 그런데 막상 ATA 본부에 가서 담당자와 대화를 나누고 주변 사람들의 이야기를 들어보았더니 내 상상이 조금 지나쳤구나 싶었다.

내 신상 소개를 면밀히 살펴보더니 특별히 따로 가르칠 것은 없고 ATA 품새 배우고 나서 미국 전역의 ATA 산하 도장 중 큰 도장에 연락을 해 놓을 테니 직접 가서 사, 나흘씩 수업 참관하고 그곳 사범님들께 노하우를 개인적으로 배우라는 정도였다. 게다가 사범 교육비를 거론하는데 수만 불에 달했다. 내가 마련할 수 있는 돈이 아니었다. 그런 돈이 있다면 그냥 도장 차리고도 남겠다 싶었다. 신기술이라는 것들도 이미 할 줄 아는 것들이라 굳이 시간 내서 찾아가 배울만한 것은 아니었다. 여러 가지로 내 상황과 맞질 않았다. (지금의 ATA가 아닌 오래전의 상황이니 이점, 독자들의 오해가 없으시길!)

태권도로 인생을 다시 시작하겠다는 각오로 일을 다 집어치우고 갔는데 졸지에 백수가 된 것밖에 남은 것이 없었다. 일자리 얻기 힘들던 때라 다시 일자리도 나지 않았다. 수입이 없자 비축해 놓은 돈은 생각보다 훨씬 빠르게 말라가고 있었다. 이러다 아내마저 굶기겠다 싶어 허접한 청소자리라도 있으면 다시 하려는데 아내가 단호하게 나를 말렸다.

“지금 어렵다고 다시 청소부로 돌아간다면 아마 평생 태권도를 못할지도 몰라요. 그간 몇 년을 하루도 못 쉬었으니 당분간 쉬면서 도장을 차릴 준비를 해봐요.” 아내가 청소로 돌아가려는 나를 극구 말렸다. 그렇게 석 달을 놀았다. 이리저리 다니며 도장을 차릴 궁리를 해보았지만, 교회 안에서만 태권도를 가르쳐왔기 때문에 도장 창업에 대한 정보가 너무 부족한데다 물을 곳도 없었다.

더구나 내가 있는 차타누가라는 도시에는 이미 한국 관장님이 한 분 계셨다. 행여 서로 얼굴 붉힐 일은 하지 말아야겠다는 생각에 멀리 자리를 알아보러 다니다 보니 마땅한 자리도 없었다. 수입이 없으니 얼마 안 남은 생활비와 내 속은 가뭄 만난 논바닥처럼 바짝바짝 타들어 갔다. ‘당분간만이라도 청소를 해야겠다. 이대로 굶어 죽을 수는 없지 않겠냐.’고 말해도 아내는 단호했다. ‘태권도를 해야 할 사람이 왜 자꾸 다른 곳을 기웃거리느냐.’는 거다. 어차피 치러야 할 홍역이라면 지금 치르자는 것이다. 평생 청소부로 살기 싫으면 지금이 기회라고 나를 북돋아 주었다.

그래서 낮에는 이리저리 발품을 팔며 다녀보고 밤엔 밤이 맞도록 가르쳐야 할 기술들이며 지도 방법, 훈련 방법들을 조목조목 커리큘럼으로 만들어 갔다. 아무것도 할 수 없는 무능한 남편. 몇 년을 고생해서 모아 온 아내의 마지막 남은 유학자금을 생활비로 갖다 써야 하는 무능한 남편. 아내를 위해서라도 어떻게든 살아 봐야겠다는 생각을 다져 먹어 보았지만 한 번 주저앉은 다리는 다시 일으키기가 너무도 힘겨웠다.

비 새는 치카마우가(Chickamauga) 도장

한국은 도장을 차리기 위해 갖추어야 할 자격과 조건이 많고 까다롭다. 하지만 여기선 도장은 시청에 가서 돈 몇 푼 내고 비즈니스 라이선스(Business licence)를 받아 가르치면 그만이었다. 허가제가 아닌 신고제인 것이다. 지도자 개인에 대한 자격도 문제가 되지 않았다. 몇 단인지. 태권도 지도자 자격증이 있는지, 생활체육 지도자 자격은 받았는지 이런 것은 하등의 관계가 없다. 시설에 대한 간단한 소방시설 점검 정도가 필요하다면 필요한 과정이었다. 그러다 보니 더러는 황당한 경우도 많다. 수련생 중에 좀 배우다가 재미도 있고 할 수 있겠다 싶으면 바로 건너편에 도장을 차리기도 한다.

유리창 앞에 수북히 트로피를 진열해 놓고 도장을 연다. 제 실력만큼 가르치고 돈을 받겠다니 할 말은 없다.

2001년 마침내 기다렸던 영주권이 나오고 나서 월세 300불짜리 허물어진 좁은 창고를 내가 고쳐 쓴다는 조건으로 계약했다. 번듯한 곳에 세를 놓을 돈도 없었고 될지 안 될지 모를 도장사업의 시험무대이기도 했다.

첫 도장을 연 조지아 주의 치카마우가(Chickamauga)는 남북 전쟁의 치열한 격전지며 남부군의 사령부가 있었다는 역사적인 곳이다. 도시 이름도 인디언 지명이 그대로 남아 사용되고 있었다. 대포들이며 기념비들로 가득한 광활한 들판에 단풍이 들고 뉘엿뉘엿해가 지면 한 폭의 그림으로 변한다. 역사 빼면 묘지뿐인 아무것도 없는 작은 시골 동네였다. 마을의 안에 상점이라야 이십여 개도 되지 않는 그런 철저한 시골동네였다. 매트 대신 싸구려 카펫을 깔고 합판을 사다 손으로 직접 쓴 간판을 걸었으니 오다가다 들여다볼 뿐 누가 등록하려 하지 않았다. 게다가 크기도 퍼즐 매트를 깐다면 60장 정도가 깔릴 정도의 협소한 장소였다. 게다가 집에서 40분은 운전을 해가야 닿는 외진 곳이었다.

아내는 당시 대학생이었다. 아침 일찍 아내를 학교에 떨궈 주고 나서 오전 내내 이리저리 청소하고 다니다가 아내의 수업이 끝나는 시간에 맞춰 아내를 태워 부랴부랴 도장으로 출근했다. 때늦은 식사도 잼도 못 바른 날식빵을 우유에 찍어 먹고 때우기 일 수였다.

얼마 지나자 동네 청년이 하나 들어왔는데 얼마고 어떻게 시작을 하느냐고 묻는데 암담했다. 입관원서도 없었고 얼마를 받고 가르쳐야 할지도 몰랐다. 우선 하루 5차례, 주 5회 수업이 있는데 오고 싶은 만큼 오고 50불을 받기로 했다. 아내와 청년을 나란히 세워놓고 가르쳤다. 그러자 그걸 보고 하나, 둘씩 동네 청년들이 들어오기 시작했다. 도장이 너무 협소해서 나란히 서서 품새를 하다 보면 벽을 차거나 남의 엉덩이를 걷어차게 되니 이리저리 비켜서야 했다. 비가 오는 날은 지붕마저 샜다. 흥건히 젖은 카펫 위에 양동이까지 가져다 놓고 나면 그나마 운신할 공간이 더 적어졌다. 그 좁은 공간에 주저앉는 천장 대들보를 받치느라 기둥도 하나 떡 버티고 있었다. 최악의 공간이었지만 그래도 다 들 신바람 나게 수련을 했다. 나중에 나와 비슷한 연배의 사범님들에게 내 경험을 이야기하면 다들 신기하다며 1970, 80년대 미국에 정착한 관장님들 이야기를 듣는 것 같다고 했다.

어쨌거나 처음 등록한 크리스(Chris)와 제이슨(Jason)은 덩치가 나보다 두 배였다. 체중 감량이 목표라고 했다. 예나 지금이나 미국 도장들은 여름에도 에어컨을 빵빵히 틀고 수련을 한다. 하지만 난 더위를 이기며 하는 수련이야말로 원시적 야성을 일깨우며 특히 살빼기에 탁월한 효과가 있다고 설명을 했다. '그런데 에어컨을 꼭 켜야 되겠느냐?' 전기세를 아끼기 위한 방편이었다. 다들 켜지 말자고 동의를 했다. 그렇게 벌겋게 달아오른 좁은 도장 안에서 여름을 났다. 매일 땀을 비 오듯 흘리고 수련을 하고 한철이 지나자 둘 다 60파운드씩을 뺐다. 둔해 보이던 몸이 맵시가 잡히고 탄력이 생겼다. 성공이었다. 아침, 저녁으로 남몰래 청소 일을 하고 있었지만 그래도 내가 하고 싶은 것을 하니 살 것 같았다.

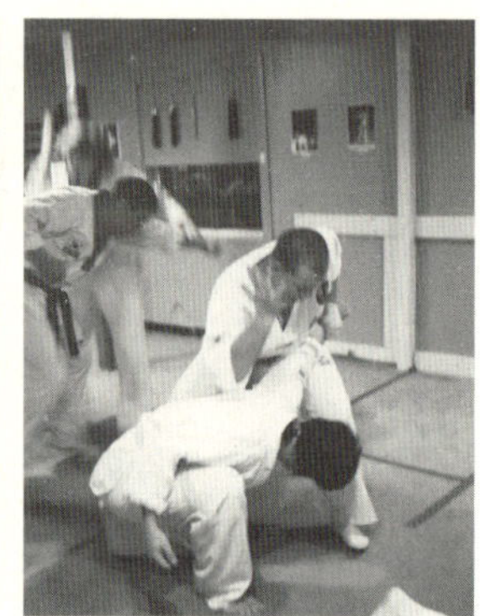

(조그만 창고를 개조해 미국서 처음 문을 연 도장, 좁은 공간에 반해 열기는 넘쳤다.)

그 작은 도장에 하루는 긴 머리를 뒤로 묶고 수염을 근사하게 기른 삼십 대 초반으로 보이는 사내가 어깨에 가방을 걸러 메고 들어왔다. 눈에 힘이 들어가 있었다. 어떻게 왔느냐고 물었더니 자긴 건너 동네 가라테 도장 사범이라고 했다. 소문 듣자하니 실력이 괜찮다고 해서 수업 한 번 참가해 보려고 왔단다. 아예 시비 조였다. 사전 연락도 없이 수업시간에 도장 문을 밀고 들어오다니. 게다가 우리 도장 청년들이 그를 보더니 저 사람이 이 근방에서 유명한 가라테 월드 챔피언이란다. 내심 긴장됐다. '이게 말로만 듣던 간판 떼기인가? 지면 떠나라 그런 거 말이다. 폼 나는 비단 도복으로 갈아입고 검은 띠를 차고 섰다. 우리 도장엔 있지도 않은 검은 띠가 몸을 풀고 있으니 당연히 학생들의 시선은 나와 그 사람을 번갈아 볼 수밖에. 단발로 허공에 뻗어 차는 발차기에 각이 딱 잡혀있었다.

나를 따라 하라고 했다. 물론 평소보다 강도를 높였다. 이어 차고 뛰어 차고, 막고 지르고 그런데 조금 지나자 헉헉대기 시작하더니 빠르게 이어 차는 발차기나, 뛰어 차는 발차기에선 그 좋던 각은 어디 가고 헤매고 있었다. 내가 알던 월드챔피언들하고는 많이 달랐다. 이런 발차기들은 처음 해봤다며 헐떡거리는 그에게 어디서 월드 챔피언 땄느냐고 물었다. 매년 알라바마에서 열리는 자기네 가라테 협회 세계대회에서 땄단다. 제대로 된 국가대표끼리 하는 시합이 아니라는 뜻이었다.

미국엔 월드 챔피언이 이런 식으로 참 많았다. 지방에 있는 몇몇 도장들끼리 모여 무슨 세계연맹이라고 타이틀을 짓고 이름뿐인 세계대회를 치른다. 세계대회라지만 다른 나라에선 아무도 안 온다. 그러니 참가자들은 전원 세계랭킹 1, 2, 3위가 된다. 남자-어린이부-노란 띠-경량급-품새-월드챔피언, 여자-성인부-파란 띠-중량급-격파-월드챔피언, 이런 식이다. 그리곤 등 뒤엔 2000년 가라테 월드챔피언 이렇게 크게 새겨 넣은 도복을 입는다. 그런 월드챔피언들이 시골 동네에도 서너 명씩 되었다.

그 월드 챔피언이 들어올 땐 고개가 뻣뻣했는데 나갈 땐 허리 굽혀 꾸벅 인사까지 하며 황급히 자리를 떴다. 그리곤 다신 안 나타났다. 도처에 실력자들이 포진하고 있는 광활한 미국이지만 우물 안의 개구리들도 많았다. 그 뒤로도 어느 도장 유단자이거나 보조 사범이라며 다녀간 사람들이 여럿 있었지만 두 번 찾아온 사람은 아무도 없었다.

온 몸으로 가르치는 태권도

처음 도장을 열자 덩치가 좋은 청년들이 많이 등록을 했는데 샌드백을 달 형편이 못돼 호구를 두 개씩 겹쳐 입고 발차기를 몸으로 받아 주었다. 덩치가 크고 힘이 장사들이었다. 맞고 밀려 나가 벽에 부딪히고 떨어지기를 하루에도 수십 번씩 했다. 그때마다 벌떡 일어나서 "더 세게 차 봐"를 외쳤다. 내 맷집이 대단하다고 다들 감탄을 했다. 나라고 왜 안 아팠겠는가? 처음 맞는 관원들에게 만만하게 보이지 않으려고 오기로 버틴 것이다. 영어도 안 되고 달리 방법이 없었다. 그간 겪은 미국 사람들은 다분히 실전적인 면이 있었다. 만만히 보이면 한번 붙어 보자고 사범에게도 도전장을 내민다. 피멍이라도 들어서 이기면 그나마 본전이지만 지면 여길 떠야 한다. 더욱이 난 갈 곳도 없었다. 그러니 아예 도전의 대상으로 보여선 안 되었다.

요령도 생기기 전에 마구잡이로 휘둘러 대는 초보자들의 주먹이며 발들에 맞아 골병이 들어 죽을 것만 같았다. 몸을 차보라는데 얼굴로 발이 뛰어 들어오기도 하고 몸통을 지르라는데 얼굴로 주먹이 날아들었다. 잘못 맞아 입술이 터지기라도 하면 '걱정마라. 이 정도 맞아서는 끄떡도 없다.'며 입속에 피를 삼켜 버렸다. 특히 차라는 타겟은 못 차고 타겟을 쥐고 있는 엄지손가락을 차는데 같은 자리를 맞고 또 맞다 보니 손가락이 끊어질 듯 아팠다. 눈물이 핑핑 돌고 아파 죽을 지경이었지만 꾹 참을 수밖에 없었다.

지도하다 보면 타겟만 잡아 줄 순 없는 일이다. 겨루기 상대도 해줘야 했다. 날아오는 발을 코끝에 닿을 듯 말 듯 피해준다. 아직 눈이 숙달되지 않았기 때문에 무엇을 놓친 것인지 알 수가 없다. 분명 찬 것 같았는데 자기 발은 빗나갔으니 말이다. 이들과 붙잡고 치고 받아선 이길 가망은 희박했다. 이들의 무지막지한 힘이 내 어설픈 기술 정도는 눌러 버릴 수 있을 정도였기 때문이었다. 그러니 이리저리 피하다가 한 번씩 받아 찰 땐 눈물 쏙 빠질 정도로 차주었다. 아파서 쩔쩔매는 수련생들에게 '살살 차서 이 정도니 세게 찼으면 죽었겠네.'라고 으름장을 놓았다. 같이 뛰느라 숨이 턱에 차도 아무렇지 않은 척 코만 벌름거리며 숨을 삭혀야만 했다.

이곳에서 더 이상 나는 개인이 아니었다. 난 이 동네에서 코리아를 대표하고 있었다. 당시엔 일본이라면 미국 버금가는 선진국으로 생각하지만 우리나라는 전쟁을 막 치른 가난한 캄보디아나 베

트남 수준으로 아는 사람들이 많았다. 그러니 그들이 보는 내가 한국의 전부이지 않는가. 내 실력이 곧 한국의 수준이었다. 못 벌고 배고파도 절대 약한 모습은 보이기 싫었다. 당당한 코리안으로 살자. 아버지 말씀이 옳았다. '태권도로 국위 선양해라.' 민간 외교관! 그것이 또 하나의 나의 역할이라고 굳게 믿었다.

라파예트(La Fayette) 도장으로 이사

일 년이 지나 도장을 옆 동네로 옮겼다. 조지아의 라파예트란 마을이었다. 하이웨이로 10분쯤 떨어진 옆 동네고 같은 시골 마을이긴 했지만 치카마우가 보다는 훨씬 큰 마을이었다. 첫 도장은 너무 좁은데다가 비까지 새니 더 있을 수가 없었다. 그저 넓은 곳에서 맘 놓고 수련했으면 좋겠다 싶던 중에 맘에 딱 드는 곳을 찾았다. 오랫동안 비고 후미진 건물이긴 했지만, 전체 넓이가 치카마우가 도장의 다섯 배에 달했다. 게다가 학부모 중 한 분이 건물주에게 우리 Master Lee가 성실하고 좋은 사람이긴 한데 가진 게 없으니 잘 좀 봐달라고 부탁을 해서 싸게 자리를 얻었다. 그러니 나에겐 꿈의 구장이나 마찬가지였다. 매일 망치질, 못질 등 고치고 고쳐가며 다시 수업을 시작했다.

그런데 새로 도장을 열고 얼마 지나지 않아 머리를 산발하고 수염을 텁수룩하게 기른 젊은 녀석 하나가 나타났다. 수업시간이 되면 창 밖에 서서 한참씩 꿈쩍도 않고 버티고 서서 노려보다 사라졌다. 인상이 안 좋았다. 안 그래도 이 마을이 보수적인 시골동네이다 보니 노골적인 텃세가 심하다는 소릴 듣고 왔는데 초반부터 낌새가 안 좋았다. 그 녀석이 매일 어김없이 나타나 창밖에서 나를 노려봤다. '저놈, 저러다 한 번 들어오겠지.' 싶었다. 그런데 문제는 만약에라도 도장에 들어와 시비 건다고 패서 쫓을 수도 없는 노릇이었다. 예의와 수양을 가르친다는 도장에서 그것도 사범이 동네 건달과 주먹다짐을 한다면 누가 자기 자녀를 맡기겠는가? 그러니 물리적인 충돌은 망하는 지름길이다. 하지만 최악의 사태도 염두에 두지 않을 수 없어 신경이 쓰였다.

그러던 어느 날 수업을 하다 보니 맨 날 창밖에서만 쳐다보던 놈이 도장 안에 들어와 서 있었다. 거만하게 치켜뜬 눈에 손엔 장대까지 들려 있었다. 뒤에 앉아 다음 수업을 기다리던 학생들과 학부모들은 그 분위기 안 좋은 녀석 때문에 기도 못 펴고 있었다. 다가가서 정중히 고개 숙여 인사를 하고는 "어떻게 오셨습니까?"하고 물었다. 그러자 눈은 위로 치켜뜨고 이소룡 마냥 인사를 한다. 난 이 인사법이 정말 싫다. 인사를 하는 순간에도 상대에게서 눈을 떼지 말라는 이소룡식 가르침이다. '아니, 그렇게 상대를 못 믿을 것 같으면 인사는 왜 하나? 그냥 주먹부터 날리지.'

대뜸 한다는 말이 예전에 고명한 사범에게 직접 사사 받은 적이 있다며 사범 이름과 무슨 무술 이름을 댔다. 일본식 이름 같은데 '제가 아는 게 짧아 들어 본 바가 없다.'고 했더니 인상이 확 구겨졌다. '뭐, 이런 게 있나?' 하는 눈이었다. '미안하다. 내가 미국 온 지 얼마 안 돼서 그렇다. 그건 그렇고 그 장대는 뭐냐?'고 물었다. 자기가 한 수 보여주려고 가지고 왔단다. 보여주시면 감사하겠다고 했다. 그러자 마치 제집인 양 성큼성큼 도장 한복판으로 들어와서 폼을 잡더니 마구 고함을 지르며 장대를 휘둘러 댔다. 군말 안 하고 다 보아주었다. 한참을 이리 뛰고 저리 뛰더니 숨을 헐떡이면서도 여전히 눈에 각은 안 풀고 있었다. 무술 한 사람들은 저마다 자부심이란 게 있는데 이게 지나친 면이 없지 않다. 자기가 배운 것만 정통이고 제일이라고 생각하는 경향이 있다.

감사하게 잘 보았고 좋은 기술이라고 칭찬을 해주었다. 그런데 내가 배운 것하고 조금 틀린 데, 그 장대 좀 빌릴 수 있겠느냐고 했다. 봉술을 누구한테 배운 적은 없지만 나도 재미 삼아 휘두르던 잔재주가 좀 있었다. 머리통을 날려버릴 기세로 있는 힘을 다해 도장 안에 붕붕 소리가 가득하도록 휘둘렀다. 까불면 가만두지 않겠다는 엄포였다. 녀석이 흠칫 놀라더니 눈빛이 점점 비 맞은 강아지 꼴로 불쌍해졌다. 장대를 건네주며 정중히 인사를 하고는 다음에 오실 땐 이런 거 흉폭 해 보이니까 가져오지 말라고 했다. 녀석이 알았다고 하더니 인사를 꾸벅하고 바람같이 사라졌다. '항상 돼먹지 못한 녀석들이 시비 걸고 다닌다니까, 다신 안 오겠지.' 하고 잊고 있었는데 어느 날 다시 나타났다. 다짜고짜 사람들이 보는 앞에서 지폐뭉치를 책상 위에 탁 꺼내 놓았다. 이게 뭐냐고 물었더니 자기도 이제부터 이 도장 다니려고 한단다. 정색을 하고 대답했다. '난 널 받아줄 생각이 없다. 네 눈에 각 잡고 있는 거며 그 불손한 태도가 맘에 안 든다. 난 아무나 돈 냈다고 받아주는 장사꾼이 아니다. 우리 도장 오고 싶으면 그 태도 먼저 고치고 와라!'

그랬더니 어이없다는 듯이 한참을 째려보다가 그러면 이거 지난번 배운 수업료라 생각하고 받아 달라며 돈을 놓고 그냥 터프하게 돌아섰다. 어림잡아 몇 백 달러는 되어 보이는데 순간 맘이 흔들렸다. 그땐 일 달러가 아쉬울 때였다. 녀석을 불러 세웠다. '이런 돈은 관심 없으니 가져가라. 그리고 다신 오지 마라!'고 했다. 녀석이 한동안 나를 물끄러미 쳐다보더니 할 수 없다는 듯 돈을 챙겨 나갔다.

그날 밤 내내 그 돈이 눈앞에 어른거렸다. '그냥 모른 척하고 받을 걸 그랬나?' 사람이 배고프면 불쌍해진다는 게 실감 났다. 낮엔 학교에서 공부하느라 시달리고 오후엔 도장 따라와 뒤치다꺼리하느라 고생하고, 도장 문 닫고 늦은 밤에 새벽까지 내 청소 일 돕겠다고 나를 따라다니던 아내였다. 지쳐 쪼그리고 새우잠이 든 아내를 차에 태우고 다니며 살던 눈물 나는 시절이었다.

정말 수입이 없을 땐 김치는커녕 소금 찍어 밥 먹던 때도 있었다. 아내는 그나마 소금이라도 있으니 얼마나 다행이냐면서 이것도 나랑 같이 먹으니까 맛있다고 했다. 공부하랴 태권도 하랴 나 따라 청소 다니랴 지칠 대로 지친 사랑스러운 아내에게 햄버거 하나 맘 놓고 못 사주던 때였다.

도장 수업 끝나고 늦은 밤이 되면 이미 허기가 진다. 그럴 때면 가끔씩 아내가 조심스럽게 말을 꺼낸다. 햄버거 하나 먹고 싶은데 그래도 되겠느냐고. 그러면 큰 맘 먹고 햄버거 하나를 사서 둘이 차에 앉아 나눠 먹었다. 예나 지금이나 아내는 참 착하다. 번번이 햄버거 하나 통째로 못 사주는데도 "자기는 어쩜 내가 먹고 싶다면 싫단 말 한 번 안 하냐."며 좋아했다. 자기는 햄버거 하나 혼자선 다 못 먹는다나. 그래서 나랑 같이 나누어 먹어야 딱 맞는다고. 그러면서 항상 마지막 남은 조각은 내 입에 밀어 넣어 주었다. 그럴 때면 목이 메여 말은 못했지만 못난 나를 믿어주고 따라주는 아내가 너무 고마워서 눈물이 핑 돌았다.

그때나 지금이나 내게 있어 세상에서 가장 아름답고 소중한 사람은 바로 아내다. 지금 생각해봐도 둘이 나누어 먹던 그 햄버거만한 음식이 없었다. 참 맛이 좋았다. 그 햄버거 하나가 당시 우리가 누릴 수 있는 최고의 외식이었고 사치였다. 햄버거 하나에 담긴 행복. 경험해 보지 않은 사람은 잘 모를 것 같다.

아내와 함께하는 태권도

미국으로 건너와 참 많은 시범을 했다. 시범이란 것이 혼자서 할 수 있는 게 아니다. 최소한의 보조인원이 있어야 한다. 게다가 뽕짝이 잘 맞아야 그나마 효과가 좋다. 아내는 태권도를 모르던 유학생이었다. 또래 한국 여성들이 그랬듯이 그저 조신하게 공부하고 있다가 시집갈 요량이었다. 하지만 나를 만나 12년 동안 배운 태권도가 4단이다. 국기원에서 국제 태권도 지도자 과정도 밟았다. 남들은 사범 마누라니 그냥 줬겠지 생각하지만 그건 아니다. 미국 수련생들, 특히 성인 수련생들은 야단치며 가르치기 힘들다. 그러데 사범 마누라에게는 종종 불벼락이 떨어졌다. 아내가 수업시간에 나한테 야단을 맞는 것을 보면 다른 학생들이나 학부모들은 아예 숨도 못 쉬었다. 눈물이라도 찔끔거리면 '까짓 거 울려면 울라지.' 집에 가서 잘못했다고 빌면 그만이다 싶어 막 야단쳐가며 가르쳤다. 부부간에 운전 가르치다가도 이혼을 한다는데 아내는 눈물 짜가며 배운 태권도가 수준급이다. 그래서 나와 아내 둘이면 간단한 시범이 가능하다.

결혼을 하고 보니 아내는 참 허약했다. 영어로 듣는 수업을 따라가려면 남보다 두 배, 세배 열심히 해야 하는데 체력이 달려 큰 문제였다. 체력이 있어야 공부도 하겠다 싶어 태권도를 가르치기 시작했는데 군소리 않고 꾸준히 하다 보니 건강한 몸이 되었다. 책상

머리에 앉아 찌들었던 몸을 땀나게 한 번씩 풀어주니 몸도 마음도 밝고 씩씩해졌다. 그래선지 얌전하고 내성적이었던 사람이 활기차고 외향적인 성격으로 바뀌었다.

난 누가 태권도가 몸에 좋으냐고 물으면 우물쭈물 거린다. 경우에 따라선 안 그럴 수도 있다는 것을 경험으로 알기 때문이다. 내 몸의 고장 난 부분들은 다 태권도를 하다 그런 것이 아닌가? 그러니 꼭 그렇다고만은 할 수 없었다. 하지만 아내는 자기가 증인이 돼서 사람들에게 태권도가 좋다고 말하니 그 말에 힘이 실렸다.

학생들이 오면 수업시간도 안되었는데 먼저 나가 학생들과 품새 연습을 해준다. 난 어릴 적부터 군대 교관에 이르기까지 태극 품새를 지겹도록 했다. 그래서 품새라면 즐겁지가 않았다. 하지만 아내는 품새만 제대로 해도 땀도 잘나고 운동 효과도 만점이라고 좋아한다. 난 품새 말고도 할 게 얼마나 많은데 또 품새냐며 핀잔을 주었지만, 아내는 그나마 자기 혼자서도 할 수 있는 것이라고 열심히 했다. 그러니 함께 수업에 들어가면 얼마나 도움이 되는지 모른다. 나야 앞에서 입으로 가르치면 되지만 아내는 짝이 없는 사람들의 상대도 되어준다. 어른이고 아이고 가릴 것 없이 파트너가 되어 함께 뛰어 준다. 잘은 못하지만, 태권도를 즐기는 사람이다. 바쁜 시간을 쪼개어 도장에 나오면 자기 있는 동안만이라도 쉬라며 몸 풀기부터 품새 지도, 상담, 등록까지 대신 맡아 해준다. 내겐 힘든 이런 일들을 아내는 즐겁게 해낸다. 그런 아내가 없는 시간 혼자 도장을 지키는 일은 내게 힘겨운 일이 되어버렸다.

아내는 우리 시범단 고참이기도 하다. 여자이고 작은 체구지만 매트도 없는 콘크리트 바닥에서 낙법을 친다거나 기합을 지르며 쌍절곤을 돌리고 발차기를 하고 격파를 하는 것을 보면 제법 당차 보인다. 그래서 아내는 항상 웃고 친절한데도 다들 만만히 보지 않는다.

짜고 치는 고스톱인 나와의 호신술 시범도 무척 좋아한다. 항상 우스꽝스런 악당 역인 나를 짧지만 빠른 손발로 멋지게 해치우고 딱 폼 잡고 서서 씩~! 웃으면 관객들이 너무 즐거워한다. 무대 체질이라 시범할 땐 완전 딴사람이 된다. 기합이며 눈빛부터 달라진다. 정말 시범을 즐길 줄 안다.

(태권도를 통해 삶이 밝게 바뀐 아내, 나보다 더 태권도를 사랑하는 공인4단 사범이다.)

결혼 초에는 시범이 끝나면 나만 멍들고 다쳤었는데 세월이 지나자 같이 절면서 돌아오는 경우가 종종 생겼다. 함께 시범을 하면 보람 있고 재미도 있다. 남들 앞에선 끄떡없는 체하다가 집에 돌아와서 끙끙대며 서로 약을 발라 주며 웃는다. 아내는 세상에서 나와 말이 제일 잘 통하는 친구다. 이렇게 아내가 이렇게 아내가 나를 가장 잘 이해 주는 사람이 된 것도 같이 하는 태권도 덕분이다.

대학원 종강 파티 - 아내가 떴다

아내가 대학을 졸업하고 대학원에 입학했다. 미국 남부의 옥스퍼드라는 별명이 붙은 150년 전통의 교정이 그림처럼 아름다운 학교였다. 그 대학 대학원 과정에 등록한 유일한 동양인 학생이었다. 들어가기도 힘들거니와 학비가 워낙에 비싸 나로서는 도저히 감당할 수가 없었는데 아내가 전액장학금에 생활비까지 받아 입학을 했다. 너무 고맙고 자랑스러웠다. 하지만 막상 다녀보니 이만저만 힘든 게 아니었다. 대학원에서 쓰는 영어는 격이 달랐다. 막대한 분량의 책을 읽고 수시로 논문을 써내야 하는데 내가 도울 수 있는 분야가 아니었다. 더욱이 수업시간마다 치열한 토론을 하는데 몇 마디 낄 수가 없다고 했다. 자기들끼리 열띤 토론을 주고받고 결론 내고 끝낸다는 거였다. 마치 자기는 투명인간인 것처럼, 끼워주지도 않는다는 것이다. 그렇게 눈칫밥을 먹으며 아내는 울며, 울며 힘겹게 한 학기를 마쳤다.

첫 학기가 끝나자 종강 디너파티를 하는데 가족 동반이었다. 나로선 처음 참석해보는 디너파티였다. 잔뜩 긴장이 되었다. 우린 한복을 입고 갔다. 한복을 입은 아내가 색다르게 보였는지 평소와 다르게 사람들이 먼저 다가와 말을 걸었다. 대학원장님과 인사를 나누다가 내가 태권도를 가르치는 사람이라고 했더니 지나가는 말로 그럼 뭐라도 좀 보여주면 좋겠다는 것이다. 기회다 싶었다. 'OK!' 하고 당장 차에 실려 있는 송판들을 꺼내왔다.

벽난로 불빛이 아름답게 타오르는 파티장에서 나와 아내가 즉석 시범을 보였다. 물론 되도록 아내가 주목받도록 했다. 이것저것 아내에게 격파를 시켰다. 얌전하기만 하던 평소 모습과 다르게 눈빛부터 바뀌었다. 이리저리 휘둘러 대는 작은 손발들에 깨어져 날아가는 두꺼운 송판들! 다들 눈들이 휘둥그레졌다. 관객 중에서 도우미들을 뽑아 풍선 세 개를 허공에 잡도록 부탁했다. 다들 무슨 일인가 하는 눈치였다. 아내가 길게 내려온 치마를 양손으로 치켜 올려 잡곤 길게 기합을 지르며 달려와 뛰어올라 '빠바방!' 풍선 세 개를 순식간에 터뜨려 버리고 사뿐히 내려앉았다. 다들 놀랐다. 평소에 있는 듯 없는 듯 잘 보이지도 않던 작은 동양여학생이 지금 대학원생들과 교수님들 그리고 그들의 가족까지 모인 앞에서 치마를 바짝 올려붙인 채 날아다니고 있었다. 날렵한 솜씨로 나를 이리저리 집어 던지고 돌아서 딱 자세를 잡을 때 보이는 날카로운 눈매와 기합, 그리고 당당한 미소. 다들, 입을 벌린 채 다물지를 못했다. 시범이 끝나자 기립 박수가 터져 나왔다. 다소곳이 손을 모아 인사를 하는 아내에게 대학원 학장님 내외가 오셔서 너무 잘 봤다며 손을 잡고 한참을 칭찬해 주셨다. 우리 대학원에 하나뿐인 동양 여학생이 이런 실력자인 줄 몰랐다며 자기도 배우고 싶다고 했다. 다른 교수님들이며 학생들도 함께 사진 찍자며 줄 서서 달려들었다. 이방인에서 주인공으로 변하는 순간이었다. 그러면서 느낀 것이 있었다. '아! 우리가 한복을 입고 태권도를 하고 가장 한국적일 때 가장 경쟁력이 있구나!' 그 뒤로 난 철칙이 생겼다. 시합장이나 파티 등 공식적인 자리에 갈 땐 꼭 한복을 입는다. 양복에 넥타이 매고 다니는 것보다 차라리 이게 더 우리를 알리고 우리 입지를 마련하는 데 나았기 때문이다.

그 뒤로 동료 대학원생들이 아내에게 얼마나 잘해 주었는지 모른다. 논문작성, 주제토론 뭐든 성심껏 도와주었다. 주말에도 함께 어울리자며 온갖 교외 활동에 초대를 했다. 공군 조종사 출신의 친구는 비행기 조종을 가르쳐 준다며 비행기를 태워주기도 했다. 모두 친한 친구들이 되자 아내 역시 학교생활에 재미를 붙여 정말 즐겁게 학교에 다녔다. 대학원 행사에 우리 도장 시범단이 초청받아 가는 일도 생겼다. 덕분에 우리 시범단 학생들과 학부모들도 아내가 미국인들도 들어가기 어려운 학교에서 석사과정을 밟고 있다는 걸 알게 되곤 아내는 물론 나까지 다시 보게 되었다. '영어가 서툴러서 그렇지 못 배운 사람들이 아니구나!'

대학원을 졸업할 때까지 받은 도움은 말로 다 못할 정도였다. 친구들이나 교수님들이 아내를 매우 특별한 친구로 사랑해주었기 때문이다. 아내가 박사과정에 지원했을 때도 인터뷰를 하시던 교수님이 이렇게 추천서를 잘 받아 온 사람은 본적이 없다면 정말 그런 사람이냐고 묻기까지 할 정도였다. 이 모든 것이 그날 즉석에서 보인 태권도 시범 때문이었다. 그러니 아내는 태권도를 나보다 더 사랑하는 사람이 될 수밖에. 태권도 덕분에 아내가 떴다!

(학업과 태권도를 병행하며 점점 나와 더 닮은꼴이 되어 간 아내)

굼벵이
태권도 사범의
좌충우돌 미국 개척기

4장.
굼벵이네 도장 풍경

4장.

굼벵이네 도장 풍경

경찰 그들은 실전을 원한다.

전문직에 종사하는 미국 사람들은 직업의식이 투철했다. 직업의식이 투철한 사람으로 경찰이 빠지지 않는다. 하나같이 터프 가이(Tough guy)들이다. 특히 미국 경찰은 총격전에 매우 가까이 노출되어 있다. 범죄자들 대부분이 총기를 사용하기 때문에 갑작스러운 총기 난사가 빈번하다. 총격전이 나도 누가 범죄자고 아닌지 확인도 쉽지 않다. 그래서인지 이들은 무척 예민하다.

내가 가르쳤던 덕(Doug)이라는 경찰은 목 바로 밑 가슴에 총상 자국이 있었다. 하필 방탄조끼 바로 위에 맞아서 방탄복의 혜택을 못 보았단다. 정말이지 죽다 살았다고 했다. 동료 하나는 측면에서 날아온 총알에 맞았는데 이것도 방탄복 바로 위 겨드랑이 쪽을 뚫고 들어오는 바람에 현장에서 순직했단다. 방탄복이 곧 생명보장으로 이어지지 않는다. 그러니 위험상황이 발생하면 죽기 살기로 싸운다. 호신술에 특히 관심이 있는 계층이다. 경찰 규정상 체포를 위해 잡는 것은 허용되지만, 타격은 할 수 없다고 했다. 하지만 규정은 규정이고 목숨이 오가는 위험한 상황에선 제2, 제3의 무기를 항상 염두에 두어야 한다. 그래서 대부분 몸에 권총 하나를 더 숨겨둔다. 사격실력 또한 대단하다.

그리고 우리 동네 남자들은 대부분 주머니에 칼을 가지고 다닌다. 위협적으로 보이는 칼들도 칼날 길이가 4인치 미만이면 흉기로 취급되지 않는다. 꼬마들도 크리스마스나 생일선물로 칼이나 총을 선물 받기도 한다. 자연에 노출된 문화에 살다 보니 주머니에 꽂고 다니는 작은 칼은 그저 편리한 도구 정도로 취급된다. 이렇게 항상 총기와 도검에 노출된 생활 때문에 권총 호신술이나 대검 호신술을 가르치면 무척 좋아한다. 실력 있는 사범으로 인정받는다.

하루는 덕(Doug)이 흥분한 표정으로 도장에 왔다. 오늘 교도소에 들렀는데 전에 잡아넣었던 녀석이 자기를 알아보고는 다가와 시비를 걸었다고 한다. 나 태권도 배운 사람이니 좋게 말할 때 물러서라고 했더니 그깟 것 배웠으면 어쩔 건데 그러면서 갑자기 달려들었다고 했다. 덕이 호신술 배운 것이 생각나 상대 손을 비틀어 버렸는데 손목이 180도로 돌아가 버렸다고 했다. 깜짝 놀랐다. 아무리 그래도 그렇지 사람 손목을 그렇게 비틀어 놓으면 어찌하느냐고 했더니 감옥에서 죄수들이 교도관이나 경찰을 공격하는 경우가 있는데 자칫 죽을 수도 있다고 한다. 그러니 봐줄 수 있는 상황이 아니라고 했다. 그 이야기를 수업 중에 발표시켰다. 현직 경찰이 신나서 어제 배운 걸 오늘 써먹었다며 진짜 쓸모가 있다고 증언을 하니 그날 수업이 얼마나 신 나고 박진감 넘쳤겠는가.

한 번은 도장 광고도 할 겸 동네 경찰들을 위한 무료 호신술 세미나를 도장에서 열었다. 동네 경찰 몇 명이 왔다. 간단한 낙법이며 꺾기, 타격기 등을 가르쳤는데 땀을 흘리며 열심히 따라 했다. 호신술 상황을 설정했다. 상대가 나보다 총에 손이 먼저 갔을 때, 상대가 내 총을 빼앗으려 할 때 등이었다. 짧지만 타격력이 큰 기술로 바로 이어지도록 보여줬다. 다들 쓸 만하다고 좋아했다.

순찰 중인 정복차림의 경찰이 하나 들어왔다. 자기도 꼭 오고 싶었는데 하필 근무 중이라고 했다. 그래서 신발을 벗을 수가 없단다. 그럼 내가 나가서 한두 수 가르쳐 주겠다고 나갔다.

권총을 내게 겨눠보라고 했다. 그런데 영어 짧은 내가 도대체 무슨 말을 했던 건지 말 끝나기가 무섭게 옆구리에서 권총을 뽑아내 얼굴에 들이댔다. 갑자기 실전 상황으로 돌변했다. 두 손을 번쩍 들었다. '윽~! 이게 아닌데......' 미국 생활 팁 하나, '영어가 짧으면 명도 짧아진다!' 아무도 안 말렸다. 권총을 뽑아든 사람이나 구경꾼들이 다 경찰이었다. 다들 호기심만 잔뜩 어려 있다.

영화에서 보면 악당들은 보통 총을 한 손으로 대충 쥐고 쏜다. 하지만 진짜로 총 쏘는 직업을 가진 프로들은 절대 그렇지 않다. 양손으로 권총을 잔뜩 움켜쥐고 있었다. 실제상황이라면 이들은 분명 한 번에 뛰어들지 못하게 거리까지 둘 것이다. 다행히 거리가 좁았다. 옆으로 빗겨 서며 양 손날로 손목을 가위로 자르듯이 쳐내고 뛰어들어 겨드랑이로 양팔을 잡고 온몸의 체중을 총잡은 팔에 실어 비틀어 넘겼다. 총구는 계속 허공을 향하게 만들고. 그래도 죽어도 총은 안 놓쳤다. 저항이 완강했다. 나 역시 여기서 지면 헛소리한 꼴이 될 판이니 봐줄 수가 없었다. 경찰의 자존심과 사범의 자존심이 붙은 것이었다. 얼마를 땅바닥에서 몸싸움을 하고 팔을 꺾었더니 'OK! 그만 됐다.'고 했다. 그러자 다들 박수 치며 좋아했다. 당한 경찰은 꺾인 팔이며 맞은 손목이 얼얼하단다. 난 턱까지 차는 숨을 참으며 웃어 보이느라 숨이 넘어갈 지경이었다. 그 뒤로 동네 축제 때면 순찰을 도는 경찰들이 먼저 아는 체들을 해 준다. 공신력을 얻은 것 같아 고마웠다.

가끔씩 깜짝 시험을 치를 때도 있다. 애매한 상황을 들고 와 풀어보란다. 묻자마자 납득할 만한 대답이 바로 튀어나오지 않으면 가짜 된다. 지금 바로 못 풀면 실제 상황에서도 방법은 없는 거 아닌가? 필립 아저씨도 경찰이었다. 어제는 몸무게가 300파운드나 나가는 녀석을 체포하려 몸싸움을 벌이다 그만 깔려 버리고 말았는데 힘은 달리고 권총은 손에 안 잡히고, 곧바로 동료가 달려와서 구해주긴 했지만, 권총 뺏기는 줄 알고 놀래 죽는 줄 알았단다. '마스터 리, 당신이라면 어쩌겠나? 단, 규정상 때려선 안 된다.' 뭐 이런 식이다. 짧고 명쾌한 답을 생각해 낼 수 있다면 미국에서 사범으로 살아남을 가능성이 높다.

황당하다고만 볼일도 못 된다. 우린 덩치도 그렇고 생긴 것도 변변찮다. 말조차 어눌하다. 왜 이들이 제 돈 내고 땀 흘려 훈련하며 머리까지 숙여 인사 하는가? 사범을 프로로서 인정하기 때문이다. 모든 것에 대한 답을 안다고 생각한다. 그렇기에 우리도 정말 프로다운 면모를 보일 수 있도록 항상 수련을 해 나아가야 한다.

(전선 없는 전쟁터에 서 있는 미국경찰들. 항상 실전기술을 원한다.)

우리 도장 승단 심사

미국에서 1단이 되기 위해선 보통 3년간의 수련이 필요하다. 어떤 도장은 4, 5년이 걸리기도 한다. 제시한 심사 기준에 뭐 하나라도 못 미치면 그나마 탈락이다. 그러니 '블랙벨트'라고 하면 어떤 수준에 이른 자기 절제가 강한 사람으로 인정해 준다. 심사 또한 만만치 않다. 하루 종일 진땀 빼며 보기도 한다. 그간 배운 모든 것을 다 보여야 하기 때문에 그렇다.

우리 도장 승단 심사도 3년간에 걸쳐 배운 것을 증인들이 지켜보는 가운데서 다 시연해 보여 스스로 가치를 증명해내도록 하는데 그 초점을 맞추고 있다. 초대받아 온 가족 친지들과 친구들은 그저 도장 다니는 줄 알았는데 언제 저 많은 것들을 배웠나 싶고 어려워만 보이는 심사과정들을 하나씩 통과해 나가는 모습을 보면 나이와 상관없이 존경심마저 들게 된다. 심사자는 이 심사과정을 통해 '자기 성취'와 '자신감'을 맛보게 된다.

심사의 주된 항목은 기초체력 및 기본동작, 품새, 발차기, 겨루기, 한번 겨루기, 호신술, 격파, 태권도에 대한 질의 문답 등으로 이어진다. 도장에 따라 항목이 더 추가되기도 한다. 1단 심사가 이러하니 2단, 3단 심사는 당연히 더 어려워진다. 그러니 보통 5, 6단 이상인 사범이 얼마나 대단한 존재로 보이겠는가.

우리 도장의 경우 그 중 격파를 중요시한다. 1단은 송판 30장, 2

인치 두께 시멘트 블록 1장, 2단은 송판 50장에 시멘트 블록 2장을 격파해야 한다. 3단은 송판 100장, 블록 3장을 단번에 손날로 내리쳐 깨야 한다. 터프하게 보이긴 하지만 다 할 만하게 손발이 얼얼할 정도로 심사 때마다 심사자의 능력에 맞게 세부적인 난이도를 다시 조절해 준다. 그간 노력해서 배운 것들을 가족, 친지 앞에서 다 보일 수 있도록 하기 위한 배려이다. 송판을 격파할 때마다 관객들이 박수와 환호로 격려를 해준다.

마지막 격파로 시멘트 블록을 손으로 내리쳐 깨야 하는데 이것이 제일 큰 관문이다. 몸이 작은 수련생이나 여학생들에겐 다소 무리가 되기도 한다. 내리치고 내리쳐도 깨지지 않을 땐 지켜보는 가족들만큼 심사관인 내 속도 바싹바싹 탄다. 제발 다치지 말고 깨야 할 텐데 싶어서이다. 여자 수련생들은 손이 아파 울거나 못 깰 것 같은 두려움에 울기도 한다. 하지만 예외는 없다. 그래서 이 순간을 위해 평소 승급 심사 때 깨고 남은 얇은 송판을 모았다가 그것을 재활용해서 결에 직각으로 다시 부수는 격파 훈련을 몇 달 전부터 시킨다. 결에 직각으로 때리게 하기 때문에 손이 아픈 것은 물론 몇 배의 힘으로 때려야 부러진다. 그렇게 수백 번 격파를 하다 보면 힘도 생기고 요령도 생긴다. 특히 이 한순간을 위해 긴 시간을 준비했다는 자신감이 제일 중요하게 작용한다. 어쨌든 그 순간은 자신과의 싸움이다. 부모도 친구도 아무도 도와줄 수 없다. 게다가 숨죽인 관객들의 시선과 심사관인 내 시선까지 다 중압감으로 작용한다. 마음을 다 잡아 먹고 일 순 큰 기합과 함께 있는 힘을 다 모아 내리친다. 퍽! 소리와 함께 마침내 블록이 주저앉으면 관객들의 열광적인 환호성이 터지고 부모들은 눈물을 글썽인다. 심사자는 해냈다는 성취감에 스스로를 자랑스러워한다.

마지막으로 주먹으로 촛불 끄기가 있다. 세 개의 촛불을 연달아 꺼야 한다. 간단한 테스트지만 또 하나의 도전이다. 사범님처럼 한 번에 시원하게 팍 꺼뜨릴 수 있으면 좋겠지만 이미 지쳐버린 상태에선 쉽지 않다. 꺼지지 않는 촛불과 씨름하는 이들을 보면 보는 이들의 마음이 더 안타깝다. 하지만 지성이면 감천. 기어이 촛불이 팍! 허공 속으로 꺼져 사라지고 나면 기쁨은 배가 된다. 심사자, 사범, 가족, 친지, 친구들 모두가 기쁨 속에서 하나가 된다. 연대의식이란 서로 힘든 과정을 함께 겪었을 때 깊어지는 법이기 때문이다. 난 이때가 이들이 다시 태어나는 순간이라 생각한다. 작은 자아를 깨트리고 스스로 더 큰 자아로 거듭나게 되는 것이다.

(블랙벨트 심사 블록 격파와 심사 후 다례(茶禮))

심사가 마치고 나면 바로 합격 발표를 하고 블랙벨트를 수여한다. 내가 블랙벨트를 수여할 자격이 있는 사범이라는 것을 은근히 과시하기 위해서이고 오랜 여정에 대한 일단락을 맺고 새로운 걸음을 떼게 해주려는 의미이다.

블랙벨트를 매주고 나면 차를 나누는 다례의식을 행한다. 성찬식 같은 것이다. 국악 연주를 배경으로 정갈한 찻상 위에 찻잔이 놓아 지고 한복을 입은 나와 아내가 앉는다. 블랙벨트를 맨 학생들이 한국식 큰절을 올리고 나면 우리가 따라주는 차를 마시고 내게 잔을 돌려 차를 따른다. 나도 받아 마신다. 그러곤 다시 큰절을 한다. 나도 정중히 고개 숙여 답례해 준다.

다음으로 부모님과 할아버지 할머니를 앞에 모셔 앉혀놓고 똑같이 큰절을 하고 잔을 바치게 한다. 자녀들이 무릎 꿇고 깊이 머리를 조아려 큰절을 올리고 두 손으로 가지런히 바치는 찻잔을 받으면 눈물을 보이지 않는 부모가 없었다. 이제껏 보살펴주심에 대한 감사의 표시며 더 좋은 자녀가 되겠다는 약속이라고 설명을 해드린다. 이 순간 다시 한 번 부모와 자녀 사이가 더욱 끈끈한 정으로 이어진다.

모든 순서가 끝나면 가족들이 준비해온 음식들을 나누어 먹는다. 긴 시간에 걸쳐 심사를 보아주고 격려해 준 하객들에 대한 대접이다. 쿠키며 케이크, 그 밖에 집에서 만들어 온 음식들을 펼쳐 놓으면 어느 파티 못지않다. 심사 도중 긴장해서 실수했던 일을 웃음으로 돌이켜 보고 벌겋게 부어오른 손과 발을 보여주며 태권도에 대한 화제로 이야기꽃을 피운다. 심사에 대한 여운이 생생할 때 서로 칭찬도 해주고 축하도 해주면서 함께 사진도 찍고 하다 보면 이 시간이 행복하고 좋은 추억으로 남게 된다. 우리 도장 블랙벨트 심사는 이렇게 심사자가 그날의 주인공이 되도록 작은 축제처럼 꾸며 놓았다. 블랙벨트, 그것은 자기와의 싸움에서 정직한 노력으로 승리한 이들만이 받을 수 있는 값진 훈장이다.

가라테? 태권도?

처음 도장에 오는 사람 중에 전에 무술을 배웠었다며 이름을 대는데 영 알아들을 수가 없었다. 어떻게 쓰느냐고 철자를 물었더니 'Karate'라고 했다. '아, 가라테!' 미국 사람들은 가라테 발음을 잘 못한다. 게다가 모든 무술을 무조건 가라테인 줄 아는 경향이 있다. 새로 온 학생들은 자기도 가라테를 배우러 왔다고 한다. 그러면 난 태권도를 가르친다고 말해준다. 가라테는 일본 무술이고 쿵푸는 중국, 태권도는 한국이 종주국인 무술이라고 설명해 준다. 아직도 많은 미국 도장은 Karate라고 간판을 크게 걸고 들어가 보면 정작 한국 국기를 걸고 가르친다. 아마 아주 예전에 태권도라는 이름대신 '코리안 가라테'라는 말을 썼던 시대부터 그렇게 태권도나 가라테가 같은 뜻인 줄 알고 써왔나 보다. 나도 처음 도장 간판을 달 때 고심을 했다. 태권도라는 말이 익숙하지 않아 무엇을 하는 곳인지 모를까 봐서였다. 그래도 그냥 태권도라고 적었다. 힘들더라도 정체성을 지켜야 한다는 생각에서였다.

흔히들 미국을 '멜팅 팟 (Melting Pot: 용광로)'이라고 부른다. 갖가지 문화와 인종이 공존하는 나라다. 그만큼 세계의 모든 무술과 유파도 공존한다. 세계 각지의 무술이 들어와 도장 안에서 자연스럽게 융합되어 갔다. 가라테라고 도장 간판 걸어놓고 도장 안에는 태극기를 달아 놓거나 창문에 합기도, 쿵푸, 킥복싱, 무예타이, 요가, 주짓수, 검도, 태극권 등등 온갖 무술 다 가르친다고 적어 놓는다.

그걸 본 수련생들이 왜 나는 태권도만 가르치느냐고 묻는다, 다른 무술은 모르느냐고. 그러면 난. '각 무술마다 장기가 있다. 태권도는 단연 화려하고 빠르고 강력한 발차기가 장기이다. 꺾기, 던지기 등 다른 무술들의 장기도 필요한 만큼은 태권도 수련을 통해 배울 수 있으니 염려 말라.'고 한다. 학생들은 사범을 모든 무술을 망라한 고수로 믿는다. 무술에 대한 한 모든 방면을 다 섭렵한 전문가라는 얘기다. 다른 무술을 배우다가 태권도 도장에 나오는 학생들도 많다. 그러니 무작정 타 무술을 업신여기는 속 좁은 편견을 보여선 안 된다.

무기술은 화려하고 재미도 있다. 그러니 마음이 끌리는 것은 당연한 이치이다. 권위병기지모(拳爲兵技之母)라는 말도 있다. 맨손무술은 무기술의 모체가 되기 때문에 옛 무인들도 무기술과 더불어 맨손무술을 익혔다고 한다. 나도 태권도의 손동작에 무기를 쥐면 바로 간단한 무기술이 된다고 말해준다. 검을 들고 아래막기, 몸통막기, 얼굴막기를 해보고 지르기, 막고 지르기 등을 품새와 더불어 해보면 그대로 무기술 수련이 되기도 한다. 그러니 간단한 검술, 봉술, 쌍절곤, 그리고 표창, 칼 던지기까지 재미 삼아 가르친다.

대부분의 무술들이 중국 무술이면 중국식 복색, 예법, 전문용어를 그대로 사용한다. 일본 무술은 일본식으로 가르치고 배운다. 태권도 역시 그렇다. 그러다 보면 자연스럽게 자기가 수련하는 무술의 종주국을 존경하고 사랑하는 마음이 싹 터 그 나라의 문화, 사상, 언어까지 배우고 싶어 한다. 태권도를 사랑하는 수련생들에겐 한국 문화는 최고의 문화로 여겨지며 한국 상표가 붙은 상품은 최상의 품질을 갖고 있다고 믿게 된다. 그러니 같은 값이면 한국 상품을 선택한다. 삼성, LG, 기아, 현대 등 한국기업의 상품들이 새로운 한류를 만들어 가는 데는 태권도 사범들의 숨은 공도 있었음을 말하고 싶다.

한국을 꼭 한 번 가보고 싶은 성지로 여기기도 한다. 이제 막 태고의 고요 속에서 깨어나 웅비의 날갯짓을 시작하고 있는 신비의 나라라 상상한다. 그러니 그런 나라에서 태평양 건너 지구 반대편까지 날아와 준 사범이 얼마나 귀할까? 이런 수련생들의 기대를 저

버리지 않도록 태권도를 스포츠를 넘어 마음을 닦는 길로 만들어 가야 할 것이다.

지랄 발작 차기

영어는 짧고 가르치기는 해야겠고, 급하면 한국말도 튀어나왔다. 그래도 눈치껏 따라 해주는 학생들이 너무 고마웠다. 태권도라는 것은 지도자의 동작을 보고 반복해서 따라 하다 보면 하나씩 몸으로 배울 수 있는 것이다. 배우는 사람과 가르치는 사람이 그 마음이 서로 통하고, 기가 통하고 나면 말은 그저 덤으로 오가는 것이다. 때문에 꼭 미사여구를 섞은 유창한 말솜씨가 아니어도 태권도는 가르칠 수도 배울 수도 있게 된다. 물론 사범으로서 학생들을 위해 정신과 사상까지 가르쳐야 하겠기에 영어 공부는 필수이지만 말이다.

가위를 의미하는 단어는 Scissors [sízərz:가위]이다. 그러니 뛰어 차는 가위차기는 Scissors kick이라고 했다. 그런데 이게 발음이 영 쉽지 않았다. 내가 가위차기를 가르치는 데 다들 엉망진창이었다. 나야 게걸음을 걸어도 자식만큼은 똑바로 걸어야 하지 않겠나. "가위처럼 쫙 뻗어 차." 그랬더니 "Yes, sir!" 대답은 힘차다. 그런데 발차기는 아주 꼴값을 떨고 있었다. 그렇게 몇 년이 지났다. 어느 날 한 학생이 물었다. 왜 발차기 이름이 이러냐고? "뭐가 어때서? 가위차기." 그랬더니 가위로 싹둑싹둑 자르는 시늉을 하면서 혹시 이 가위를 말하는 거냐는 거다. "그렇다고 했잖아. 가위!"

그랬더니 다들 배꼽을 잡고 웃었다. 몇 년째 내가 발음한 것은 Seizure[síːʒərː지랄, 발작]라는 거였다. 그래서 가위차기가 아주 발작 수준에 가까웠었나 보다. 나로선 아무리 듣고 따라 해도 그 말이 그 말 같았다. 그것 외에도 내 발음이나 어법이 말이 안 돼 잘 알아듣지 못하는 것도 아무도 질문을 하지 않았었다. 뒤늦게 왜 못 알아들으면서 항상 "Yes, sir!" 하고 대답했느냐고 물으니 원래 사범님 말에는 무조건 그렇게 대답해야 하는 줄 알았단다. 그리고 그것이 태권도에서 쓰는 무슨 전문용어인 줄 알았단다. 미국서 이처럼 짧은 영어로도 당당할 수 직업이 태권도 사범 말고 무엇이 또 있을까?

터프 가이 물리치기 - 시간당 $250.00

가끔 수련생들이 묻는다. Master Lee도 스트릿 파이팅(Street fighting:길거리 실전 싸움) 경험이 있느냐고. 물론 있다고 대답한다. 어렸던 학창시절부터 힘없는 이들을 괴롭히는 나쁜 무리를 때려눕혔던 일들이 여러 번 있었다. 밤거리 치한들에게서 아가씨들을 구해주었던 이야기들을 해주면 마치 영화 주인공의 모험담 인양 사람들은 넋을 잃고 듣는다. 한국이라면 별것도 아닌 이야기들도 태권도가 실전에 쓰일 수 있는지를 알고 싶은 사람들에겐 더 없이 재미난 실화가 되기 때문이었다. 미국은 법이 엄해서 주먹다짐이 흔하지 않다. 그래서 스트릿 파이팅 경험이란 것이 거의 없다. 그래서 일반인들은 싸움이란 것이 벌어지면 어떻게 해야 하는지 알 수가 없고 큰 두려움을 가지고 있기도 하다. 그래서 무작정 치고받는 싸움질을 한 경험이 있는 사람들은 대단한 쌈꾼으로 생각을 한다.

사냥과 온갖 야외활동으로 단련된 거친 남부 사람들을 레드 넥(Red neck)이라고 부른다. 이들도 나름대로 쌈 기술들이 있다. 싸움이 붙으면 냅다 무릎부터 걷어차고 주먹으로 목을 친단다. 꽤 실전적이다. 그런 기술 없이도 워낙에 힘들이 좋아 휘두르는 주먹에 맞으면 뚝뚝 날아가 떨어진다. 보통 한, 두 방에 게임이 끝난다.

어느 날 전화 한 통을 받았다. 억센 남부 사투리를 써가며 제 말만 막 하는데 안 봐도 터프 가이였다. UFC 시합에 나가려는데 싸움 기술될 만한 무술은 이미 다 배웠고 발차기를 좀 보강하려 한다는 거다. 자기를 가르칠 수 있겠느냐는 것이다. 전화로는 잘 모르겠고 우선 와 보라고 했다.

다음 날 20대 후반의 백인 남자가 찾아왔다. 훤칠한 키에 바짝 깎은 머리, 반바지에 민소매 셔츠 바깥으로 드러난 다부진 근육이며 온몸에 새겨진 멋진 문신 등 척 봐도 쌈깨나 하게 생겼다. 눈빛도 아주 거만하고 살기가 돌았다. 척 봐도 뭘 배우자고 온 태도가 아니었다. 여유 있는 미소로 눈을 똑바로 마주치며 인사를 했다. 목소리에도 힘을 실었다. 첫눈에 지면 필시 이런 녀석들은 바로 붙자고 대드는 법이다. 언제고 사범은 당당해야 한다.

다짜고짜 두 달 후에 애틀랜타에서 UFC 예선이 있는데 그간 빡세게 집중적으로 운동 좀 하려 한단다. 저 건너 동네에 자기들끼리 쌈질만 연습하는 MMA(Mixed Martial Arts) 체육관이 있긴 한데 가까운 데서 매일 훈련도 할 겸 해서 우리 도장을 찾아왔단다. 그러면서 별의 별 무술이름을 대는데 제대로 끝까지 한 것은 없고 메뚜기처럼 돌아다니며 그저 싸움기술 될 만한 것만 골라 배우고 다녔다. 그러니 나한테도 진득하니 뭘 배울 놈은 아니었다.

"여기에 나랑 스파링할 만한 성인들 좀 있느냐. 넌 특기가 뭐냐 네가 터프하다던데 사실이냐? 나한테 뭐 가르칠 만한 게 있겠냐?" 이런 녀석은 수련생들만 패고 나중엔 나한테까지 덤벼 먹을 것이 뻔

했다. 아예 받지 말고 쫓아내는 것이 상책이었다.

여섯 살 난 아들을 데리고 왔었는데 자기애도 싸움을 잘해 또래 애들 다 패고 다닌다고 자랑이다. "그러냐? 너 같은 녀석은 일반 수련생들과는 안 되고 내가 따로 일대일 개인교습은 해 줄 수 있다." 그랬더니 자기도 그걸 원한단다. 얼마면 되냐고 당장 하자고 했다. "난 시간당 250불이다. 할 생각 있으면 해보자."고 했다. 움찔했다. "250불씩이나?" 2012년 기준 조지아 주의 최저 임금은 시간당 7불 50전이 조금 안 된다. 숙련된 기술을 요하지 않는 가게 점원이나 패스트 푸드점에서 일하는 이들은 이 정도의 시급을 받았다. 그러니 함부로 쓸 수 있는 돈은 결코 아니었다.

내가 눈에 힘주고 물었다. "넌 날 아마추어라 생각했느냐?" 그건 아니란다. "그래, 난 프로다. 너 하나 가르치는 시간이면 30명도 한 번에 가르친다. 그러니 그 돈은 내야 내가 어떻게 시간을 내 볼 것 아니냐?" 그랬더니 단박에 풀이 꺾였다.

"넌 뭐해 먹고 사느냐?" 그랬더니 자긴 쌈질만 하러 다니고 돈은 자기 아내가 번다고 대답했다. 격투기 경기에서 한번 싸워 이기면 얼마 버느냐고 물으니 예선전 이기면 70불 받는단다. 이길수록 돈이 올라간다고 하지만 그래 봐야 이런 지역 경기에선 병원비가 더 드는 꼴이다. 그 터프 하던 녀석이 역시 프로는 다르다며 기가 꺾인 채 인사만 꾸뻑하고 갔다.

태권도와 함께하는 세상 여행

지금도 많은 미국인들은 자기가 태어난 주(州)에서 태어나고 자라고 그 주에서 생을 마감하기도 한다. 이 마을에선 평생 이 마을을 안 벗어나고 살다가 죽는 사람들도 많았다. 두 시간 거리 밖의 대도시인 애틀랜타도 남의 나라처럼 여기고 사는 사람들이다. 대도시의 교통체증이나 다닥다닥 붙어사는 꼴이 싫다는 것이다. 그러니 뉴욕, LA, 시카고 등 대도시는 영화나 TV 속에서 볼 뿐 정작 가볼일도 별로 없었다.

우리 도장 청소년들에게 세상과 소통하는 다리를 놓아주고 싶었다. 일부러 기회를 만들어 여기저기 시범을 하러 다녔다. 인근 애틀랜타부터 서로는 캘리포니아, 유타, 애리조나까지 북으로는 나이아가라 폭포를 지나 캐나다 국경을 넘어 다녀오기까지 했다. 그 덕에 제 또래 친구들에 비해 세상 구경을 제법 한 셈이다. 처음 타보는 비행기, 택시, 버스를 타고 다니며 미국 수련생들이 나와 아내 뒤를 졸졸 따라다녔다. 이 광경을 지켜보는 사람들의 눈이 재미있었다. 영어가 짧아 말 더듬는 동양인이 앞장을 서고 그 뒤를 졸졸 따라다니는 미국인들이란 뭔가 웃기는 장면이었다.

1995년 처음 미국을 방문했을 때 LA의 리틀 도쿄에서 시범을 같이 했던 영화배우 정준 관장님과 필립 리 사범님이 계신 도장이 있었다. 그 도장을 십 년이 지나 우리 학생들과 견학차 방문했던 적이 있었다. 이때는 운 좋게도 필립 리 사범님이 일주일에 한 번만 가르친다는 그날이었다. 정준 관장님과 필립 리 사범님을 다 뵐 수 있었다. 액션영화 배우가 직접 지도하는 도장이라니 학생들이 다 흥분했다. 도장을 견학하던 우리 학생들이 벽에 걸린 단체 사진 중에 내 얼굴을 찾아내었다. 저거 사범님 아니냐는 거다. 필립 리 사범님도 나를 보시더니 어디선가 본 적이 있는 것 같다고 하셨다. 10년 전에 이 도장에 방문 왔다가 잠깐 시범단에 끼어 시범했던 적이 있었는데 저기 사진 구석에 끼어 있는 사람이라고 말씀드렸다. 필립 리 사범님도 한참 궁금했다고 했다. 도장 전통상 외부인의 얼굴은 도장 사진에 들어간 적이 없었는데 1995년에 영화 홍보 차 한국에 다녀오고 보니 웬 낯모르는 사람 하나가 액자 한구석에 끼어 있더라고. 우리 학생들은 기쁨을 넘어 흥분의 도가니였다. 우리 사범님이 액션스타와 함께 나란히 서서 웃으며 이야기를 나누고 있는데다가 그분 도장 벽에 얼굴까지 걸려 있으니 말이다.

정준 관장님이 주연하신 영화비디오 테이프에 친필 사인까지 받아 선물로 챙겼고 즉석에서 필립 리 사범님의 수업에 초대되어 필립 리 사범님께 직접 배우는 행운도 누렸다. 역시 필립 리 사범님이셨다. 그분의 카리스마 넘치는 실력은 수업에서도 진가를 발휘했다. 직접 보여주시는 발차기며 손동작들이 바람을 갈랐다. 나와 우리 학생들의 입에서 탄성이 절로 나왔다. 영화 속의 실력이 결코 과장이 아니었다. 우리 사범님이 비록 시골에서 가르치고 있지만,

(나의 젊은 날의 우상이었던 영화배우 필립 리 사범님과 함께)

유명한 사람들과 커넥션을 가지고 있구나 하고 너무 행복해했다.

몇 안 되는 지원자들을 모아 한국에 데리고 나가기도 했다. 화려한 서울의 밤거리부터 수 천 년 역사가 배어 있는 명승지까지 전국을 관통하며 보여주자 전통과 현대가 어우러져 공존하는 모습에 감탄을 금치 못했다.

"사범님, 한국이 작은 나라라면서요? 그런데 왜 도시가 끝이 안나요?" 끝없이 이어지는 빌딩 숲이 너무 신기했나 보다. 온돌바닥에 얼굴을 대며 "와~ 바닥이 따뜻해!"하며 놀래기도 했다. 처음엔 한국 음식이 입맛에 안 맞을까 봐 걱정을 했었는데 김밥, 떡볶이, 오뎅, 튀김 등 분식집 메뉴들을 너무 좋아했고 길을 걸을 땐 항상 구운 오징어를 손에 들고 씹으며 다녔다. 오징어 맛에 완전히 반해서 한국에서 돌아온 뒤에도 멀리 있는 한국 식품점까지 가서 구했다며 오징어 다리를 질겅질겅 씹으며 도장에 오기도 했다. 그걸 어떻게 먹느냐며 기겁을 하는 친구들에게는 도리어 핀잔을 주었다. "이 맛있는 것도 못 먹고. 불쌍한 것들, 쯧쯧!"

이들이 보고 온 한국은 세상 최고의 찬란한 문화와 문명을 지닌 신비와 경이로운 태권도의 나라였다.

이렇게 기회가 있을 때마다 돌아다녔지만 가장 먼 세상 끝으로 다녀온 시범은 다름 아닌 동네 양로원이었다. 난 양로원 시범을 자주 다녔다. 매년 시범단을 재구성하면 제일 먼저 가는 곳도 양로원이다. 양로원은 찾아오는 사람이 많지 않아 누구든 오면 반긴다. 단원들에게 작은 곳에서도 최선을 다하는 겸손함을 가르칠 수 있고 태권도로 나눔을 가르칠 수도 있기 때문이다.

양로원에 가보면 노인들이 하루 종일 오지도 않는 누군가를 기다리며 휠체어에 앉아 창밖을 내다보며 창가에 붙어산다. 그러니 손자, 손녀 벌의 꼬마들과 젊은이들이 시범을 하러 왔다면 휠체어에 앉아 산소 호흡기를 차고 나오거나 아예 거동이 불편하신 분들은 침대에 실린 채 밀려와서 누워서 시범을 본다. 올망졸망한 아이들이 열심히 손발을 뻗어 시범을 하면 다들 좋아서 어쩔 줄을 모르셨다. 모처럼 아이들이며 젊은이들의 힘찬 기합을 들으면 없던 힘도 나시는지 주먹을 함께 불끈 쥐며 좋아하셨다.

미국은 연세가 들면 가족들이 있어도 양로원으로 보내지는 것이 생활문화다. 처음엔 안 그랬겠지만 젊은 자손들은 세상사는 게 바빠 오던 발걸음이 점차 뜸해진다. 명절 때나 한, 두 번 간신히 찾아온다. 그나마 일, 이 년 동안 아무도 찾아오지 않은 분들도 부지기

수다. 자식들이 직장을 따라 다른 주로 이사를 갔기 때문이다. 유니폼 입은 간호사들만 왔다 갔다 하는 병실 같은 방에 누워 일 년만 지나면 그리움에 지쳐 정신이 혼미해지기 시작한단다. 바깥세상 사람 구경하기 힘든 이곳은 외부와 단절된 채 오직 죽을 날만 기다리며 사는 희망이 사라진 땅이었다. 그러니 누구고 사람만 나타나면 좋아하신다. 싸구려 양로원은 냄새가 역해서 처음 간 사람은 숨쉬기도 힘들다. 온통 죽음의 회색 그늘이 드리워져 있다. 그러니 아이들이나 젊은이들은 이런 곳을 가기 꺼려한다. 하지만 이곳이야말로 인생의 의미를 바로 볼 수 있는 교육의 장이다.

시범 후엔 단원들에게 일일이 할아버지 할머니 손을 잡아 드리고 재밌으셨느냐고 묻고 인사를 드리도록 했다. 그러면 노인들이 울며 감동을 한다. 뽀얗고 귀여운 아이들이 핏기마저 가셔 차갑게 마른 손을 잡아주면 한순간이나마 얼마나 행복해하시는지 모른다. 사람이란 역시 사랑과 관심을 받아야 살맛이 나는 존재인가 보다.

어떤 분들은 침대에 누운 채 산소 호흡기를 끼고 계신다. 눈빛도 맑지 못한 것이 초점을 잃어가는 것이 느껴진다. 입이 있어도 말을 못하니 글썽이는 눈으로 고맙다는 표현을 하신다. 손이 차갑기 이를 데 없다. 생명의 온기가 꺼져 가는 것만 같아 안타깝다. 다들 다시 와 달라며 꽉 잡은 손을 놓지 못한다. 다음에 또 오겠다고 하지만 다시 온다 한 들 뵐 수 있을지는 기약할 수가 없다. 그분들이 기다려주질 않기 때문이다.

창가에 매달린 노인들을 뒤로하고 손을 흔들며 양로원을 나서면 아이들도 말 못할 무언가를 느끼는 것 같았다. 생기 있는 젊은이들보다 저승사자가 더 자주 다녀가는 곳. 인생의 종착역 양로원. 그곳이야말로 가깝지만 가장 먼, 잊혀 진 세상의 끝이었다.

넘어간 닥터 애론

수련생 중에 닥터 애론이 있었다. 잘생긴 외모에 훤칠한 키, 잘 단련된 몸매의 사내였다. 누가 봐도 호감 가는 사람이었다. 규칙적으로 꾸준히 운동을 해 와서 탄탄한 근육에 힘이 넘쳤다. 학창시절 레슬링과 미식축구 선수였다고 했다. 태권도 빼곤 안 해본 게 없었다. 그런 사람이 태권도를 배우겠다고 찾아왔다. 집중력도 좋아 실력이 부쩍부쩍 늘어갔다. 그런데 가르치다 보니 이것저것 걸리는 게 생기기 시작했다. 뭐 하나 가르치면 그 원리를 묻고 또 물어왔다. 워낙에 똑똑한데다가 호기심이 강하니 대충 설명할 수가 없었다. 동작 하나하나의 주안점이며 이것이 어떻게 작용을 하는지, 그냥 마구잡이 주먹질하고 태권도의 차이는 무엇인지 등을 꼬치꼬치 캐물었다. 태권도나 동양 무술 안에는 자기가 모르는 어떤 신비한 원리가 있을 것이라고 생각하고 있었다. 그런데 몸에 대해서 물을 때면 참 대답하기가 어려웠다. 내가 알아봐야 의사만 하겠는가. 게다가 다분히 실전적이었다. 그냥 대충이 없었다. 발차기하면 정말 맞아주기가 어려웠다.

그러던 차에 사단이 벌어졌다. 수업 중에 상대 목을 당겨 넘기는 호신술을 가르치고 있었는데 느닷없이 손을 들고 질문을 했다. '상대가 지금처럼 기술 안 받아 주고 힘으로 버티면 어떻게 하느냐.'는 거다. 사실 대부분의 요란한 한 기술들은 실전에 써먹기 힘들다. 그러니 연습할 때 서로 받아주고 넘어가 주고 해야 통한다. 다른 사람들은 '아, 이런 기술도 있구나.' 하며 재미있게 넘어가는데 닥터 애론은 틀렸다. 자기가 버텨 볼 테니 나보고 한 번 넘겨보라는 것이었다. 다들 나와 닥터 애론을 번갈아 쳐다봤다. '아이고, 드디어 올 것이 왔군!'

할 수 없이 상대를 했다. 목을 잡고 당겼더니 하체를 뒤로 딱 빼고 내 손을 잡고 버티는 데 내 힘으론 꿈쩍도 안 했다. 망신당하기 일보 직전이었다.

그때 순간적으로 씨름 기술이 생각났다. 닥터 애론은 내가 당기는 것에 대해 죽도록 버티고만 있었다. 그게 허점이다 싶었다. "무인(武人)들이 바보가 아니지. 당겨서 안 오면 밀어야지!" 그 말이 무슨 뜻인지 알기 전에 왼손으로 오른 다리오금을 잡아당기며 어깨로 팍 밀쳤다. 닥터 애론이 확 뒤집어졌다. 그리곤 갑자기 비명을 지르며 구르는데 얼굴이 하얗게 질렸다. 이게 무슨 일인가 싶은데 사태 파악이 안 되었다. 너무 고통스러운지 숨도 제대로 못 쉬고 있었다. "닥터 애론, 네가 의사니까 알 것 아니야? 왜 그래?" 그랬더니 무릎이 너무 아프단다. 얼음 주머니로 무릎을 싸서 수건으로 동여매고 부인을 전화로 불렀다. 길 건너 피트니스 센터에서 운동을 하던 부인이 급히 달려와 병원으로 실어 갔다.

수업시간에 수련생이 다쳐 쓰러지는 것만큼 애간장을 태우는 일도 없다. 차라리 내가 다치는 것이 낫지 누군가 다쳐 실려 가는 꼴을 보면 내 명(命)이 막 짧아지는 것 같다.

며칠 후 닥터 애론이 붕대를 칭칭 감은 다리로 양손에 짚고 목발을 짚고 찾아왔다. 무릎 인대가 끊어져서 수술을 받았단다. 그래서 미안하지만 더 이상 태권도는 못하겠다고. 미안하기야 내가 더 미안하게 되었다고 했더니 도리어 아니라고 했다. 사범님한테 함부로 덤볐다가 당한 거니 자기 잘못이라며 웃어줬다.

닥터 애론이 하는 병원이 동네에서 꽤 잘되는 곳이다. 환자들이 진료받으러 갔다가 다리에 깁스를 하고 있는 의사를 보며 어쩐 일이냐고 물으니 Master Lee한테 당했다고 했단다. 마을이 작다 보니 소문이 돌았다. '태권도 사범이 그 훤칠한 닥터를 잡았다네.'

위력격파와 골병

초등학생 때 팔다리가 몇 번은 부러져야 사범이 될 수 있다는 은사님의 말씀을 듣고 너무 무서워 난 사범은 절대 못되겠구나 싶었다. 그런데 사범이 되고 돌아보니 그 말씀이 딱 맞았다. 정말 팔다리가 부러지는 일이 종종 있었다.

영어 짧은 한국 사범이 만만히 보이지 않기 위해선 위력격파를 자주 했다. 워낙에 흑인들이 점프력이 좋아 내 점프로는 웬만한 뛰어차기를 보여 봐야 아무 감흥도 없다. 그러니 다칠까 봐 두려워 못하는 위력격파가 주 종목이 되었다. 위력격파 재료들을 여러 가지 생활용품에서 찾았다. 주위에서 흔히 보던 물건들은 그 강도를 알기에 더욱 효과가 있었다. 시간 나면 건축자재상에 나가 뭐 새로운 것 없나 하고 둘러본다. 그러다가 벽돌 몇 장만 들고 나오면 농담하기 좋아하는 점원들이 말을 건다. "뭐야, 고작 빨간 벽돌 몇 장으로 집이라도 짓게?" 그러면 아무 생각 없이 대답한다. "아니, 발로 차게." "뭐?" 눈이 휘둥그레진다. "그냥 취미야."

발차기로 송판 대신 블록을 차는 격파를 하곤 했었는데 이게 재료를 잘 보고 골라야 한다. 파는 곳마다 재질이 틀리다. 한 시범에서 여느 때와 같이 뒤차기로 블록을 찼는데 뒤꿈치가 깨질 것 같은 엄청난 충격이 느껴졌다. 얼마나 뜨겁고 화끈거리는지 발바닥에서 연기가 피어오르는 것만 같았다. 아무렇지 않은 척 어금니를 꽉 깨

(싸고 효과적이어서 시범에 주로 사용했었던 빨간 벽돌들, 덕분에 골병만 늘어갔다.)

물고 뚜벅뚜벅 걸어 나왔다. 걸음마다에 쿵쿵 뼈를 저미는 통증에 숨까지 막히고 아찔아찔했다. 차로 돌아와 살펴보니 발목까지 퉁퉁 부은 것이 뒤꿈치 뼈가 깨진 것 같았다. '이게 어찌 된 일인가? 이제껏은 이렇게 안 아팠었는데?' 그 뒤로 몇 달을 까치발을 들고 절며 다녀야 했다.

나중에 보니 그것은 평소에 쓰던 시멘트 블록이 아닌 자갈이 팍팍 들어가 박힌 콘크리트 블록이었다! 시멘트 블록은 모래와 시멘트가 주원료이다. 비교적 잘 깨진다. 콘크리트 블록은 자갈이 들어가 박혀 있어 훨씬 무겁고 단단하다. 색깔과 모양이 비슷하지만, 강도는 엄청나게 차이가 난다. 처음에 이게 구분이 안 됐다. 격파물에 대한 지식이 짧아 이렇게 손발이 고생을 했었다.

마을 건축자재상에 가서 2인치 두께 블록 좀 달라고 하면 모르는 사람들도 "너 혹시 Master Lee냐"고 묻는다. 네가 맨손으로 블록 깬다더니 오늘 그거 사러 온 거냐는 거다. 그렇다고 대답하면 악수 한

번 하자고 한다. 역시 손에 기운이 틀리다, 손이 저리다는 등 자기들끼리 별별 소리를 다 한다. 그러면 웃어만 준다. 어떻게 생각하건 그건 자기 맘이니까.

부러진 야구 배트

평소 나를 만만히 보던 터프 가이(Tough guy)가 있었다. 자기도 특공대 출신이고 성질도 있다는 걸 은근히 과시했다. 그러다 보니 말투며 행동도 그까짓 태권도 사범쯤이었다. 그러니 볼 때마다 내심 편치 않았다. 그러던 어느 날 시범을 하는데 관객들 사이에 섞여 있길래 불러냈다. 힘 좋은 사람이 필요하고 하니까 기꺼이 나왔다. 야구 배트를 주며 배팅하듯이 꽉 쥐고만 있으면 된다고 했다. 아무 생각 없이 잡고 있는 배트를 뒤후려차기로 찼다. 내 뒤축에 맞은 배트가 퍽! 소리와 함께 부러져 저만치 날아가 처 박히고 그는 손잡이만 들고 서 있었다. 입이 떡 벌어졌다. 자기가 잡고 있었으니 배트가 꺾여 나갈 때 충격을 손으로 느꼈을 것이다. 대번에 태도가 달라졌다. '정말 그게 부러지더라. 와~! 태권도 다시 봤다!' 그 뒤론 볼 때마다 먼저 웃고 인사를 하는데 그러고 나니 나도 대하기가 편해졌다.

조지아에서 열린 태권도시합 개막식에서 한국 사범님들끼리 시

(야구 배트는 데드 스팟(Dead spot)을 차서 꺾어야 한다. 「태권도의 과학」 P.176 참조)

범을 하기로 했다. 다들 애틀랜타 지역에서 난다 긴다 하는 실력자들이었다. 거기에 비하면 난 시골 촌 동네 사범인데다가 위력격파 밖엔 할 게 없었다.

다른 사범님들이 최신형 발차기로 날아다니며 격파를 하는 동안 난 열심히 보조했다. 내 차례가 되었다. 야구 배트 두 개를 청 테이프로 묶어 허공에 들게 하고 뒤후려차기로 차는 것이었다. 다른 사범님들이 한 번에 두 개는 무리가 아니겠느냐고 걱정들을 해 주셨다. 땅에다 대놓고 차는 거야 별문제 아니지만, 공중에 들고 있는 상태에서 차려면 스피드와 힘이 더욱 필요하다.

그런데 아닌 게 아니라 바로 전 주 시범에서 콘크리트 블록을 뒤차기로 찼다가 발뒤꿈치가 깨졌고 야구 배트를 발등으로 차서 이미 발등이 멍이 들어 있었다. '까짓 거 한 번 죽도록 차고 몇 주 쉬지. 뭐.' 호흡을 가다듬고 있는 힘을 다해 뒤후려차기로 찼다. 퍽! 하는 소리가 났지만, 배트 하나만 꺾였다. 뒤축에 불이 났다. 다시 한 번 뒤후려차기로 찼다. 부러지지 않았다. 뒤축이 아프니 도저히 힘이 들어가질 않았다. 창피했다. 갑자기 뱃속에서 뜨거운 기운이 올라

왔다. 오기가 발동했다. '시작을 했으면 끝을 내야지 않겠는가!' 뒤축은 더 이상 쓸 수 없겠다 싶어 돌려차기로 차겠다고 했다. 하지만 발등도 상해있긴 마찬가지였다. 힘껏 돌려 찼더니 간신히 배트가 꺾이긴 했지만, 완전히 분리되지 않았다. 불에 지진 듯 발이 뜨겁고 아파 도저히 못 차겠다 싶었는데 관객들이 의샤! 의샤! 응원을 해주었다. 어금니 꽉 깨물고 한 번 더 돌려 찼다. 그제야 배트 두 개가 완전히 분리되어 날아갔다. 한 번에 끝냈지 못해 민망했었는데 관객들이 포기하지 않는 모습에 박수를 보내 주었다.

관객 중 한 가족이 부러진 배트를 주워들고 와서 함께 사진을 찍고 배트에 사인을 받으며 그렇게 여러 번 차도 발이 안 아프냐고 감탄을 했다. '안 아플 리가 있나? 안 아픈 척하는 거지!' 불붙은 것 같이 화끈거리는 발로 저는 모습 보이지 않으려고 하루 종일 애먹은 날이었다.

거북이 등짝 된 주먹

캐나다와 미국을 가르는 바다같이 큰 호수가 있는 펜실베니아의 이어리(Erie)라는 작은 도시에서 태권도시합에서 우리 도장 시범단이 개막시범을 했다. 관객들이 태권도 시합을 하러 온 태권도인들이니 대충 할 순 없다 싶어 단단히 맘먹고 시범에 임했다. 내 주먹 격파순서가 되었다. 주먹머리로 5인치 두께의 송판을 조준했다. 평소 같으면 아무 무리 없는 일이었는데 문제는 송판의 생김새였다. 이 시합을 주최하신 관장님 지론이 송판이 너무 쉽게 깨지면 격파에 의미가 없다는 것이셨다. 그래서 이 시합장에선 두꺼운 송판을 쉽게 깨지지 않도록 직사각형이 아닌 정사각형에 가깝게 잘라 쓰고 있었다. 더구나 사이즈도 컸다. 죽을힘을 다해 주먹을 질렀다. 체육관이 다 울릴 정도로 큰 소리가 나며 송판들이 박살 나고 송판을 잡고 있던 보조자들마저 뒤로 나가 자빠졌다.

갑자기 손에 감각이 없어지면서 마치 주먹이 그 자리에 붙어있지 않은 것처럼 느껴졌다. 연이어 손끝 격파를 해야 해서 돌아서서 다음 송판을 조준하는데 내 눈앞에서 손이 쑥쑥 부어오르는 게 보였다. 예삿일이 아니구나 싶어 죽을 맛이었다. 이런 상태로 손끝을 질렀을 때 느껴질 고통이 공포로 느껴졌지만 한번 호흡을 가다듬고 나서 어쩔 수 없이 내질렀다. 또다시 송판은 깨지고 연속으로 손날 위력격파에 손날등 위력격파까지 끝내고 인사하고 나왔다. 아무렇지 않은 척 뚜벅뚜벅 걸어 나왔지만, 너무 아파 어떻게 해야 할지를 몰랐다. 개막식이 끝나자 사람들이 와서 악수를 청하는데 거절할 수도 없고 웃으며 다 받아주었다. 악수할 때마다 잘 봤다며 손을 꽉꽉 쥐는데 너무 아파 머리카락까지 쭈뼛쭈뼛 서 올랐다. 손을 쥘 때마다 고통을 참고 있으려니 아찔아찔하며 숨이 막혀 쓰러질 것만 같았다. 한쪽 구석에 숨어 비로소 내려다본 손은 마치 고무장갑에

훅하고 바람을 불어넣은 것 같이 보였다. 우리 시범단원들도 내 손을 보고 난리가 났다. 손이 그렇게 커져도 괜찮으냐고, 병원 안 가도 되냐고 물었다. 이 정도쯤은 수련 과정에서 이미 많이 겪어봐서 괜찮다고 허세를 부렸다. 아내만 내 심정을 알고 속이 타고 있었다.

밤새 손이 아파 쩔쩔매면서도 얼음찜질과 스프레이 파스로 때웠다. 미국의 살인적인 병원비가 무서워서 그랬다. 인대 끊어지고 수술 받았을 때 그 돈을 갚기 위해 삼 년을 고생했던 기억에 이 손을 들고 병원을 가면 아직 안정되지 않은 삶에 또다시 어려움이 미칠까 걱정이 되었다. 그리고 수련생들에게 사범이 돈이 없어 의료보험 하나 없이 산다는 사실을 알리기도 싫었다. 그래서 그냥 버텼다. 그 뒤로 반년 동안은 손을 쥘 수조차 없었다.

일 년이 지나 손에 힘도 좀 돌아오고 이제 다 나았다 싶어 다시 위력 격파를 했는데 뼈가 손등으로 툭하고 솟아 올라왔다. 너무 아팠다. 이게 바로 골병이란 거구나 하고 느껴졌다. 주먹이라면 자신 있다고 어지간히 혹사시켰더니 결국 이렇게 되고 말았다. 그 뒤론 주먹을 '느끼며' 산다. 항상 통증을 달고 살기 때문이다. 손이 아파 돌려 따는 병뚜껑은 아내가 대신 따주기도 한다. 괜한 객기를 부리며 산 탓인 것 같다. 적당히 타협도 하고 무모한 짓은 좀 덜해가며 살았어야 될 일을 젊다고 만용을 부리다 얻은 혹독한 결과인 것이다.

전통훈련 되살리기

가끔 유단자들과 함께 야외훈련을 가길 좋아한다. 내가 영어를 제대로 못 하다 보니 나를 좀 더 신비나 전통에 가까운 사람으로 오해들을 한다. 무술 영화에 보면 주인공들은 항상 깊은 산중의 절이나 오두막에 갇혀 세상과 단절된 채 스승으로부터 강도 높은 훈련을 받고 속세로 내려와 천하를 평정한다.

가끔 수련생들이 Master Lee도 산이나 절에서 훈련받아 본 적 있느냐고 묻는다. "물론이지!" 다들 눈이 동그래진다. 학창시절 새벽은 구보로 고향 땅이 다 내려다보는 산 중턱에 있는 절까지 뛰어 올라가는 것으로 시작했다. 그 절로 오르는 돌계단을 뛰어 오르내리거나 절 주위를 돌며 체력훈련을 하고 약수 물 떠 마시고 내려오는 것이 새벽 일과였다. 여름 전지훈련 삼아 산 좋고 물 좋은 계곡에 들어가 훈련도 좀 하고 고기 잡아 매운탕 끓이고 훈련 중간 개구리 잡아 간식하던 추억도 있다.

폴(Paul)과 네이든(Nathan)이라는 청년 둘이 자기들도 영화에서 보는 것처럼 산중 전통훈련을 받을 수 없겠느냐고 하는 것이었다. 시키는 대로 다 할 테니 한 번만 시켜달라고 간청이었다. 잘 못하면 사부님이 막대기 같은 것으로 막 때리던데 그런 것도 당해보고 싶다는 것이다. '이 녀석들이 진짜 안 맞아봤군.' 그럼 훈련을 받다가 죽거나 다치더라도 내게 책임을 묻지 않겠다는 각서를 써오라고 했다. 그러면 나도 시간을 내보겠다고. 그런데 다음 날 둘이 정말 각서를 써서 사인까지 해왔다. '그래? 좋았어! 매운맛을 보여주지!' 이 훈련은 자발적인 자신과의 싸움이니 힘들면 언제든 기권도 받아준다는 조건을 달았다. 죽을 것 같으면 스스로 포기하라! 자기들은 절대 포기 안 할 거라고 다짐을 했다.

주말 아침 일찍 차를 몰아 인적 없는 산으로 들어갔다. 한참 산길을 달려 막다른 길에 다다라서 트럭을 세워두고 거기부턴 걸어들어 갔다. 난 배낭 가득 물통과 도시락을 넣고 이것저것 필요한 도구들과 만일을 대비해 구급상자까지 챙겨갔다. 그리고 모처럼 죽도 하나 옆구리에 빗겨 차는 것도 잊지 않았다.

시작은 통나무 끌기. 가서 자기만 한 통나무 하나씩 구해오라고 했다. '오늘 하루 어디를 이동하던지 너희는 이 통나무와 함께 간다! 업고 가든 끌고 가든 끝까지 간다.' 먼저 밧줄로 통나무 끝을 동여매고 한걸음 걷고 당기고 한걸음 걷고 당기는 식으로 산꼭대기까지 올라가라고 했다. "이동!" 난 배낭을 메고 뒤따라 걸었다. 시작하자마자 비지땀에 흠뻑 젖고 숨을 헐떡인다. "왜? 힘드냐? 그럼 기권하고." 절대 포기 안 한단다.

마침내 산 위에 올라 잠시 숨 돌릴 시간을 주곤 둥근 쇠 공 두 개를 꺼냈다. 비탈길에 아래로 힘껏 던졌다. 데굴데굴 굴러가는 공을 쳐다보면 뭘 하나 하는 눈치였다. "당장 뛰어 내려가 집어 갖고 돌아온다. 늦는 놈은 죽는다. 실시!" 둘이 불이 나게 뛰어 내려갔다. 공을 집어 올라오면 또 던지고 또 집어 올라오면 또 던졌다. 공 잡으러 뛰어 내려가다 공이랑 같이 굴러가기도 하고. 한참을 시키니 다리가 풀려 거북이 산등 기어오르듯 어기적거리며 네발로 기어 올라왔다. 이쯤 되면 목이 안 탈 수가 없다. 물병을 따서 나 혼자 마셨다. 그리곤 남은 물을 천천히 땅에 쏟았다. "물 다 버리기 전에 다시 내려갔다 온다. 남는 물만 마신다. 뛰어!" 흙바닥으로 꺼져가는 물을 잠깐 쳐다보더니 죽도록 뛰어 내려갔다. 이런 고생 끝에 물을 마시니 물이 이렇게 달았는지 몰랐다며 물병을 비웠다.

경사진 산비탈을 따라 오르며 발차기, 나무 숲 사이를 빠져나가며 발차기, 나뭇가지 뛰어 차기, 바위 타고 뛰어오르기 등을 했다. 나무둥치에 자전거 튜브로 발을 묶어 놓고 발차기 천 번! 손에 쇠사슬 뭉치를 감아주고 주먹 지르기 천 번! 한 사람 하는 동안 다른 사람은 휴식. 쉰다고 그냥 쉬나? 고목나무 위에 매미. 나무에 매달려서 휴식! 말라죽은 나무들 쓰러질 때까지 치기. 나무를 상대로 계속 팔다리 뻗어 겨루기, 동작이 쳐지면 죽도로 맞기. 둘이 마주 보고 겨루기. 한발이라도 물러나는 쪽은 뒤에서 죽도로 맞기. '오직 전진, 앞으로!' 비명을 지르며 그렇게 얻어맞고 한나절을 끌고 다녔는데 지쳐서 어기적거리면서도 포기하지 않고 잘 견뎌냈다. 여기저기 훈련장소를 옮길 때마다 통나무를 어깨에 지고 다녔다. 갈수록 통나무 무게가 무거워졌다.

이번엔 조약돌이 듬성듬성 깔린 마른 흙바닥에서 낙법을 시켰

(철마다 이어지던 폴과 네이든의 산중수련)

다. 푹신한 매트 깔아 놓고 하는 낙법은 누군 못하겠나? 이런 곳에서 자신을 보호하는 게 진정한 낙법이다. 실시! 한번 구르더니 아프다며 죽는시늉을 했다. '그래도 굴러! 싫으면 기권하고!' 기권은 못하겠다며 온갖 비명을 지르면서 굴러다녔다. 구경만 하려니 심심하기도 하고 군대에서 맨몸으로 연병장을 구르던 옛날 생각도 나고 해서 한 번 굴러 봤다. 그런데 '이게 아닌데?' 싶었다. 단단한 흙바닥 위를 구를 때 조약돌이 콱콱 등에 박히는데 아예 살을 파는 느낌이었다. 아무렇지도 않은 척 툭툭 털고 일어나 윗옷을 벗어 보라고 했다. 윽! 각서 받아놓길 잘했지....... 등판이 다 패여 여기저기서 피가 흐르고 있었다. 팔꿈치들도 피부가 다 까져 속살이 드러나고 피가 나고 있었다.

다음은 산길 뛰기. 뛰어서 약 2마일 거리에 목표점을 설정하고 먼저 출발하라고 했다. '난 정확히 5분 뒤 트럭을 몰고 출발한다. 브레이크를 밟을 생각이 없으니 따라 잡히면 팬케이크 된다. 살고 싶으면 달려라!' 둘이 이건 정말 장난이 아니라는 표정으로 뛰었다. 잠시 후 창문은 내리고 음악을 크게 틀어놓고 여유 있게 뒤따라갔다. 전통훈련과 전혀 상관없는, 내가 군대에서 당했던 고문들을 이 녀석들에게 써먹고 있었다.

저만치 보니 한참을 헉헉대고 뛰던 폴이 다리를 삐끗하는 것 같더니 심하게 절며 뛰었다. 내가 천천히 차를 몰고 다가가 '힘들면 포기하지?' 하자 뒤를 돌아보는데 깜짝 놀랐다. 입에 게거품을 물고 눈이 반쯤 뒤집어진 채 절며 뛰고 있었던 것이다. 그만 차에 타라고 해도 부글거리는 게거품을 물고서 끝까지 가겠다고 우겼다. 저러다 진짜 죽으면 어쩌나 싶어 속이 조마조마했다. 목적지에 간신히 도착하자마자 쓰러졌다. 쭉 뻗은 녀석에게 물을 먹이고 초콜릿을 먹였다. 그렇게 좀 누워 있더니 정신이 돌아오는지 씩~ 웃었다.

마지막으로 산 정상을 향해 손바닥과 발바닥을 땅에 대고 네발로 기어 올라가게 했다. 아무리 체력이 좋은 녀석들도 이쯤에선 체력이 바닥이 나서 몸이 천근만근이었다. 나도 하루 종일 물과 훈련 장비가 든 무거운 배낭을 메고 따라다녔더니 지칠 대로 지쳤다. 내가 제일 앞서 걸어서 올라가고 다음은 네이든, 그리고 폴이 기어서 산을 오르고 있었다.

그런데 멀찍이 뒤처져 비실비실 기어오르던 폴이 난데없이 비명을 지르며 일어나 뛰어오르더니 내 옆을 통과해 지나쳤다. "뭐야? 왜 그래?" 폴이 짧게 소릴 질렀다. "땅벌!" 그 소리에 셋이서 뒤도 안 돌아보고 쏜살같이 산비탈을 수직으로 뛰어올라 산등성을 넘어갔다. 한참을 달려서야 따라오는 벌떼가 없음을 확인하고 셋이 한 무더기로 꼬꾸라졌다. 미국 땅벌은 정말 독해서 한 방만 쏘여도 치명적이다. 가끔 땅벌에 쏘인 사람이 죽었다는 지역뉴스를 접하기도 한다.

폴이 기어오르다 뭔가 손에 툭 걸리길래 봤더니 땅벌 집에 붙은 수많은 벌들이 일제히 자기를 노려보더라고 했다. 순간 그냥 살아야겠단 생각에 죽도록 뛰었다고. 정신력은 체력의 한계를 능가한다는 사실을 제대로 체험한 것이다.

폴이 숨을 헐떡이며 '고수는 이럴 경우엔 어떻게 하느냐.'고 물었다. 이런 황당한! "얌마, 고수는 벌집 안 건드려!" '역시~!' 하는 그 눈빛. 그쯤 되니 나도 힘들어 죽을 판이었다. 온종일 이 무슨 고생인가. 훈련을 마치고 하루 종일 끌고 다녔던 통나무를 계곡을 향해 던져 버리라고 했다. 그걸 던져 버리고는 얼마나 속 시원해하던지. 먼지투성이에 거지꼴로 트럭 뒤에 실려 인적 있는 마을로 내려오니 세상이 너무 달라 보인다고 했다. 마치 오랫동안 어딘가를 다녀온 느낌이라고 했다.

다음 수업시간에 둘에게 어떤 일들이 있었으며 무엇을 느꼈는지 발표하라고 했더니 웃통을 벗고 등에 난 생채기들이며 몸에 든 멍들을 보여주며 침 튀기는 설명을 했다. 듣는 수련생들이 입을 딱 벌리고 감탄을 했다. 곁에서 들으니 과장된 면도 없지 않았지만 내가 들어도 전설 같은 산중 수련을 받고 온 것 같긴 했다. 다른 수련생들은 산중수련이라는 게 보통 힘든 것이 아니라고 놀랐다. 듣는 이들의 상상이 가미되어 더욱 그런 것 같았다. 이날의 경험은 그 뒤로 지금까지 우리 도장 블랙벨트들에게 전설로 남게 되었다. 그 후 매년 혹한기, 혹서기를 골라 하루 일정으로 야외수련을 한다. 이것은 오직 블랙벨트만이 참석할 수 있는 우리 도장 전통으로 자리 잡았다.

겨울 야외수련을 하는 12월의 어느 날이었다. 며칠째 몰아친 한파로 웅덩이들마다 물이 얼었다. 하지만 예정대로 강행하기로 했다. 숲 속을 이리 뛰고 저리 뛰고 한참 열을 내니 추위가 가셔버렸다. 하지만 겨울 야외수련의 백미(白眉)는 마지막 얼음물 입수! 물론 자원자에 한에서만 행해진다. 물가에 모닥불을 크게 지펴놓고 내가 먼저 웃통을 벗어 젖치고 물속에 뛰어들면 뒤이어 한 명씩 따라 들어와야 한다. 얼음물 입수 전 잔뜩 긴장하고 있는 블랙벨트들에게 조금 더 드라마틱한 효과를 주기 위해 얼음이 꽉 얼어붙은 웅덩이에 주먹만 한 돌을 던졌다. 얼음이 퐁 하고 깨지면서 수정 같은 얼음물이 팍 쏟아 오른다면 얼마나 간담이 서늘하겠는가! 하지만 잘 보라며 돌을 던지고 나서 간담이 서늘했던 사람은 바로 나였다. 높이 날아올랐다가 떨어진 돌이 얼음을 깨지 못하고 얼음 위에 그

냥 팍하고 박히고 말았다. 다들 나를 쳐다보았다. '아~! 오늘은 정말 살 떨리는 날이 되겠구나!'

때늦은 후회를 뒤로 한 채할 수 없이 터프하게 물속으로 뛰어들었다. 머리까지 푹 담그고 잠수를 했다. 온 피부가 다 깎여 나가는 느낌. 한참을 버티다 온몸에 힘을 다 주고 물 밖으로 몸을 내밀었다. '다음 자원자!' 물 밖에서 한참을 주저하다가 뛰어들고는 비명을 지르며 뛰어나가는 자원자들이 하나씩 다 들어오고 나간 후까지 버텼다. 마침내 물 밖으로 나가려니 발과 다리가 얼어 감각이 없고 제대로 움직이지도 않았다. 하도 온몸에 힘주고 웃으며 버티려니 얼굴까지 굳어 말도 안 나왔다. 속으로만 '떨면 가짜 된다. 조금만 참자!'며 버틴 것이다. 정신이 몸을 주장한다고 늘 떠들었지만, 지금은 생각이 바뀌었다. 몸이 정신을 주장한다는 것이 맞는 말일 것 같다. 몸이 약해지면 정신력도 따라서 약해지니 말이다.

하루의 야외 수련이 고생스럽긴 하지만 끝나고 나면 참가자 전원에게 언제나 보람 있고 이야깃거리 풍성한 특별수련이 된다. 지나고 보면 항상 고생스럽던 기억만이 아름답게 남는 법인가 보다. 그래서 우리 도장 블랙벨트들에게 추억 만들기로 최고의 행사가 야외수련이다.

나는 록(ROK)이었다!

군대를 다녀온 학부모들 중에 주한미군으로 한국에서 근무했던 사람들도 많이 있었다. 자기도 한국에서 복무했다며 의정부, 평택, 판문점, 부산 등을 아느냐고 한다. 그리곤 너도 록(ROK)이었냐고 물었다. 록? (Rock:돌멩이?) 처음엔 잘 못 알아들었다.

육군은 ROKA(Republic of Korea Army), 해병대는 ROKMC (Republic of Korea Marine Corps)로 줄여서 쓴다. 그래선지 한국군을 ROK(록)이라고 불렀다. 국군의 날이면 빠지지 않는 태권도 시범을 보면 전투화 신고 날아 차는 발차기며 대검을 든 상대를 맨손으로 해치우는 격투 시범, 온몸을 날려 머리로 받아 깨는 기왓장 등은 미군들을 경악시켰다고 한다. 살기가 팍팍 튀는 눈이며 어디서 나오는지 모를 간담이 서늘한 기합소리에 칼 같이 맞아떨어지는 단체 연무는 저게 전투 기계들이지 도저히 인간의 집단으로 보기 어려웠다고 한다. 첨단장비로 무장한 미군들인데도 태권도만큼은 무서워하고 있었다. 나도 한국군(ROK) 출신이고 태권도 교관이었다고 하면 다른 학부모들에게 그렇다면 더 이상 실력은 물어볼 필요 없는 사범이라고 증언을 해 주었다.

나에겐 군대에서 태권도를 가르치고 있을 때의 추억이 남달리 많이 있다. 그 중 하나. 태권도 시간에 느닷없이 늘씬한 헬기 한 대가 연병장 한복판에 착륙을 했다. 엄청난 모래바람이 날렸다. 그 정도

헬기면 군단장의 기습방문이라고 생각했다. 대대장님도 연병장으로 뛰어나오시며 "전체 차렷!"을 외쳤다. 전 부대원이 도복만 입고 모래를 다 집어쓰면서 부동자세로 잔뜩 긴장해 섰다. 하지만 정작 내린 것은 미군 부대에 교환 장교로 다녀오는 우리 부대 소대장 하나와 같이 온 미군 소위 하나였다. 돌아가는 길에 지프차 대신 타고 가라며 헬기를 내줬단다. 기가 막혔다. 군사력의 차이가 실감났다. 이후 교환 장교로 방문한 그 미군 소위가 우리 부대 작전평가를 하는 자리에서 자기에게 일개 분대를 주면 한국군 일개 소대를 전멸시키겠다고 했단다. 그만큼 장비의 차이에서 오는 한국군의 전투력을 낮게 본 것이다. 자존심 상하는 일이었다. 그 미군 소위가 태권도는 신기했는지 시간만 나면 태권도를 보러왔었다. 그러던 중 그가 본 사건이 하나 있었다. 시합훈련 도중 내가 찬 뒤후려차기에 맞고 상대병사가 기절했다. 턱뼈가 부러지면서 귀 통로를 뚫고 올라왔고 피투성이가 된 채 응급차에 실려 갔다. (발차기 한방에 실려 간 그 병사는 그 후 석 달이 넘도록 국군 수도통합 병원에 입원했다.) 나중에 통역장교와 함께 그 미군 소위와 마주쳤다. 나를 보더니 "오~ 태권도!" 하며 고개를 절레절레 흔들었다. 그래서 통역을 부탁했다. '내게 일개 분대만 주면 미군 일개 소대를 박살내 주겠다.'고.

아버지도 월남전 때 헌병대에서 복무하시던 이야기를 들려주시곤 했었는데 술집에서 군인들끼리 싸움이 나면 미군 헌병대가 와서 싸움을 말리려 해도 소용이 없었다고 한다. 공포로 허공에 총을 쏴도 이미 개판이 된 싸움이 멈추질 않았다고 한다. 총소리야 신물나게 듣는 전쟁터의 군인들 아닌가. 그딴 협박엔 눈 하나 깜박 안 했단다. 대신에 '한국 헌병 떴다!' 하면 다들 '태권도, 태권도!' 하면서 도망부터 쳤다고 했다. 잘못 걸리면 체포과정에서 뼈도 못 추릴 일 생겼기 때문이었다고 한다. 한국 헌병들은 태권도 유단자들 중에 실력자들을 선별해 뽑았기 때문이었다. 미국에 오니 도리어 군대 갔다 온 것이 한국에서보다 더욱 자랑스러웠다. 그래서 난 당당히 말한다. 나는 ROK이었다!

미운 오리 새끼는 없다

수업 중에 병적으로 날뛰는 아이들이 있는데 한국에서 보던 것이랑 차원이 달랐다. 힘을 주체를 못하고 잠시도 가만히 있지를 못한다. 학교에서 ADHD(Attention Deficit Hyperactivity Disorder: 집중력 결함에 과다활동 장애) 진단을 받으면 선생님 앞에서 진정제를 받아먹어야 수업에 들여보낸다. 부모들은 건강에 해롭다고 싫어하지만 어쩔 도리가 없다. 그대로 두면 다른 이들까지 수업을 못할 정도라 그렇다. 너무 날뛰어 장애아로 구분된다. 따로 정신과 상담도 받는다고 했다. 이런 아이들이 부모 손에 이끌려 도장을 찾아온다. 어떻게 알고 오셨냐고 물으면 상담하는 의사가 우리 도장에 애들 보내니까 나아지더라고 보내서 왔단다. 처음엔 겁이 났다. '왜 다들 내게 문제아들만 데려오나? 그럼 도장 꼴이 뭐가 될까.' 하지만 좀 지나고 나니 나름 자신이 생겼다. 그 말 안 듣고 날뛴다던 녀석들도 태권도 수업에 들어와선 별문제가 없었다. 도리어 시키는 대로 신 나게 잘만 따라 했다. 내가 부모에게 '애가 뭐가 문제인데요?' 하고 묻는 경우도 있었다. 부모들도 신기해했다. 선생님 말, 부모 말은 죽도록 안 듣는 녀석들이 도장서 사범님 말은 듣네?

난 수업시간에 아이들보다 더 날뛰는 편이다. 내가 소리도 지르고 기합도 넣어가며 추임새를 넣어야 말이 잘 안 통하는 분위기를 극복할 수 있기 때문이다. 이렇게 날뛰는 아이들은 에너지가 넘친다. 한마디로 기가 세다. 그 센 기운이 주체가 안 돼서 날뛰게 된다. 아이보다 기가 약한 선생님이 타일러도 보고 윽박도 질러 보지만 안 먹힌다. 미국에선 체벌이 완전히 금지되어 있어 아이를 팰 수도 기합을 줄 수도 없으니 이 녀석들이 약점을 악용해 대들기 일 수다. 나이가 찰수록 점점 고삐 풀린 망아지가 되어 간다. 학교의 규칙은 다 깨고 다닌다. 그래서 자꾸 약을 먹여 주저앉히려 드니 약기운 떨어지면 더 날뛸 수밖에.

그런데 도장에 오면 "더 빨리 뛰어, 더 소리 질러, 더 세게 차!" 학교와 집에서 못하게 하는 일을 도장서는 더 하란다. 이런 훈련방식을 통해서 넘치는 에너지를 분출시켜 주고 막힌 기운을 풀어주고 나면 아이들이 좋아한다. 게다가 사범이란 사람은 벽돌이고 야구 배트고 손발에 닿는 대로 다 부숴버린다. 목소리에도 힘과 권위가 묻어난다. 자기가 알던 다른 어른들과는 눈빛부터 틀리다. 아이들이 사범의 기운에 꺾여 '아, 사범님한테는 안 되겠구나.'하고 기가 죽고 나면 이끄는 대로 그럭저럭 잘 따라온다.

학교와 달리 말 안 듣는 녀석들의 투정도 안 통한다. 까불다 걸리면 수업 후에 무릎 딱 꿇고 마주 앉아 상담을 한다. 눈을 딱 마주 보며 묻는다. 내가 누구냐? 사범님이다. 여기가 어디냐? 도장이다. 여기 왜 왔느냐? 태권도 배우러. 태권도 배우려면 어떻게 해야 하나? 사범님 말씀 잘 들어야 한다. 답은 쉽다. 그래? 잘 아네. 여긴 학교가 아니고 난 학교 선생님도 아니고 애 봐주는 보모는 더더욱 아니다. 도장에선 내가 대장이고 법이다. 규칙을 따르든지 쫓겨나든지 둘 중 하나다. 말 안 듣던 녀석들이 벌써 여러 명 쫓겨났는데 이번엔 네 차례인가 보다 마지막 기회다. 한 번 더 까불면 넌 잘리는 거다. 네가 선택해라. 쫓겨나든지 남든지. 단호하게 말해준다. 기가 팍 꺾인다. 부모나 학교 선생님처럼 만만한 존재가 아니란 걸 다시 느낀다.

태권도 시간은 재미있다. 뛰고 기합을 질러도 되고 도리어 잘한다고 칭찬까지 들으니 재밌기 그지없다. 그런 곳에서 제 발로 쫓겨나는 것은 불명예다. 학교에선 선생님들의 말뿐인 위협이지만 사범님은 정말 그렇게 할 것 같다. 다시 한 번 잘해 보겠다고 제 입으로 약속을 한다. 그러면 보내준다. 하지만 그게 그렇게 되나? 몇 번을 그렇게 또 불려 오고 무릎 꿇는다. 그러고 나면 점점 도장의 규율을 따르게 된다.

막 까불다가도 멀찍이서 사범과 눈 한 번 딱 마주치면 짧은 시간에 대화가 오간다. 말이 필요 없다. '너, 쫓겨날래?' '아뇨, 잘할게요!' 거의 텔레파시 수준이다. 언제 그랬냐는 식으로 딱 잡힌다. 그게 점차 익숙해지다 보면 룰에 따라야 한다는 것을 몸으로 배우게 된다. 그러고 나면 학교에서도 자신을 절제하고 룰을 따르는 통제력이 생긴다. 또 심사 전에 부모님과 선생님 앞으로 학교와 집에서의 생활 태도를 묻는 설문지를 보낸다. 점수가 나쁘면 심사불가로 이어진다. 그리고 퇴출 우선순위명단에 오른다. 그저 칭찬을 듣든 꾸중을 듣든 자신의 선택임을 알려준다.

야단으로만 아이들을 주저앉히려는 부모와 그럴 수 없는 아이들 사이엔 전쟁이 벌어진다. 아이들은 사실 아무 잘못도 없다. 호르몬 균형이 깨져서 자기도 어쩔 수 없는 것이다. 내 짐작엔 부모 세대부터 함부로 먹어온 음식에서 가장 큰 영향이 오는 것 같다. 무엇을 먹는지가 그 사람을 만든다는 말도 있지 않은가. 아이가 내게 불려와 무릎을 꿇으면 오늘 약을 안 먹어서 그렇다고 실수를 약의 탓으로 돌리려는 부모들도 있다. 그러면 나는 약과 상관없는 의지의 문제이라고 한다. 도장에서 스스로 옳고 그른 것을 판단해 기분이 아니라 룰을 따라가는 훈련을 하다 보면 스스로 호르몬의 불균형을 이겨내는 것 같았다. 이런 훈련이 근본적인 치료라고 본다. 그래서 진정제를 먹던 녀석들이 더 이상 안 먹어도 좋다는 진단을 받았다며 좋아하는 부모들이 종종 있다.

그리고 그런 녀석들이 이해가 되니 밉지도 않았다. 아무리 날뛰는 녀석이 들어와도 노란 띠를 따면 바뀌기 시작한다. 벨트에 욕심이 생긴다. 다음 벨트도 얼른 따고 싶지만 그러려면 사범님 말씀을 들어야 한다. 누가 자신의 생사여탈권(?)을 쥐었는지, 누가 권위 있는 사람인지를 알게 되는 것이다. 그러니 집이나 학교에서 문제를 만들면 부모나 선생님들이 '사범님한테 이른다.'고 협박(?)을 한다. 그러면 '잘할 테니 제발 사범님한테만은 이르지 말아 달라.'며 빈다고 한다. 어려도 아이들이 다 속이 있다. 야단만 맞고 살던 녀석들을 다독거려주고 힘을 북돋아 주니 내게 잘 못 보이고 싶지 않아선지 스스로 말썽을 애써 참는 모습도 보인다. 가슴이 찡하다. 그런 모습들이 나를 감동시킨다.

휠체어의 켈립(Caleb)

시범이 끝나고 뒷정리를 하는데 휠체어 탄 아이가 와서 자기도 태권도 배울 수 있겠냐고 물었다. 11살이고 이름은 켈립(Caleb)이었다. 가족끼리 차를 타고 가다가 사고를 당해서 하반신 마비가 되었다고 한다. 아버지도 어떻게 받아 줄 수 없겠느냐고 했다. 이런 학생을 지도해 보곤 싶었지만, 일반 수업시간에 함께 할 수 없는 상황이고 나 또한 경험이 없으니 일단 무료로 일주일에 한 번씩 가르치기로 했다. 막기, 지르기 등 상체로만 할 수 있는 간단한 기술들을 가르쳐 주고 집에서 연습해오라고 숙제를 내주었다. 다음 시간에 점검받고 잘하면 다음 기술을 가르쳤다.

그런데 부모가 맘이 아파서 해달라는 것 다 해주다 보니 버릇이 없었다. 이거 가르쳐 달라, 저것 가르쳐 달라 제가 배우고 싶은 것을 제가 정하려 들었다. 그런 버릇이 내게 통할 리가 없었다. '난 착한 녀석만 가르친다. 태권도를 배워서 착해지는 게 아니라. 착하지 않은 녀석은 아예 안 가르친다. 태권도는 내가 가르친다. 너에겐 아무 선택권이 없다. 시키는 것만 한다.' 그랬더니 제멋대로 하고 싶어 하던 성급한 태도도 꺾여버렸다. 나중엔 일반 수업에 함께 들어오게 되었다.

그렇게 여러 달을 수련하고 첫 심사를 보던 날 휠체어 탄 켈럽이 다른 수련생들과 함께 정렬해 있으니까 다들 걱정스러운 눈으로 바라보고 있었다. 함께 품새를 하는데 합류시켰다. 준비자세에서 왼쪽으로 휠체어를 돌려막고 지르고 다시 반대로 돌려막고 지르고 그런 식으로 발차기를 빼고 하는 품새를 마친 후 우렁찬 기합으로 마무리했다. 굳게 다문 입술과 눈에 나이에 걸맞지 않은 진지함이 배어 나왔다. 발차기를 할 때도 다른 수련생들과 함께 줄을 섰다가 자기 차례가 되면 발차기 대신 주먹이나 손 또는 팔꿈치로 타겟을 치고 빙 돌아 자기 줄에 합류했다.

한번 겨루기와 호신술 심사도 잘 끝냈고 휠체어가 휘청거릴 정도로 힘을 주어 송판을 깨고 나자 모든 사람들이 기립박수를 쳐주었다. 심사가 끝나고 새 벨트를 매주고 악수를 하는데 어제의 그 아이가 아니었다. 자기도 할 수 있다는 자신감에 불타는 새로운 사람이 되었다. 내 손을 꽉 부여잡은 아버지는 눈물이 글썽거리며 그저 고맙다는 말밖엔 할 말이 없다고 했다. 사실 나 자신도 얻은 게 많았다. 이제 휠체어 탄 사람도 가르칠 수 있겠단 자신감이 생겼기 때문이다.

어느 날 켈립이 도장에서 밤샘하는 아이들 프로그램에 합류해도 되느냐고 물었다. 화장실 사용이 걱정스러웠다. 혼자 휠체어에서 변기에 올라 일을 볼 수 있다는 아버지 말을 듣고 허락을 했다. 그런데 게임을 하는데 아이들이 켈립이라고 사정 봐주지 않았다. 내심 뜨끔했다. '아니 불쌍하지도 않나? 좀 살살해주지.' 하지만 그건 곧 기우였음을 알 수 있었다. 켈립도 인정사정 안 봐주는데 만만찮은 실력이었다.

마음이 좀 놓여 잠시 켈립에게서 눈을 떼었다가 문득 생각이 미쳐 뒤를 돌아보곤 난 경악을 금치 못했다. 아이들이 휠체어에서 켈립을 끌어내려 힘없이 늘어진 다리를 붙잡고 질질 끌며 이리저리 뛰어다니고 있지 않은가? 너무 놀라 말리려고 하는데 땅바닥에 누운 채 끌려가는 녀석이 깔깔거리며 웃고 있고 끌고 가는 아이들도 웃는 게 못살게 구는 건 아닌 것 같았다. 조용히 한 사내아이를 불러 물었다. "너희들 뭐 하는 거니?" 행여 야단맞을까 싶은지 걱정스레 대답을 했다. "우리가 막 뛰고 노는데 휠체어로는 우리처럼 못 뛰잖아요. 그래서 우리가 켈립을 도와주는 거예요." 가슴이 뭉클했다. 아이들은 정말로 가슴을 열고 켈립을 똑같은 친구로 대해 주고 있었던 것이다.

켈립은 태권도를 배운 이후 다른 스포츠들에도 취미를 들여 여러 가지 스포츠에 도전했다. 지금은 매년 장애인 올림픽에 출전하며 당당한 선수로 활약을 한다. 양궁에 특히 소질이 있으며 그 밖의 종목에서도 두각을 나타낸다. 운동량이 일반인들보다 훨씬 많다. 매번 다른 종목의 시합에 참가하러 다니느라 일 년이 바쁘다. 필요한 경비는 여기저기서 장학금도 들어오고 마을에서 모금행사를 열어 주기도 한다. 도리어 비장애인들보다 더욱 건강하고 활기찬 삶을 살아가고 있다. 가끔 도장에 들려 인사를 하고 가는데 볼 때마다 예전의 그 버릇없었던 아이가 아니라 건장하고 당당한 청년으로 자라고 있다는 느낌이 든다. 태권도가 그에게 도움이 되었다는 말을 하지만 난 그런다. 태권도가 아니라 네 도전적인 자세가 너를 이런 건강한 사람으로 만들었다고.

휠체어의 제시(Jesse)

켈럽 이야기를 듣고 한 엄마가 아들을 데리고 찾아왔다. 이름은 제시. 나이는 열 살이지만 덩치는 고작 여섯 살짜리만 했다. 태어날 때부터 장애를 갖고 나온 것이다. 엄마 뱃속에서 나올 때 아이가 반으로 접혀 나왔다고 했다. 몸 상태를 파악하기 위해 휠체어에서 내려와 보라고 하니까 앉은 자세 그대로 다리와 허리가 90도로 꺾여 펴지지 않은 채 손으로 기어 다녀야 했다. 가정형편이 여의치 않아 매주 받는 물리치료 외엔 아무런 운동을 해본 적도 없고 받아주는 사람도 없었다고 했다. 마음이 아팠다. 좋은 일 한 번 하자 싶어 또 무료로 한 주에 한 번씩 오라고 했다. 시간을 쪼개어 개인교습을 시켰다.

제시는 덩치도 왜소했지만, 힘이 너무 약했다. 게다가 팔도 반밖에 안 펴지고 엄지손가락도 잘 굽혀지지 않아 무얼 제대로 잡을 수가 없었다. 그래도 일부러 큰소리 쳐가면서 터프하게 대했다. 태권도는 아무나 배울 수 있는 게 아닌데 너는 잘하고 있다고 칭찬을 해주었다. 그럴 때면 생글생글 웃으며 잘 나오지도 않는 목소리로 기합을 지르며 열심히 했다. 엄마와 아이의 행복해하는 모습을 보니 보람도 있었다.

낯을 가려 남들하고 거의 말을 하지 않는다고 하는데 내겐 곧잘 이것저것 묻기도 하고 대답도 잘했다. 하루는 다른 아이들에게 하듯 제시에게 '너는 커서 뭐가 되고 싶냐?'고 물었다. 그랬더니 웃던 낯이 금방 굳어지면서 눈물을 글썽거린 채 아무 대답도 못했다. '아차! 실수다!' 어리지만 제시는 자신의 불확실한 미래에 절망하고 있었던 것이었다. 가슴이 저려 왔다. 태권도가 조금이라도 이 아이에게 도움이 되었으면 하는 바람이 들었다. 엄마 말이 학교(장애인 특수학교) 다녀오면 아무것도 안 하던 아이가 요즘은 열심히 팔을 펴고 주먹을 질러보고 막는 연습도 하며 일주일 내내 태권도 시간을 기다린다고 했다. 태권도 할 땐 내가 봐도 눈이 살아있었다. 몇 달이 지나자 제시가 조금씩 자세를 잡아가기 시작했다. 물론 몸의 한계가 있어 제대로 된 기술을 보이긴 어렵지만 자기가 할 수 있는 최선을 다하고 있었다. 이것이야 말로 태권도 수련의 진정한 의미가 아니겠는가. 다들 심사를 보고 벨트가 올라갈 때마다 행동이 바뀌고 자신감과 자존감(自存感)이 생긴다. 이 아이에게는 심사를 통한 자존감이 절대적으로 필요했다.

그런데 켈립 때보다 상황이 어려웠다. 혼자 휠체어의 방향을 바꾸기가 어려울 정도로 팔 힘이 약했기 때문이다. 그래도 예외는 없었다. 힘들게 이룬 일일수록 성취감은 큰 법이다. 이리저리 휠체어 방향을 바꾸느라 한참을 낑낑대며 품새를 끝냈다. 차라리 숨죽이고 보는 사람들이 애간장이 타 더 힘이 들 정도였다. 품새가 끝나자 우레 같은 박수가 터져 나왔다. 한번 겨루기며 호신술은 내가 상대해주었다. 눈치 없는 녀석들이 대충 맞아 주는 척하고 넘어가 주어야 하는데 그렇지 못할까 봐 한 배려였다. 마지막 격파 순서. 제일 얇은 송판을 메주먹으로 내려쳐 깨야 하는데 한 번에 안 됐다. 제대로 펴지지도 않는 팔로 일곱, 여덟 번을 내리치는데도 안 되자 눈물이 가득 고이며 얼굴에 실망감이 역력했다. 많은 사람들이 쳐다보고 있는 도장 한복판에서 휠체어에 앉아 남들은 한 번에 깨는 것을 못하고 있다는 수치심이 장애물로 작용하고 있었다. 심사를 지켜보던 수련생들이나 관람객들도 안타까워서 어쩔 줄 모르고 있었다. 도리어 나를 원망하고 있는 것 같았다. '사범님, 이제 그만 시키지. 불쌍하지도 않나?' 눈물이 그렁그렁 맺힌 눈이 톡하고 건들면 펑하고 터질 것 같았다.

하던 것을 멈추게 하고 내가 물었다. "노란 띠를 따고 싶나?" 다 죽어 가는 소리로 "Yes, sir." 한다. "그럼 방법은 하나다. 그 송판을 깨라. 난 할 수 없는 일을 시키는 사람이 아니다. 네가 할 수 있기 때문에 시키는 거다. 대답해라. 할 수 있나?" 마지못해 대답했다. "Yes, sir......" 내가 버럭 소릴 질렀다. "소리가 작다! 할 수 있나?" 그러자 깜짝 놀라 목소리가 커졌다. "Yes, sir!" 목소리가 커지면 십중팔구는 된다. 자신감이야말로 진정한 내면의 힘이기 때문이다. "격파!" 어금니를 깨물고 눈에 반짝 빛이 났다. 내리친 손에 송판이 깨졌다. 주위의 보던 사람들이 일제히 일어나 소리를 지르며 박수를 쳤다. 결국 해내고 나자 '이 정도야 뭐.'라는 투로 머쓱하게 웃어 보였다. 웃고 있는 제시 뒤로 소리 없이 울고 있는 엄마가 보였다.

그 뒤론 돌아가며 블랙벨트 학생들에게 제시를 지도하도록 시켰다. 서로 친구를 만들 수도 있고 선배들은 태권도를 배웠으니 좋은 일에 쓸 줄도 알아야 하지 않는가.

생각지도 못하고 있는 제시를 일 년에 한 번 열리는 어린이 재능 선발 오디션(Kid Talent Search)에 참가시켰다. 잘난 아이들 틈바구니에서 당당하게 겨뤄 보라고 시켰다. 층계를 밟고 올라가야 하는 무대 위를 사람들이 휠체어에 탄 채 들어 올려주자 평범하지 않은 등장부터 눈길을 끌었고 다 펴지지도 않는 팔로 품새, 호신술과 격파에 이어 쌍절곤 시범까지 보였다. 단연 최고의 인기를 끌었고 기립박수를 받았다. 이 장면이 그날 최고의 장면으로 찍혀 지역 신문에 실려 한동안 가는 곳마다 사람들이 알아봐 주는 덕분에 일약 스타가 되었다. 엄마가 어찌나 그 모습을 자랑스러워했는지 말할 필요도 없을 것이다.

Chattanooga Times Free Press

STAFF PHOTO BY KATHLEEN GREESON

Nine-year-old Alec Crabtree, left, and Jess Daniel, 10, participate in the Chattanooga Times Free Press Talent Search at Hamilton Place mall on Saturday.

(진정한 재능은 타고나는 재주보다 포기하지 않는 끈기와 노력의 정신이라고 믿는다.)

사범으로서 태권도를 통해 자신감 넘치게 자라나는 아이들을 보면 그보다 더 큰 기쁨이 있을 수 없다. 태권도. 그것은 내 인생뿐만 아니라 나를 만난 여러 사람의 인생을 바꾸어 준 좋은 친구다. 난 항상 말한다. 난 도장에서 태권도를 파는 게 아니라 자신감을 판다고.

왜 태권도인가?

태권도는 다리를 공격의 주체로 삼는 무술이다. 침대, 소파, 운전으로 이어지는 앉은뱅이 문화로 하체가 약해진 미국인들에게 하체의 힘을 기르고 균형을 찾는데 가장 실질적인 수련체계를 가지고 있다. 타겟을 찰 때의 가슴 후련한 맛이며 마음껏 질러 보는 기합. 호흡과 정신을 가다듬어 깨는 격파의 쾌감은 스트레스를 날려 보내기에 충분하다. 침대에서 내려와 침대 위에 오를 때까지 벗지 않는 신발문화로 꽉 막힌 발의 기운을 맨발로 뛰고 차면서 풀어 주니 시원하기 이를 데 없다.

더욱이 발차기 기술은 인체의 중추인 척추와 골반을 많이 사용하게 하니 자연 유연하고 강하게 만들어 준다. 실제로 발차기로 타겟을 차는 수련을 하고 나면 몸이 다른 어떤 운동을 한 후도 맛볼 수 없는 잘 풀리고 시원함을 느낀다. 특히 다리와 고관절의 운동 각도가 다른 어떤 운동으로 다 다를 수 없을 만큼 크다. 이때 얻어지는 스트레칭 효과로 골반이 제대로 풀린 것이다. 그러니 일반 피트니스 센터(Fitness center)에서 운동을 하던 사람들도 함께 기합을 지르며 땀 흘려 타겟을 차고 나면 그 상쾌한 맛에 감탄을 한다.

또한, 개인주의와 무절제한 생활에서 해이해져 버린 심신을 절도 넘치는 단체수련으로 극복하고 절제된 생활태도를 기른다. 힘겨운 수련 끝에 받는 블랙벨트와 자신의 한계를 극복했다는 자신감은 태권도를 배우면서 얻게 되는 가장 큰 선물이 아닌가 싶다.

숨을 고르고 가다듬어 마음을 맑게 씻어내는 태권도 수련은 번잡한 일상에서 벗어나 갖는 짧은 휴식이다. 몸과 마음을 신선하게 재충전하는 움직이는 명상 수행이다. 땀 흘려 수련을 마치고 나면 새롭게 자신의 생활로 돌아갈 준비가 되어 진다. 나 또한 이런 맛에 사로잡혀 태권도 수련을 내 천직으로 여기며 살아가고 있기도 하다.

(좌선을 통한 마음 맑히기)

빌(Bill) 아저씨와 성인 태권도 수련의 이유

태권도의 성인 인구가 점점 줄어든다. 이유는 간단하다. 태권도가 성인들에게 힘들기 때문이다. 마음은 아직 청춘인데 태권도를 해보면 다리에서 힘이 빠지고 호흡이 가쁜 걸 느낀다. 젊었을 때 한창 날렸던 사람도 도장에 와보면 맘먹은 대로 되는 것이 없다. 게다가 발차기는 왠지 모르게 힘이 든다. 옆에서 뛰는 청소년들과 자꾸 비교된다. 나이 탓에 망가지는 몸을 보며 절망하게 된다. 결국, 골프나 치자며 체념하게 된다.

머리가 하얀 빌 아저씨는 변호사다. 내가 뭘 물으면 변호사답게 시원하고 알아듣기 쉽게 대답해 주었다. 배운 사람 티가 났다. 그런데 태권도 시간은 참 딱할 정도였다. 내가 본 태권도에 재능 없는 사람 중에 으뜸이었다. 품새는 돌다가 뭘 하는 줄을 까먹는다. 이상하게 태극 품새를 사 년 지나도록 다 못 외웠다. 몸까지 굳어 발차기나 동작이 정말 어정쩡했다. 3번 이상 연결해서 차는 이어지는 발차기는 하다가 다음 동작을 까먹는다. 후배들이 다 유단자가 되도록 빨간 띠 신세를 못 면하고 있었지만 성실함만은 여전했다.

그런 빌 아저씨가 4년 만에 드디어 보게 되는 승단 심사 일주일 전에 더는 못하겠다고 주저앉아 버렸다. 평소엔 항상 쾌활하게 웃으며 한 번도 힘들단 내색하지 않던 분이었는데 승단 심사를 앞두고 자기는 안 되겠다고 절망하고 있었다. 내게 너무 미안하지만, 도저히 더 이상은 못하겠단다. 심각했다. 이제까지 열심히 인내를 가지고 왔는데 예서 그만두면 다신 기회가 없을 것 같았다. 나도 같이 주저앉아 얘기를 끌어갔다.

우리 육체엔 생명 에너지인 기(氣)가 흐른다. 육체의 기의 흐름은 발끝에서 시작해서 머리끝으로 이동하는 것이 인간의 일생이라고 요약해 볼 수 있다. 갓난아이들의 기운은 발에 몰려 있다. 그래서 누워서도 자꾸 발을 버둥거리고 이불을 차낸다. 나중엔 안 가르쳐도 스스로 딛고 일어서려 한다. 그 기운이 다리로 몰리기 때문이다. 유아기 때는 다른 놀이가 필요 없다. 그저 뛰면 즐겁다. 어디든 뛰어다니려 한다. 다리에 넘치는 기운을 풀어주어야 살맛이 나기 때문이다.

청소년기, 청년기가 되면 기운이 더 위로 올라 하초(下焦)에 몰린다. 이성을 그리워하게 된다. 왕성한 생식 기운이 뻗어 넘친다. 장년기가 되면 이 기운이 가슴으로 오른다. 무엇인가 가슴 뜨거운 일에 인생을 걸고 싶어 한다. 마침내 노년에 이르면 기운이 머리로 떠올라간다. 몸은 기운이 빠져 모든 것이 힘들다. 하지만 머릿속은 온갖 추억과 망상으로 쉬지를 못한다. 잠은 줄어들고 생각은 끊임없이 돌아간다. 그리고 마침내 그 기운이 정수리 꼭대기의 백회를 통해 빠져나가면 몸은 폐기 처분되고 마는 것이다. 육체의 죽음이다.

이런 인간의 여정을 호흡으로 따져 본다면 단전부터 코끝까지가 일생이다. 갓난아이들은 복식호흡을 자연스레 한다. 호흡이 잔잔

하고 깊다. 여리고 약한 것 같지만, 하루가 다르게 자라나는 그 역동하는 생명력이 놀랍다. 그런데 나이가 들어가며 그 호흡이 점점 위로 떠서 흉식 호흡으로 변해간다. 폐에 의지해 가슴으로 숨을 쉰다. 호흡이 깊질 않다. 그래서 아이들은 아무리 뛰어도 괜찮은데 어른들은 뭘 조금만 해도 금 새 숨이 차고 힘들다. 더 나이가 들거나 신체가 병약한 상태가 되면 호흡이 어깨로 오른다. 숨을 쉴 때마다 어깨가 들썩인다. 더 나이가 들면 숨이 턱에 찬다. 호흡이 그만큼 올라갔기 때문이다. 죽음의 전조다. 헐떡이던 숨이 코끝에 이르면 일생은 끝이 난다.

그러니 빌 아저씨는 어디쯤인가 생각해 보라고 했다. 아마 장년기쯤일 것이다. 기운이 상체로 몰리고 다리에는 당연히 힘이 빠진다. 호흡도 위로 떠 점점 가빠지고 몸도 굳어진다. 이것은 자연의 순리이니 청년들처럼 발차기 못한다고 걱정할 것이 아니다. 찬찬히 조금씩 부지런히 해 나가다 보면 힘이 다시 다리로 내려가 움직임이 훨씬 나아지고 젊고 건강하게 사는 모습을 보게 될 것이라고 설명해 주었다. 또 육체의 건강은 척추로부터 온다. 몸을 받치는 기둥인 척추가 무너지면 온몸이 무너진다. 이 척추를 바르게 세우고 오래 건강하게 보존하기 위해선 하체의 단련이 필수이다. 뿌리 약한 나무가 버티고 설 수는 없는 것이다. 즉, 척추를 잘 보존하고 하체로 기운을 내리기 위해 하는 것이 발차기고 품새이지 송판이나 깨고 동작이나 외우자고 하는 일이 아니라고 했다.

호흡 또한 가쁠 것이다. 호흡이 가슴으로 떠 있기 때문이다. 호흡이 흐트러지면 천하장사도 맥을 못 추는 법이다. 그러니 호흡을 깊고 찬찬히 자꾸 단전으로 끌어내려야 건강하고 활기차고 젊게 살 수 있다. 숨이 턱에 차지 않을 만큼 따라 하고 숨이 흐트러지면 깊게 숨을 고른 후 다시 하시면 된다고 했다.

힘이 빠진 다리에 기운을 다시 돌려보내고 자꾸 위로 뜨려는 호흡을 내려 젊게 살자는 것이 성인들이 태권도를 수련하는 목적이다. 이것이 빌 아저씨가 해야 할 태권도 수련이지 청소년들처럼 그저 뛰고 부수는 게 목적이 아니다. 포기하지 않고 자기 페이스에 따라 꾸준히 훈련을 해 온 것이 빌 아저씨의 장점이다. 아직 한 주 남았으니 여유가 있다. 나와 같이 다시 해 보자며 일으켜 세웠다. 빌 아저씨가 고맙다며 다시 일어섰다. 덕분에 심사를 무사히 통과하고 당당하게 블랙벨트가 되었다. 기술로서는 열등생이지만 노력으로썬 우등생이었던 빌 아저씨는 블랙벨트를 매자마자 실력이 한층 좋아졌다.

성인들에게는 이런 식으로 설명해 주면 다들 금방 자신의 상태를 이해하고 좋아했다. 태권도는 나를 단련하고 가꾸어 가는 수련이다. 진정한 호신술은 세월 속에 녹슬지 않게 자신을 지켜가는 것이다. 성인들이야말로 태권도 수련이 필요한 존재들임을 인식시켜 주어야 한다.

우리 도장은 수업 마치기 5분 전에 좌선을 자주 시킨다. 들떠있던 마음과 호흡을 다스리기 위해서다. 전통 국악연주를 틀어 놓고 반가부좌를 하고 앉아 거칠어졌던 호흡을 가라앉히며 눈을 감고 마음을 편안히 내려놓고 좌선을 한다. 성인들이 무척 좋아하는 시간이다. 짧지만

깊은 평안을 느끼기 때문이다. 이젠 아이들도 제법 이 시간을 즐긴다. 몸을 지키고 싶으면 마음을 먼저 지켜야 한다.

끈기의 표본 제러드(Jerred)

사범으로 살다 보면 이런저런 특성을 가진 많은 수련생을 만나게 된다. 그중 어떤 이들은 흰 띠를 매자마자부터 태권도에 대단한 재능을 보인다. 무엇을 가르쳐도 척척 이다. 어떤 동작들은 몇 번 따라 해 보고도 사범인 내 수준을 넘어간다. 도대체 이런 이들은 왜 태권도 안 하고 딴짓을 하고 사나 의아스럽다. 반면에 어떤 이들은 정말이지 태권도에 대한 소양이라곤 눈곱만큼도 찾아볼 수가 없었다. 뭘 가르쳐도 힘들다. 잘 따라오지도 못하고 아무리 설명을 해주어도 잘 알아듣지 못한다. 함께 시작한 친구들보다 진도가 느려 번번이 심사를 놓쳐 점점 뒤처진다. 가르치는 내 속이 탄다.

하지만 일 년, 이 년, 삼 년이 지나고 블랙벨트를 따고 남는 사람들을 보면 의외였다. 몸 좋고 눈썰미도 좋아 이것저것 잘하던 팔방

미인들은 태권도 외에도 잘하는 것이 많아선지 여기저기 다니느라 사라지고 없고 맹꽁이 같던 수련생들이 남아 유단자가 된다. 태권도 말고는 할 줄 아는 것도 없고 다른 스포츠는 기웃거려봐야 누가 쳐다봐주지도 않기 때문이다. 어째 이런 맹꽁이들만 남나 싶어 한숨이 나오기도 했다. 그런데 가만 생각해 보니 눈썰미도 없고 배우는 것도 느리고 재능조차 없어 환영받지 못하던, 누가 봐도 모자라던 사람. 그게 바로 나였다. 그런 내가 태권도에 발을 들여 놓은 35년이 지난 오늘까지 남아 사범 노릇을 하고 있었다.

몸에 장애가 있는 사람들보다 진도가 느린 이들이 바로 지적장애가 있는 수련생들이었다. 나는 이들을 일반 수련시간에 똑같이 넣고 끌고 갔다. 자폐증에 아무 말도 못 하고, 말도 잘 못 알아듣는 수련생들도 있었다. 아무도 파트너가 되어주길 원하지 않기 때문에 주로는 혼자 세워놓고 따라 하게 하다가 상대가 필요할 땐 내가 파트너가 되어 주었다.

12살 저스틴(Justin)은 여자 동생이 수련하는 것을 보러 오다가 아버지의 간청으로 처음 받은 지적장애를 가진 수련생이었다. 거친 일을 하는 홀아버지와 생활하다 보니 아무래도 손이 제대로 가지 못하는지 도복도 깔끔하지 않았고 헝클어진 머리며 입가며 옷에 묻은 음식 자국이 보였다. 아내가 볼 때마다 데려다가 물수건으로 얼굴이나 손을 닦아주기도 했다.

처음엔 수업시간에 맨 뒤에서 벽을 향해 반쯤 비켜선 채 초점 없는 눈으로 나를 쳐다보았다. 진도가 나갈 리가 없었다. 일일이 가서 손발을 잡아주고 끌어주어야 간신히 내 손에 이끌려 몇 동작 하는 게 고작이었다. 처음엔 얼마나 손이 가고 신경이 쓰이는지 불편해서 힘이 들었었는데 하루 이틀 가다 보니 어느 순간엔가 그 아이의 존재가 조금씩 가볍게 느껴지기 시작했다. 혼자 따라 하다가 한참을 가만히 서 있기도 했지만 다른 이들을 불편하게 하지도 않았고 내가 가서 손발을 잡아주면 씩~ 웃는데 그 미소가 정말 해맑구나 하고 느꼈다.

어느 날 한번겨루기 동작들을 지도하고 있었다. 상대의 공격에 연속으로 막고 차고 꺾고 지르고 넘기는 6단계로 세분화된 동작들이었다. 지난 시간에 했던 동작들이었는데도 헷갈리는지 다들 잘 따라 하지 못했다. 그때 저 뒤에서 혼자 주절주절 엉성한 동작을 하고 있는 저스틴이 눈에 들어왔다. '설마?' 내 눈엔 저스틴이 동작들을 다 기억하고 따라 하는 것처럼 보였다. 저스틴을 앞으로 불러내었다. "저스틴, 네가 한번 해봐라!" 다들 '재가 뭘?' 하는 눈치였다. 내가 주먹을 지르자 저스틴이 피하면서 막고 차고 꺾고 지르고 다리 걸어 넘기고 다시 지르는 동작을 엉성하지만, 또박또박 해냈다. 그리곤 벽을 향해 돌아서서 혼자 씩~ 웃었다. '꽝!' 모든 사람의 머리에 망치가 떨어지는 소리가 들리는 듯 했다. 나 역시 그랬다.

그 뒤로도 이것저것 시켜보니 저스틴은 느리지만 하나하나 내가 하는 동작들을 그대로 따라 하고 있었다. 똑똑하다고 팔딱거리며 뛰는 아이들은 대충보고 제멋대로 따라 하곤 한다. 그런데 벽만 보고서 있는 줄 알았던 저스틴은 곁눈으로 수업시간 내내 나만 쳐다보고 있었던 것이다!

그 뒤로는 아무도 저스틴을 무시하지 못했다. 돌아가며 파트너로 저스틴과 세워주면 저스틴은 파트너의 동작들을 따라 했다. 줄을 서서 타겟을 찰 때도 앞사람만 쫓아다니며 엉성하긴 하지만 연결발차기들도 곧잘 따라 했다. 그렇게 저스틴은 다른 수련생들 속으로 녹아들기 시작했고 다 외우진 못해도 옆 사람 따라 품새도 하고 격파도 하면서 심사도 하나둘씩 통과하기 시작했다. 너무 방해가 되지 않았기 때문에 어떤 날은 도대체 저스틴이 수업에 왔다 갔는지 기억이 나질 않는 날도 있었다. 그래서 '오늘 저스틴 왔었냐?' 고 묻는 날이 많아졌다. 그만큼 손이 가지 않았고 눈에 띄지 않게 다른 수련생들 틈에 섞여들고 있었다.

미국서는 18세부터는 성년으로 구분되기 때문에 결혼도 부모 허락 없이 할 수 있다. 부모에게서 독립해 혼자 돈도 벌고 아파트도 구해 친구들끼리 자취를 시작한다. 그러니 남자가 성년이 되어서도 부모와 같이 산다면 좀 모자란 사람 취급을 받게 된다. 여자들이 가장 선호하지 않는 비호감 남자친구 대상 1순위다.

제러드(Jerred)가 엄마 손에 이끌려 도장에 처음 왔을 때 그는 이미 턱수염이 가득한 19세 청년이었다. 덩치가 나보다 훨씬 컸다. 지적장애를 가지고 있어서 운전면허가 발급이 안 돼 엄마가 어디든 데리고 다녀야 했다. 자폐증이라 남과는 말도 한마디 안 섞고 눈길 한 번 안 마주쳤다. 아무런 운동을 해 본 적도 없었다. 팔굽혀 펴기를 해보라고 시켰더니 엎드려 뻗힌 자세로 부들부들 떨다가 몇 초 견디지 못하고 쓰러졌다. 자기 몸을 제대로 가누지도 못했다. 덩치는 산만한데 손을 잡아 보니 풍선인가 싶을 정도로 살이 무르고 힘도 약했다. 몸의 굳기와 체력 정도를 따진다면 80대 할아버지보다 나을 것이 하나도 없었다. 어쨌든 꼬마들이 바글거리는 수업시간에 흰 띠를 매고 섰다. 물론 기합은 아예 기대도 안 했다. 발차기 몇 번 주먹지르기 몇 번이면 사색이 되어 숨도 못 쉬기 일 수고 몸을 제대로 못 가누어 낙법 구르기를 하면 위험천만해서 시킬 수가 없었다. 어쩔 수 없이 대부분 내가 상대를 해 주었다. 혼자 하다 다칠까 봐 걱정이 되어서였다.

그런 제러드가 남보다 딱 하나 잘해서 받는 상이 있었다. 개근상(皆勤賞). 어차피 자기가 운전을 못 하니 부모나 할머니 할아버지가 데려오는 대로 따라올 수밖에 없긴 하지만 일 년 내내 수업 빠지는 날 한 번 찾기가 어려웠다. 별로 배우는 것도 없고 해서 오래 다니지 않겠지 싶었는데 올해까지 8년째 개근하며 도장을 다니고 있다.

처음엔 아무것도 못 알아들어서 진도가 나가질 않았었다. 나이도 있는데 꼬맹이들 속에서 계속 낮은 벨트만 매게 할 수도 없고 해서 몇 달에 한 번씩 억지로라도 심사를 보게 했다. 개인지도에 나머지 공부까지 시켜가며 가르쳤는데 여간 힘든 일이 아니었다. 내가 기다리다 못해 대충만 옆 사람만 따라 해도 벨트를 주었다. 그렇게 억지로 빨간 띠까지 끌고 갔다.

드디어 블랙벨트 테스트, 우리 도장에선 이것저것 많은 기술을 외우고 쓸 줄 알아야 승단심사를 볼 수 있다. 그러니 블랙벨트 테스트 명단에 이름만 올렸다가 떨어지길 몇 번을 했다. 어떤 때는 하도 답답해서 제러드의 사정을 알면서도 야단을 쳤다. 그래도 제러드는 인상을 찡그리거나 싫은 내색 한 번 안 했다. 그가 내뱉는 유일한 단어는 "Yes, sir!" 한마디였다. 그러니 야단치고 나서 도리어 내가 무안해 맘이 상했다.

그런 제러드가 4년 반 만에 드디어 어렵게 블랙벨트 심사를 통과해 지금은 1단이다. 힘이 어찌나 좋아졌는지 두꺼운 몸통 타겟을 두 개씩 겹쳐 잡고 맞아도 아플 지경이다. 상대방 안 다치게 살살 차라고 볼 때마다 주의를 주어야 할 형편이다. 기합이 우렁차기 때문에 수업시간마다 다른 블랙벨트들한테 '제발 제러드처럼 기합 좀 넣어라.'고 핀잔을 준다. 한번겨루기 호신술 등 좀 복잡한 동작들을 블랙벨트들이니까 한 번 보면 따라 하겠거니 싶어 한 번 보여주고 자기들끼리 해보라면 헤맬 때가 많다. 그럴 땐 제러드를 불러낸다. 내 리드를 따라 복잡한 동작들을 착착 선보인다. 그러고 나면 나머지 블랙벨트들의 코가 쏙 들어간다.

요즘은 40개의 연결동작으로 이루어진 파트너와 주고받는 봉술겨루기를 배웠다. 한 동작이라도 틀리면 상대의 봉에 맞을 수도 있다. 다들 이 동작들을 외우느라 정신이 없다. 한 달을 배웠는데 아직도 다 못 외운 녀석들이 있다. 그런데 제러드는 이 동작들을 다 외웠다. 도리어 똑똑한 녀석들이 너무 동작이 어렵다느니 많다느니 변명을 해대는데 '복잡하긴 뭐가 복잡해? 너희들이 집중을 안 해서 그렇지!' 하고 제러드를 불러내어 나와 봉을 탁탁 맞부딪히며 시범을 보인다. 그러고 나면 다들 할 말이 없다. 제러드는 수업시간 내내 딴 짓을 하지 않는다. 내가 뭘 하건 나만 쳐다본다. 그래서 그렇다. 제일 모범적인 수련생 중 하나다. 난 한 번도 제러드를 특별히 대해주어야 한다고 다른 수련생들에게 요구한 적이 없다. 나 또한 제러드를 특별하게 대해주지도 않는다. 그냥 평범하게 남들과 섞여 살길 원할 뿐이다.

이젠 제러드가 다른 이들에게 인사도 먼저 잘하고 말도 잘 건다. 자폐증이라더니 도장에선 남들이 하는 말에 곧잘 끼기도 한다. 혼자 있는 시간이 많아 책을 많이 본다는데 딱딱하고 재미없는 히스토리(History) 책들을 주로 본단다. 어떨 땐 수업 끝나고 사람들이 죽 있는 데서 나나 아내에게 냉전 시대부터 현대의 남북 정치현안까지 죽 늘어놓는데 다들 그 얘기를 듣고는 턱이 툭 떨어졌다. 물론 지금 서 있는 자리에 전혀 맞지 않는 주제라는 것이 문제이긴 하지만 다들 '아니, 사범님과 저런 대화를 할 정도인가?' 싶은 눈치다. 너무 길게 나가면 주책 맞게 보일까 봐 내가 말을 끊어 준다. '제러드, 정치, 역사 얘긴 그만하자. 요즘 누가 그런 진지한 얘기 좋아하냐?' 그러고 아내에게 '제러드, 쟤 혹시 천재아냐?'하고 묻는다. 더스틴 호프만 주연의 고전 영화 '레인맨(Rain man)'에 나오는 그런 자폐증 천재가 아닌가 싶을 때가 있다.

제러드는 월마트에서 밤에만 일한다. 밤새 새로운 물건을 선반에 채워 넣는 일을 한다. 도장에 올 때마다 땀에 푹 젖어 가기 때문에 집에 가서 샤워를 하고 바로 일을 나간다. 물론 운전은 아직까지 가족들이 돌아가며 해준다. 청년 실업자들이 미국에도 가득 넘쳐나고 사지육신 멀쩡한 이들도 일자리가 없어 죽지 못해 살고 있다. 하지만 제러드는 자기 직업을 가지고 자기 수업료를 자기가 벌어 내는 당당한 직업인이다. 게다가 평범한 사람들도 하기 어렵다는 블랙벨트다. 올해는 제러드에게 2단 심사를 보게 할 작정이다. 수 백 명의 심사자들과 가족들이 보는 앞에서 10명의 심사관 앞에서 보는 공개 심사다. 품새를 다시 외우는데 좀 주력을 해야겠다는 것 빼고는 발차기, 격파 등 그 밖의 심사 과목들엔 문제 될 것이 별로 없다. 27살 청년 제러드는 은근과 끈기, 노력과 성취의 가장 좋은 롤 모델이 되었다.

홍수가 쓸고 간 도장, 찾아온 천사들

장마가 한창이던 2010년의 어느 여름 월요일, 아침 일찍 전화 한 통을 받았다. '도장에 홍수가 났다'는 것이었다. '홍수?' 그땐 그 말의 뜻을 잘 못 알아들었었다. 도장 뒤로 조그만 개울이 흐르긴 했지만, 그걸로 홍수가 날 만한 일은 아니라고 생각했기 때문이다. 전화를 받고 별일이야 있겠나 싶어 TV를 틀어 보았더니 TV에서 집중 침수지역으로 보여주는 곳이 낯이 익었다. '설마? 저기가?' 도장 앞 차를 세워두던 큰 주차장엔 보트를 탄 사람들이 오가고 있었다. 개울의 상류에 큰 둑이 설치되어 있었는데 100년 만에 내린 집중호우로 터져 버렸다고 했다. 그제야 서둘러 도장에 달려가 보니 '도장'은 '수영장'이 되어 버린 후였다.

물이 빠지고 들어가 본 도장은 삭막하기 그지없었다. 매트 바닥이며 벽이 온통 진흙투성이였고 훈련 장비들은 다 물에 젖어 쓸 수가 없었다. 우두커니 서서 도장을 바라보았다. 어디부터 뭘 손대야 할지 감이 잡히질 않았다. 몇 년을 매일매일 못질, 망치질을 해서 고쳐 이제는 쓸 만한 건물이 되었는데 그게 다 수포로 돌아갔다. 그렇게 서 있는 내 뒤로 하나둘씩 수련생 가족들이 모여들었다. 수해복구를 도우러 왔다는 것이다. 뭘 어떻게 해야 하느냐고 묻는데 나로서는 수해를 당해본 적이 없던 터라 아무런 아이디어가 없었다.

한 수련생이 매트는 물로 씻어내고 소독하면 다시 쓸 수 있지 않겠느냐고 했다. 그래 매트만이라도 건지자 싶어 매트를 들어냈더니 그 밑에 깔려있던 카펫들에 썩은 냄새가 진동했다. 퍼즐매트가 300장이 깔리는 넓이의 도장바닥의 카펫을 다 뜯어냈다. 접착제로 붙여 놓은 지 수십 년이 된 터라 떼어내기가 여간 힘든 것이 아니었다. 간신히 떼어내고 나니 덕지덕지 붙은 접착제들을 무릎 꿇고 앉아 끌칼로 다 떼어내야 했다. 그리곤 매트와 바닥 그리고 벽을 물로 몇 번씩 씻어내고 다시 소독제를 뿌린 후 수세미로 일일이 닦아내었다. 며칠에 거쳐 매트는 밖에다 새워 말리고 도장 바닥이며 벽은 진공청소기로 물을 빨아내었다. 그리고 다시 대형 선풍기를 돌려 말려 내었다. 이런 과정을 거치는데 수련생들이 자발적으로 나서 도와주었다. 특히 몇몇 성인 수련생들은 아예 직장에 결근을 신청하고는 사나흘씩 와서 도와주었다. 필요한 도구들도 각각 집에서 챙겨왔고 없는 것들은 자기들 돈 내고 사오기도 했다. 나야 돈 받고 태권도를 가르친 것뿐인데 이들은 정말 나를 가족으로 여기고 있었구나 하는 생각이 들자 눈물이 왈칵 앞을 가렸다. 저녁이 되면 손을 씻고 가는 이들의 손을 붙잡고 고맙다고 연거푸 인사를 하지만 내 마음을 다 전하기엔 역부족이었다.

나를 돕자고 온 사람들에게 내가 맥 빠지고 게으른 모습을 보여선 안 되겠다 싶어 그들보다 배로 열심히 일했다. 무거운 것 하나라도 내가 더 나르려고 노력했다. 그 밖에 내가 해줄 수 있는 것이라곤 간식으로 피자와 음료수를 사 날라주는 일밖에 없었다. 제대로 된 식사도 아닌 것을 고맙다며 한입씩 베어 물곤 궂은일을 마다치 않는 수련생들을 보니 하늘이 내게 보내주신 날개 없는 천사구나 싶었다.

수련생들 덕분에 일주일 만에 제 모습이 돌아왔고 다시 수업을 시작할 수 있었다. 그런데 소독을 하고 말리긴 했지만 이미 습기에 찌든 벽에서 곰팡이들이 마구 피어나기 시작했다. 그 퀴퀴한 냄새에 숨쉬기가 어려워졌다. 할 수 없이 부랴부랴 이전할 새로운 장소를 물색하다가 일 마일 쯤 떨어진 곳에 있던 오래된 건물로 이전을 결정했다. 낡아서 도저히 그대로는 도장으로 쓸 수 있을 것 같지가 않았다. 하지만 나에겐 선택의 여지가 없었다. 한 달을 기한으로 두고 찬바람이 불기 전 도장을 이전할 맘을 먹었다.

건물 수리비와 인건비를 줄이기 위해 혼자 아침 일찍 나가 망치질, 톱질, 못질, 페인트칠 등 온갖 일을 하다가 수업시간 맞추어 가서 태권도를 가르치고 끝나면 다시 돌아가 새벽까지 수리를 했다. 처음에 그곳으로 도장을 이전한다니 수련생들이 먼저 보고 와서는 과연 이런 버려진 창고 같은 건물에 도장이 될까 하는 눈치였다. 하지만 정확히 한 달 후 도장 안팎으로 페인트칠을 끝내자 그럭저럭 쓸 만한 곳이 되었다. 물론 크기는 홍수가 났던 도장의 반밖에 안 되었지만 아기자기한 맛에 쓸 수 있겠다 싶었다. 수련생들도 한 달 만에 다 무너져가던 창고가 뚝딱 밝고 따뜻한 공간으로 바뀌자 놀랐다. '사범님 혼자서 이 일을 다 한 거냐? 이런 일 할 줄 아느냐?'고 물었다. 내가 할 줄 아는 재주가 있어서는 아니었다. 다만 어떤 문제고 노력을 하다 보면 하나씩 풀려가게 마련이고 계속 노력을 하면 어느 정도의 시간이 흘러 그 진척된 모습을 볼 수 있다는 믿음이 경험에서 생긴 것뿐이었다. 매번 서툰 목수 일을 해가며 도장을 열다 보니 내가 사범인지 건물 관리인인지 구분이 안 가긴 했지만 그래도 누구의 도움만을 바라고 주저앉지만은 않았다는 게 스스로 대견스럽기도 했다.

뒤늦게 한 한인교회에서 내가 홍수를 당했음을 알고 감사하게도 수재의연금을 모아 보내 주셨었다. 하지만 이미 난 수련생들의 도움으로 어려움을 넘긴 터였기에 그 돈은 필요가 없었다. 그래서 교회를 방문해 감사 인사를 드리고 염려해주신 마음과 정성은 고맙게 받을 테니 돈은 나 말고 필요한 분들께 사용해 주길 바란다며 감사헌금을 붙여 돌려 드리고 왔다.

난 빚지고 사는 것을 싫어한다. 그래서 얼마 벌지 못하는 돈을 아껴 내가 내야 할 공과금과 집세, 자동차 할부 등을 최우선으로 갚는다. 그러다 보니 오막살이집 대출도 다 갚고 자동차 할부도 끝난 지 오래다. 벌어 놓은 돈은 하나도 없지만, 대신에 빚도 제로(0)다. 내가 벌지 않은 돈은 쓰지도 않겠다는 신념 때문에 지금도 크레딧 카드 하나 없이 산다. 크레딧이란 더 많은 빚을 낼 수 있는 자격 같은 것 아닌가? 크레딧이 좋으니 더 많은 빚을 지고 그걸 갚고자 전전긍긍하는 것이 신용사회라면 난 절대 따라가지 않겠다고 마음먹었다. 어려울 때 쉽게 돌려 쓴 크레딧 카드빚 때문에 큰 고생을 하는 사람들을 보았기 때문이다.

작고 낡았지만, 편안히 쉴 집과 그럭저럭 잘 굴러가는 차도 있으니 크게 돈 들일이 없다. 덕분에 2008년 미국에 경제 한파가 덮쳐 도장들이 줄줄이 문을 닫고 사업을 하던 사람들이 쓰러져 나가던 시절 나 역시 견디기 어렵긴 했지만, 빚 없던 관계로 그럭저럭 견뎌내었다.

돈은 오늘을 살 필요한 만큼 벌면 만족한다. 다가올 미래와 고난을 생각해 과도히 아끼고 쌓아두려고도 않는다. 내 삶이 얼마나 남았는지는 아무도 모르기 때문이다. 돈이 모든 근심과 염려를 사라지게 해줄 수 있다고 믿지도 않는다. 더 많은 돈은 더불어 더 많은 근심도 가져오기 때문이다.

어쨌든 물질적이던 정신적이든 빚을 지면 어떻게든 갚으려 노력한다. 간간히 삶의 모퉁이마다 한 번씩 딴죽을 걸며 달려드는 고난이 있긴 하지만 그때마다 내가 배운 것은 이런 고난을 이겨내는 힘의 원천은 돈보다 주위에서 가족처럼 도와주는 고마운 사람들이라는 것이다.

홍수를 당했고 황망하기만 했던 내게 진정한 힘이 되어주고 도움이 되어준 우리 도장 가족들에겐 평생 갚지 못할 빚을 지었다. 자신의 삶을 쪼개어 나누어준 그분들의 사랑을 태권도로 되갚아 주며 살고 싶다.

마스터(Master), 그 이름의 명예

어려서 읽던 전기 속의 위인들처럼 호를 하나 갖고 싶었다. 율곡 이이, 퇴계 이황 그렇게 말이다. 뭔가 뜻 깊고 멋진 나만의 이름을 갖고 싶었던 것이다. 그런데 지금에 와선 그런 생각이 없어졌다. 왜냐하면, 난 이미 호가 있기 때문이다. 내 호는 사범(師範)이다.

주위 사람들 중에 내 이름을 아는 사람은 드물다. 항상 이 사범 혹은 Master Lee로 불려 왔고 나도 그게 편했다. 나를 특정 지어 부르는 이름 아닌가. 게다가 사범이라는 말은 언제나 들어도 신선하고 분에 넘치는 호칭이다. 평생 명찰처럼 붙이고 다니며 불리 울 이름. 사범 이 정규. 난 그 이름이 너무 만족스럽다. 단지 이젠 그 이름값을 해야 된다는 부담만이 있을 뿐이다. 지나온 세월만큼 수련이 깊질 못하기 때문이다.

세월에 녹슬지 않고 가치를 더해 가는 무인(武人). 이것이 내가 꿈꾸며 살아가는 사범의 모습이며 곧 미국인들이 상상하며 기대하는 사범의 모습인 것이다. 태권도를 통해 몸을 다스리고 삶을 다스려 가는 모습을 보여주어야 한다. 비단 기예뿐만 아니다. 정신적으로도 성숙한 인격과 덕망, 지혜를 갖춰야 한다. 사범을 존경하게 되다 보면 인생에 대해, 삶에 대해 많은 것을 듣고 묻고 싶어 한다. 그러니 태권도 학과에선 교양필수과목으로 사상을 가르쳐야 한다고 생각한다. 그중에서도 뛰어난 한국의 전통사상들을 찾아 가르칠 때 한국적인 태권도 사범들이 배출될 것이고 이런 혜택은 수련생들이 누리게 될 것이다. 미국에 와 보니 정작 한국을 잘 모르고 살았구나 하는 생각이 들었다. 한국이 얼마나 오늘날의 인류에 도움이 될 만한 훌륭한 문화, 역사, 사상, 기술, 지식으로 가득 찬 나라인지 정작 한국에 살면서 몰랐던 것이다. 그래서 미국에 와서 뒤늦게나마 한국을 배우려고 노력하게 되었다.

태권도 기술만으로 경쟁하기엔 미국이란 사회가 만만치 않다. 체력은 말할 것도 없고 기술도 더 이상 딸리지 않는다. 더욱이 우리가 미국에서 겨루어야 할 상대는 같은 태권도 사범이 아닌 별의별 무술 실력을 다 갖춘 전 세계 무술인들이다. 더욱이 비즈니스 센스에 강한 미국 사범들과 겨루려면 그들이 갖지 못한 향취를 지닌 존재가 되어야 한다. 최고가 되려 하지 말고 유일한 존재가 되어야 한다. 만나기 힘든 특별한 사람이 되어야 한다. 가장 한국적일 때 가장 경쟁력이 있다. 그러니 한국적 색채와 향취가 진하게 묻어나는 사범이 되어야 한다.

해외 태권도 사범 우리는 누구인가?

태권도 경기장에서 수많은 미국인과 함께 가슴에 손을 얹고 태극기를 향해 반주도 없는 애국가를 부르다 보면 울컥 뜻 모를 설움과 내 사랑 대한민국이 가슴에 사무친다. 우린 태권도 사범들이다. 우리는 단순히 무도를 가르치는 지도자임을 떠나 한국의 얼을 세계에 심는 당당한 외교관들이다. 오늘날 전 세계에 뿌리내린 태권도는 한국에서 헌신하시는 사범님들과 고국을 떠나 먼 나라에서 씨앗처럼 피땀 흘려 한국을 심은 사범님들의 합작품이다.

낯설고 물 설은 남의 나라에 정착하기까지 그 과정이 쉽지 않았음은 누구나 공감하는 바이다. 이젠 웃으며 이야기하는 추억이 되었지만, 다시 돌아가야 한다면 고개를 가로저을 일이다. 멀지 않은 곳에 국제사범 1호로 70년대 초에 도미하신 서 영선관장님이 계신다. 인자하신 인품 덕에 친구와 제자가 많으신 분이시다. 70세를 훌쩍 넘기신 연세에도 매일 도복을 입으시고 손수 제자들을 가르치신다. 나와 아내는 시간이 나면 도시락까지 싸들고 찾아가 태권도에 대한 지난 경험 이야기를 듣는 것을 좋아했다. 관장님도 그런 우리 부부에게 감칠 맛 나는 옛날이야기를 들려주시는 것을 좋아하셨다.

미국 정착 초기 다른 것을 시킬 줄 몰라 핫도그로만 끼니를 때웠다고 하셨다. 하도 먹어서 모래알 같이 씹히는 핫도그를 씹고 또 씹으면서도 당당히 태권도를 가르치셨다고 했다. 쉬는 날이면 차를 몰고 멀리 강변에 나가 코펠에 끓인 된장국을 떠먹으며 고향 산천에 대한 그리움을 달랬다던 이야기는 나로 하여금 가슴 아픈 감상을 일으키게 한다. 나도 조금은 맛본 일이기 때문인지도 모르겠다.

만만히 보고 왔던 미국이었는데 와 보니 사정이 그게 아니었다고 하셨다. 워낙에 차이 나는 신장의 열세와 덩치에서 오는 막강한 파워를 이겨내기 위해 도리어 새벽과 밤으로 비 오듯 땀 흘리며 남모르게 훈련을 해야 했었다고 하셨다. 50갤론(10바스켓)의 땀을 흘려야 비로소 블랙벨트라는 구호로 거구의 제자들에게 불호령을 내리며 함께 뛰셨다고 한다. 미국에 태권도를 닦아 놓으신 선배 관장님들의 실력의 근원은 수백만 번에 이르는 반복과 단련이었다. 이것이야말로 근육질의 거구들이 하루아침에 따라올 수 없는 신비의 영역이었던 것이다. 이분들이 보여주신 칼바람 소리를 내며 허공을 가르는 예리하게 맺고 끊는 동작들. 체격과 상관없이 누구의 도전이던 OK!를 외치던 당당함. 이것들이 오늘의 미국 태권도를 있게 한 밑거름이었다.

삶으로 보여주는 지도자

노스캐롤라이나 주에 형님 같은 관장님이 계신다. 꼼꼼하시고 부지런하시기로 유명한 분이시다. 새벽이면 아예 도장으로 출근을 해 샤워를 하시고 하루를 시작하신다. 집에 돌아가시는 건 모두가 잠든 늦은 밤. 국내외 여러 세미나에서 명품강연으로 유명하신 분이시지만 정작 내가 그 분을 존경하게 된 것은 그 분의 사소한 행동들 때문이었다.

내가 처음 뵈러 갔을 땐 그 분은 볼 품 없는 소형 트럭을 타고 나타나셨다. 검소한 생활과 겸손이 몸에 배신 것이다. 함께 점심식사를 마치고 대화를 나누며 돌아오는 길이었다. 도장 이웃 건물을 지나는데 그 건물 앞길에 차에 밟혀 터진 음료수 컵이 달라붙어 있었다. 끈적끈적한 액체에 까맣게 먼지까지 뒤덮여 무척 더러웠다. 그런데 대화를 나누시다 말고 허리를 굽혀 주우시는 것이 아닌가. 깜짝 놀라 제가 치우겠다고 했더니 괜찮다며 아무렇지도 않게 계속 대화를 이어가시면서 멀찍이 쓰레기통까지 찾아가서 버리고 오셨다. 평소 이런 행동이 몸에 배신 듯 했다. 이웃의 쓰레기까지 지나다가 치워 주시다니? 어쩌다 방문한 내가 볼 정도니 이웃들이 이런 장면을 못 보았을 리가 없을 것이다. 그리고 나이로 보나 경륜으로 보나 대선배이신데도 나를 대해주실 땐 그저 동생같이 편안하게 대해주실 뿐 권위주의라곤 찾아 볼 수가 없었다. 혹여 내게 도움이 될 만한 것은 없나 살펴 주시면서도 '이렇게 해라. 저렇게 해라. 그래야 성공한다.'는 식의 권위적인 훈수를 두시지도 않았다. 내 삶의 방식과 도장운영 스타일을 그대로 존중해 주셨다. 내가 그분을 뵙고 놀란 것은 이런 사소한 것들이었다. 그 분은 노스캐롤라이나 수도인 랠리에서 그 분의 날을 정식으로 선포해 줄 정도로 지역사회에 대한 봉사로 신망이 두터우셨다. 남들 보는 앞에서 좋은 말은 누구나 할 수 있다. 큰돈으로 폼 나게 기부도 할 수 있다. 하지만 남들이 보지 않는 곳에서도 묵묵히 삶으로, 실천으로 보여주는 지도자. 사소한 언행마저도 세심한 배려를 기울이는 지도자. 그것이야말로 가장 힘들고도 어려운 일임에 틀림없을 것이다.

세상을 향해 깔린 인프라

미국에 사는 한인들은 서로의 애경사를 챙겨가며 시간만 나면 함께 어울려 식사도 하고 친목을 나누기를 좋아하는 정이 깊은 사람들이다. 그러다 보니 어떨 땐 미국 속의 한국을 만들고 그 안에 안주하려는 느낌이 들기도 한다. 미국인 친구 하나 없이 살기도 한다. 사업상 만나는 관계는 있어도 개인적으로 미국인 친구를 두고 서로 오가며 살아가는 한인 1세들은 많지 않다. 미국에 왔다고 다 미국을 사는 것은 아닌 것이다. 대부분의 큰 도시엔 한인 타운이 형성되고 한인들끼리 비즈니스 매매, 주택매매, 보험, 법률, 식료품 구입, 자동차 구입 등 모든 활동이 그 안에서 이루어지기 때문에 영어 못해도 사는 데 전혀 지장이 없으니 한인들로 형성된 섬을 만들고 그 섬 안에 안주하기도 한다.

한인들의 사업형태도 한인 타운에서 한인들을 대상으로 하는 경우가 많다. 이를 제외하고 미국 고객들을 상대하는 직종들은 사실 그리 좋은 직종들이 아니다. 아직도 많은 한인이 흑인 촌이라 불리는 빈민가에서 식료품점을 운영하거나 가발이나 헤어제품을 파는 상점을 많이 한다. 그 밖에는 세탁소, 주류 판매, 구두수선, 옷 수선, 청소용역, 샌드위치 가게, 튀김가게 등을 주로 운영한다. 미국인들을 대상으로 비즈니스를 하지만 미국인들과 개인적인 친분이나 사회적인 커넥션을 갖고 있지 못한 경우가 많다. 그나마 높은 교육수준을 갖춘 한인 변호사이나 의사들 역시 한인 타운 인근에서 한인들을 주 고객층으로 움직이는 이들이 많다. 주류 사회에 진출했다는 것은 미국인들과 섞여 살며 당당히 어깨를 나란히 하며 살아간다는 이야기다. 그러니 한인 1세들 중 미국 주류(主流)사회에 진출했다고 볼 수 있는 사람들은 많지가 않다.

그러면 우리 태권도 사범들은 어떤가? 태권도 사범들이야말로 한인들 중 제일 미국사회에 깊이 뿌리를 내린 사람들이 아닌가 싶다. 한인들 중 미국 사람들에게 깊이 허리 숙인 인사를 받으며 사는 사람들이 얼마나 될까? 정답은 '거의 없다.'이다.

가끔 도장을 찾아오는 한인들은 그런 우리의 당당함을 보고 놀라기도 한다. 당당히 태극기를 걸어 놓고 사업을 하며 매 수업 전후에 미국인들이 태극기에 경의를 표한다. 한국말 구령에 한국 예법을 가르치고 큰 절을 받기도 한다. 수련생들의 도복이나 벨트에 한글로 이름을 써주면 더없이 좋아한다. 승단심사를 보고 나면 한글로 몸에 '유단자' 혹은 '태권도' 등의 문신을 새기는 이들도 있다. 그것도 사범님 친필로 말이다!

미국인들과 개인적인 친분도 스스럼없이 가진다. 함께 골프를 치거나 여가를 즐기고 여행을 가기도 하며 서로의 집으로 초대해 음식을 나누기도 한다. 애경사를 함께 챙기고 정신적인 동반자 내지 스승으로 살아간다. 게다가 지역사회에 참여도가 높고 학생들이 바르게 살도록 심신 수양과 인격수양에 힘을 쓰기 때문에 보통은 '교육자'로 통한다. 그러니 미국에서 태권도 사범이야말로 미국 주류 사회에 진출해서 남 눈치 안 보고 당당히 살아가는 최고의 직업이 아니겠는가.

이들은 미국에 깔린 대한민국 인적자원이다. 미국 속 깊숙이 활동하는 거미줄처럼 잘 짜여 진 망(網)을 가진 알찬 인프라다. 태권도 사범들과 연계하여 정치, 경제, 문화, 외교 등 각 분야에서 큰 혜택을 보았던 예는 수도 없이 많다. 미국 속에 한국을 심고 건설하기 위해선 이 인프라와 인적자원들을 정부와 민간 차원에서 적극 활용해야 할 것이다. 태권도 사범 우리는 죽어도 살아도 대한민국을 잊지 않는 가장 자랑스러운 한국인들이기 때문이다.

징검다리 개척자(pathfinder)

철없던 내가 미국이라는 사회에 발을 들여놓고 좌충우돌 달려온 17년. 변변치도 못한 삶에 크고 작은 일들을 겪어왔다. 난 싸워서 이겨야만 살아남는 곳이 미국이라고 생각했다. 그러다 보니 많지도 않은 나이에 골병만 여기저기 들고 말았다. 자격지심에 객기를 부리다 얻은 상처들이었고 스스로를 낮추지 못해 겪었던 일들이다. 부딪힐 적을 만들지 않는 것이 최상의 호신술이고 미소와 사랑으로 다가가 친구가 되어주는 것이 바로 진정한 호신술임을 뒤늦게 깨달은 것이다.

처음 미국에 정착하려 했을 땐 별별 거치는 것이 많았고 사건, 사고도 많았었는데 지금은 대충 사람들 틈에 섞여 사는 일에 익숙해지다 보니 조용한 날들이 이어지고 있다. 삶이 평온해졌지만, 그것이 꼭 좋은 일만은 아닌 것 같다. 요즘은 세상에서 내가 지워진 것 같은 느낌이 든다. 뚜렷하게 이루어 놓은 일이 없기 때문인 것 같다.

17년이란 시간을 미국에서 별 볼일 없이 소모하고 있는 동안 대한민국은 어마어마한 고난과 도전의 파도들을 꿋꿋이 헤쳐 나오며 깊은 내공을 갖추어 왔다. 난 내 조국 대한민국이 자랑스럽다. 치열한 경쟁 속에서 온 국민이 세계 어느 민족, 어느 백성이 따라오기 힘든 높은 배움과 지식을 갖춘, 정말이지 이 시대 최고의 인재 보고(寶庫)이기 때문이다.

그런 뛰어난 인재들이 좁은 공간에서 과도한 경쟁으로 그 체력과 지력을 소모하고 있는 것은 인류 차원에서 막대한 손실이라고 생각한다. 그러니 할 수만 있다면 이들이 세계로 뻗어 나와 새로운 세상을 열어 줄 키(Key)가 되어 주고 인류의 지도자가 되어 주어야 한다.

한국을 떠나면서 친구들에게 농담처럼 한 말이 있었다. '나 없는 한국, 조금이라도 더 넓어진 한국에서 살아봐라!' 나 하나 떠나 주면 그만한 공간이 더 생길 것이고 경쟁은 하나 줄 것이 아닌가. 넓은 세상에 나가 한국을 알리고 앞으로 뛰어나올 후배들을 위해 길을 개척을 하는 것이 내 임무 중 하나라 생각했다. 크게 뗀 걸음은 못 되지만 나를 징검다리 삼아 후배들이 세상 더 멀리, 더 구석까지 진출할 수 있다면 내 한 몫은 한 셈이 아니겠는가.

5장.
굼벵이네 사랑방

5장.

굼벵이네 사랑방

오래 전에 좀 사는 집이라면 사랑방이 있어 그 곳에서 주인장은 과객을 맞으며 오가는 이야기들을 듣거나 자신이 체험하지 못한 세상사에 대한 부족한 지식을 채워가기도 했다. 먼 미국에, 그것도 이름 없는 시골에 사는 내게도 나와 같이 무예의 길을 걷는 분들이 간간히 다녀가시곤 했다. 그럴 때면 한 잔의 차와 더불어 밤이 맞도록 마음을 열고 이야기를 나누곤 했는데 그 이야기들 중 무겁지 않던 주제들을 골라 여기에 옮겨 본다.

하드웨어(Hardware)뿐인 컴퓨터?

〈태권도의 과학〉이란 책이 출판된 지 일주일이 지났다. 아직 잉크도 마르지 않은 책이련만 여기저기서 관심을 가지고 봐 주신 분들께서 정말이지 과분한 격려를 보내 주셨다. 대단한 수준을 갖추어서가 아니라 아마 읽기 쉽게 쓴 덕에 그런가 보다. 제목부터가 딱딱하고 재미없을 책을 끄적거린 데는 나름의 이유가 있었다.

내가 한국에서 태권도를 배울 땐 질문이란 것을 해 본 적이 없었다. 그저 죽도록 차라면 차고 지르라면 질렀다. 무서운 코치님의 지시에 따라가질 못할 때는 정신이 번쩍 날 정도로 엉덩이 찜질을 당하고 나면 언제 그랬냐는 듯이 말을 척척 알아들었다. 그런 내가 미국에 와서 '태권도'란 말조차도 듣도 보도 못한 어린 수련생들을 모아 놓고 'Tae Kwon Do'를 가르쳤다. '발바닥에 연기 나게 뛰어! 빨리 차! 세게 차!' 한국물이 푹 들어 있었던 나로서는 이 단순한 지시조차 따라오지 못하는 수련생들을 이해할 수가 없었다. 얘들이 안 맞아 봐서 그런가 보다 하고 죽도로 한 대씩 딱! 딱! 하고 패주기도 했다. 눈이 휘둥그레지는 부모들을 뒤로 한 채. 워낙에 무식하고 당당했던 태도 때문이었는지 아무도 뭐라 하지 않았다. 지금 생각하면....... '미쳤지!' 미국서 이건 심각한 아동학대에 해당한다. 어쩌다가 손이라도 들고 못하겠다고 하면 '이런 건방진, 하라면 할 일이지! 말대꾸?' 눈을 부릅뜨면 슬그머니 손이 내려갔다.

한국에서 고작해야 열 명 남짓의 선수들을 한 명의 코치가 전담해서 가르치던 소수정예 훈련만 받아온 내가 태권도 구경도 못해본 수련생들을 그것도 서로 다른 연령대의 아이들이며 청소년들을 섞어 20-30명씩 한꺼번에 가르치려니 부딪히는 것이 말이 아니었다. 게다가 영어는 짧아 의사소통은 안 되고. 느려터지고 의지까지 박약해만 보이는 수련생들은 속 터지게 맘에 안 들었다.

미국에서도 엘리트 선수들은 소수 정예그룹에 들어가서 한국 이상 박 터지게 훈련한다. 훈련 중에 체력이 달려 토하거나 눈이 뒤집어지고 쓰러지는 것은 다반사다. 그렇지만 누구 하나 눈 하나 까딱 안 한다. 악을 쓰며 선수들을 구박하는 코치는 때리지만 않을 뿐 한국보다 더하면 더했지 덜하지도 않는다. 선수들은 이 소수 엘리트 그룹에 속해있다는 자부심과 쫓겨날 때의 불명예를 두려워해 눈물을 머금고 군소리 없이 혹독한 훈련을 다 소화해 낸다. 그런 엘리트들도 아니고 재능이라곤 눈곱만큼도 없는 맹꽁이들을 가르치려니 실망스럽기까지 했다.

어느 날 수업이 끝나고 울상이 된 한 여학생이 조심스럽게 물었다. "사범님 실망시켜 드리고 싶진 않지만 정말 어떻게 해야 사범님 말씀처럼 세게, 빠르게 찰 수 있는지 모르겠어요."고 커다란 눈망울에 눈물이 그렁그렁 맺혔다. 진심이었다. '어떻게?' 갑자기 막막했다. '그야, 뭐. 새벽에 일어나 계단 뛰기도 열심히 하고, 다리에 자전거 튜브 매고 발차기도 하면.......' 원리와 방법을 묻는 학생에게 "그냥 힘줘서 세게 차면 돼." 이것은 답이 아니었다.

만약 같은 질문을 수영코치에게 물었다고 생각을 해보자. 어떻게 해야 빨리 헤엄을 칠 수 있을까? "그냥 빨리 팔다리 휘저어!" 그러고도 훌륭한 코치라 할 수 있을 것인가?

육상 코치라면 어떨까? 어떻게 해야 빨리 달릴 수 있는가? "잔말 말고 죽도록 뛰어, 그럼 돼!" 이런 코치를 어떻게 믿고 따라갈 수 있단 말인가? 그런데 그게 바로 내가 수련생들에게 하고 있던 짓이었다. 건강한 신체와 스트레스 해소 정도를 목적으로 수련하는 수련생들이야 어떨지 모르지만, 이 길이 자기의 인생이 된 지도자라면 이런 질문을 심각하게 받아들여야 할 것이다.

무예에 있어서만큼은 수련생들에게 있어서 우리 지도자들은 정말 스마트한 컴퓨터 같은 존재들이다. 무엇을 묻던 착착 답이 나온다고 생각한다. 어떤 상황에서도 패하지 않는 천하무적이라 생각한다. 그만큼 우리를 믿는다. 그런데 지금껏 우린 컴퓨터의 하드웨어 격인 육체의 단련을 위해선 정말이지 누구 못지않게 심장이 터지도록 열심히 수련했었다. 그런데 정작 컴퓨터의 소프트웨어 격인 무술 전반에 대한 원리와 제반지식은 머리가 터져라 쌓지를 못했다. 하룻밤 자고 나면 새로운 소프트웨어와 애플리케이션이 쏟아져 나오는 시대이다. 하드웨어에만 힘을 써서는 안 되는 시대이다. 더 성능 좋은 소프트웨어를 속속 갖추어야 한다. 즉, 우리가 수련하는 무예에 대한 해박한 지식, 단순명료하면서도 과학적인 지식을 갖추어야 한다.

불가(佛家)에서 내려오는 재미있는 선문답 중 하나가 생각이 난다. 평생 도를 닦으며, 진리를 찾아 헤매던 선승(禪僧) 하나가 있었다. 정말 목숨보다 간절하게 도를 깨닫고 싶어 경전도 많이 읽고 수행도 식음을 전폐하고 할 정도였지만 답을 찾지 못했다. 그러던 중 한 고명한 선사(禪師)에 대해 듣게 되었다. 천 리가 멀다 않고 한걸음에 달려가 자기가 애타게 찾던 절대적 진리에 대해 물었다. '진리란 무엇입니까?' 질문을 받은 선사는 아무런 표정의 변화도 없이 손가락 하나를 치켜 올려 보였다. 그 순간 질문을 한 선승은 화들짝 놀라며 큰 깨달음을 얻었다고 한다. 연신 눈물을 흘리며 감사의 절을 하고는 더 이상 아무것도 묻지 않고 물러났다고 한다.

제자에게 깨달음을 주는 스승의 위치가 이 정도는 아니더라도 나의 전문분야인 무예에 있어서는 어떤 질문에도 간단명료하면서 명쾌한 답을 줄 수 있어야 하지 않을까? 새로운 도장 경영방식이나 도장 관리 프로그램에 대해선 눈에 불을 켜고 공부를 하지만, 정작 우리가 가르치는 무술에 대한 핵심 소프트웨어 격인 무술 원리에 관한 지식에 대해선 공부를 갖추지 않는다는 것은 겉만 번지르르하고 속은 텅 빈 선물상자와 같지 아니하겠는가?

그래서 아주 오래전 내가 대답 못했던 그 여학생의 질문에 대한 답으로 〈태권도의 과학〉을 집필했다 해도 크게 틀린 말은 아닐 것이다. 지금은 시집가고 없는 여학생이지만 나중에라도 이 책을 보

(태권도를 일상적인 과학 측면에서 풀어 본 책이다. 2012년 상아기획출판사 발행)

게 되면 우리 사범님이 당시에는 영어가 짧아 대답을 제대로 못 한 것이었구나 하고 생각해 주었으면 좋겠다. 또한, 나와 같이 무예의 길을 걷는 후배들이 나와 같이 무식하게 배우고 가르치지 않았으면 하는 마음에서 이 책을 집필한 것이기도 하다.

태권도는 과학적인 원리를 바탕으로 기술체계를 갖춘 무예이다. 아니 사실 모든 무예가 그렇다. 인류의 무예는 아주 오래전 인류가 지구 상에 나타나면서부터 시작되었다고 해도 틀린 말이 아닐 것이다. 돌과 몽둥이를 들고 싸웠던 창칼을 들고 싸웠던 인류역사에서 어떠한 형태로든 무예가 존재하지 않았던 부족이나 시대는 없었다고 봐야 할 것이다. 생존을 위해 자연과 이웃 부족들과의 투쟁 속에서 그 기술들을 하나씩 발전시켜갔던 것이다.

이처럼 무예는 인류의 역사만큼이나 오래된 문화유산이며 가장 효과적이고 효율적인 투쟁의 기법들을 확실한 검증(전투와 투쟁)

을 통해 발전시켜 나간 가장 오래된 인류의 행동 양식일 것이다. 이젠 우리 선조가 목숨을 걸고 발전시킨 이 인류 문화의 보고(寶庫)인 무예를 모두가 다 아는 과학이라는 안목으로 정리하고 가르칠 줄도 알아야 할 때이다.

〈태권도의 과학〉에서 밝혔듯이 팔이 긴 고대의 투석기나 21세기 최고의 기술로 만든 저격용 총의 원리는 똑같다. 원리를 알면 세상이 보인다! 문일지십(聞一知十). 하나를 들으면 열을 미루어 안다! 이것은 사물의 원리를 간파해 지식을 얻는 방법이고 똑똑한 이들을 만들어 내려는 교육의 목적이다. 하지만 나는 이렇게 말하고 싶다. 문일지십후(聞一知十後) 용사만배(用事萬倍)라. 한 가지 무예의 원리를 이해해서 열 가지를 알고 나면 그 사용처는 만 배에 해당한다! 난 비록 부족하여 한 가지를 얻어듣고 열 가지를 나열한 책을 썼지만, 작금의 무예 지도자들은 분명 나보다 지혜로운 이들이다. 그러니 이 책을 읽어 열 가지를 알고 나면 그 사용처가 만 배가 돼야 하지 않겠는가? 동료 지도자들이 귀한 시간 짬을 내어 이 책을 읽어 준다면 더없는 영광이 되겠다.

스승과 제자, 사범과 도장

우선 이 질문에 대답부터 해보자. 학생의 반대말이 뭘까? 선생일 것이다. 그렇다면 제자의 반대말은? 당연히 스승 아니겠나? 주위에서 자신이 가르친 학생을 언급할 때 '응, 내 제자일세.'라고 말씀하시는 분들을 종종 본다. 지금껏 키워낸 제자가 수천 이라는 말을 들으면 입이 떡 벌어지기도 한다. 그런 내게 '제자가 얼마나 되나?' 라고 물으시면 아직 하나도 키워내지 못했다고 대답한다. 그럼 쟤들은 뭐냐고 물으시면 그냥 저희 학생이고 수련생들이라고, 함께 태권도를 배워가고 있는 중이라고 대답을 한다.

학생과 제자가 다르고 선생과 스승이 다르다는 것이 내 생각이다. 제자라 하면 스승의 가르침을 삶의 근간으로 삼아 스승의 길을 따라 살아가려는 사람이 아닐까? 만일 정말 내가 스승이 되었다면 내 제자는 아마 나를 너무 존경한 나머지 내게 기대며, 일생을 다해 스승의 길인 태권도의 길을 걸어갈 것이다. 내가 삶으로 보여준 가르침을 묵묵히 지켜나가며 나의 가르침을 다음 세대로 전하는 또 다른 스승이 될 것이다.

그런데 아직까지 나를 보고 태권도의 길을 걸어 일생을 태권도 수련에 받치겠다고 털고 일어선 이들이 없으니 아직 스승이 되진 못한 것이다. 몇 명은 그러겠노라고 굳은 결심을 보이기도 했었지만 얼마 못 가 제풀에 지쳐 사라지고 말았다. 그만큼 내가 아직 삶으로 보여주지 못하고 있다는 방증이기도 하다.

그런데 과연 우리 주위에는 얼마나 많은 스승과 제자들이 있을까? 많은 이들의 우려처럼 오늘의 강단에서는 '학생은 있되 제자는 없고, 선생은 있되 스승은 없는' 현상들이 숱하게 벌어지고 있지 않은가? 교권이 땅에 떨어진 것도 문제지만 스승이 없는 것도 돌아볼 문제다. 나 자신도 학창시절 선생님들 중에 스승이라고 느껴지는 분들은 별로 없었다. 대신 사회에 나와 가르침을 얻고 존경하는 마음이 생겨 우러러 스승으로 모시는 분들은 계신다.

정통성을 따지는 무술유파에서는 학생과 제자를 명확하게 구분한다. 가르침에도 '학생용'이 있고 '제자용'이 따로 있다. 보통 내제자(內弟子), 혹은 입실제자(入室弟子)라 불리는 이들은 스승을 가까이서 친견하며 특별한 수행과 지도를 받게 된다. 그중에서도 특별히 수제자를 따로 뽑아 배사(拜師)라 하여 돌아가신 선대 스승의 위패에 절하게 한다. 이 예식을 통해 선대의 스승을 뵙게 되는 것이다. 비로소 그 유파의 법통이 다음 세대에 전해진다. 무술전통에서 학생과 제자는 그만큼 다르다.

또 하나 생각해 보고 싶은 말은 사범과 관장이라는 말이다. 국기원 사범과정을 마치고 미국에 건너왔으니 사범으로 불리는 것이 당연하다고 생각했다. 모두 나를 마스터 리(Master Lee)라고 불러주었다. 나중에 알고 보니 영어로 마스터(Master)는 한 기예의 달인 혹은 대가(大家)를 뜻하는 단어였다. 난 태권도의 달인이나 대가가 못 된다. 그래서 영어를 알고 나니 Master란 말이 더욱 무겁게 느껴져 행동이 신중해졌다. 나를 Master로 인정하고 불러주는 이들에게 혹여 이름값도 못 할까 전전긍긍하게 된 것이다.

그런데 우리가 관장님이라고 하는 말은 영어로 그랜드 마스터(Grand master)라고 한다. 우리말로 표현을 다시 한다면 아마 대사(大師)님 정도가 될 것 같다. 스승도 보통 스승이 아닌 큰 스승이라는 말이다. 청도관, 무덕관, 지도관 등등. 예전 태권도 모체관들이 있을 때 각 문파의 가장 웃어른을 관장님이라고 칭했다. 그땐 정말 관장님이라면 대사님 급이셨다.

미국에선 보통 7단 이하는 사범이라고 호칭하고 8단 이상인 경우에 관장님이란 호칭으로 예우를 해드린다. 그런데도 8, 9단씩 되시고 정말 숱한 제자들을 거느리신 관장님들이 공식석상에서 자신을 소개할 때 '000 사범입니다'라고 자신을 낮추시는 것도 종종 볼 수 있다. 자신의 본분은 사범이라고 겸손해하시는 것을 보면 그 자체만으로도 존경스러워 절로 고개가 숙여진다.

나는 나이도 많지 않고 8단도 못되었으니 미국선 당연히 그냥 사범이다. 하루는 도장에 전화가 걸려 왔다. '헬로(Hello)?' 했더니 다짜고짜 한국말로 '관장님 좀 바꿔 달라'고 했다. 얼떨결에 '저~, 도장에 관장님은 안 계신 데 무슨 일이신지요?' 관장님이 안 계시다니 용건도 말하지 않고 끊었다. '싱겁긴.' 그 뒤로도 몇 번 더 전화가 와서 관장님을 자꾸 찾길래 실례지만 관장님은 안 계시고 제가 사범인데 혹시 전하실 말씀 있으시면 나중에 관장님 계실 때(?) 전해 드리겠다고 했다.

사범하고는 할 말이 없다는 식으로 끊던 사람이 지쳤는지, 무슨 무술용품 회사인데 거래 좀 틀려고 한다는 것이다. 그러니 관장님 오시면 꼭 좀 전해달라고 전화번호를 남기기에 알겠다고 하곤 전화를 끊었다. 우리 도장엔 아직 관장님이 안 계시니 거래를 하고 싶어도 못했다. 게다가 일개 사범이라고 무시하다니!

그런데 한국에선 도장을 '00체육관'이라고 많이 불러서 그런지 체육관을 직접 경영하면 '체육관의 장(長)'이라는 의미로 관장님이라고 부르는 것 같다. 그러다 보니 한국에서는 20대의 '관장님'들도 여럿 계신가 보다. 30대가 되도록 자기 도장이 없으신 분들은 '사범님'으로 불릴 수밖에. 경륜에 상관없이 체육관 소유 여부에 따라 존칭이 바뀌는 것은 현대판 신분제도 같아 보여 별로 반갑지가 않다.

사범(師範)이란 남의 본보기가 될 만한 스승이라는 결코 쉽게 받아들일 수 없는 뜻이 이미 담겨 있다. 그러니 사범이라는 이름만으로도 충분히 존경받는 호칭이 될 수 있다고 생각한다. 지도자들끼리만큼은 서로 사범이라는 호칭을 자랑스럽게 생각하고 애용했으면 좋겠다.

또 하나 더 언급하고 싶은 것이 있다. 난 왜 사람들이 태권도장을 체육관이라 부르는지 이해가 가지 않는다. 사전적인 의미에서 도장(道場)은 '무술의 기예를 닦는 곳'을 뜻한다. 불가(佛家)에선 절을

‘도를 닦는 장소’라는 의미로 도량(道場, 도장과 똑같이 쓰지만 읽는 음이 다르다.)이라고도 부른다. 그러니 어느 모로 보나 도장이라는 말은 체육관(體育館: 실내에서 경기할 수 있는 장소, 혹은 운동 실기와 이론을 가르치는 곳)라는 말보다 의미가 깊다.

미국서 헬스클럽이나 체조 교습소 등은 체육관이란 뜻의 짐내지움(Gymnasium)을 줄여 ’짐(Gym)’이라고 부른다. 이런 곳은 엄연히 손님이 왕이다. 손님들이 바라는 것을 해주어야 한다. 하지만 도장은 엄연히 사범이 왕이다. 사범이 가르치고 싶은 것을 가르친다. 학생들은 선택의 여지가 없다. 왜? 여긴 짐(Gym)이 아니고 난 트레이너가 아니라 사범이니까. 기합도 주고, 핀잔도 주면서 가끔은 말 안 듣는 손님(?)들에게 ‘강짜’도 부린다. ‘하기 싫으면 나가!’ 체육관 같은 데서 그러면 손님 떨어지고 큰일 날 일이지만 도장에선 사범님 말씀이 옳다. 버릇없는 녀석들 바르게 잡느라고 그렇다고 이해해 준다. 그러니 굳이 사범이 자기 자세를 낮출 필요가 없다.

건강을 위해선 쉽고 재밌는 좋은 운동들이 많이 있다. 그런데 왜 하필 도장에 올까? 미국서 도장은 짐(Gym)처럼 자기가 하고 싶은 운동을 하러 가는 곳이 아니라 부족한 자기절제와 수양을 배우러 가는 곳으로 인식하는 경우가 많다. 그러니 웬만해선 영어가 짧아 어눌해 보이기까지 하는 사범의 지도일지라도 잘 따라온다. 한국도 정말 도장을 몸과 마음을 바루어 잡고 심신수련을 통해 인간을 완성시키는 곳으로 만들고 싶다면 체육관이라는 이름부터 도장으로 다시 바꿔 불러야 하지 않을까 생각해 본다.

또 태권도를 운동이라고 부르는 말도 내겐 별로 달갑지 않다. 태권도인이라면 태권이라는 수단을 통해 기예를 익혀 심신을 단련하고 수양하는 도인(道人)이 아닌가? 그런데도 태권도를 했다고 하면, 기껏 팔다리나 놀려 운동이나 한 사람 정도로 취급하는 것이 맘에 안 든다.

운동선수의 최종 목적은 역시 경기에서 이기는 것이다. 인간성 운운해봐야 별 소용없고 경기에서 이기면 그만이다. 필요하다면 심판한테 침 튀기며 손가락질도 좀 하고 선수들끼리 주먹다짐도 불사한다. 그래서라도 이겨야 몸값이 올라간다. 한참 주가를 올린 땐 즐겁지만, 전성기가 끝나면 서글픈 신세가 된다. 나이 먹으면 신참들이 선배들을 밀어내고 그 자리를 차지하고 만다. 퇴역한 운동선수는 코치자리 하나 차지하지 못하면 그나마 갈 곳도 없다.

하지만 무인(武人)은 어떤가? 늙은이 취급받으며 신참들에게 밀려 구석으로 쫓겨나는 운명인가? 아니다. 경륜과 지혜를 인정받아 제자들의 존경을 받는 스승이 된다. 제자들에게 원만한 삶의 나무 그늘을 드리워 주는 스승이 된다. 경기장에서 금메달을 목에 걸기보다 하루하루 자신을 다듬어 가며 세월과 더불어 성숙해 가는, 남을 이기기보다 자신을 이기길 소망해 가는 이들이 존재할 수 있는 곳이 바로 무예의 길이 아니던가?

그래서 난 항상 운동이라는 말과 태권도라는 말을 구분해 사용해 왔다. 누가 운동 했느냐고 물으면 '태권도는 했지만, 운동은 못 했습니다.'라고 대답한다. 사실 난 운동을 참 못했다.. 학창시절 체육 실기점수는 항상 바닥이었고, 군대에선 축구를 못해 고문관 취급을 당했으며 지금도 공원에 나가 혼자 공놀이라도 할라치면 주위에서 애처로운 시선이 느껴진다. '저 사람 무슨 장애가 있나 봐. 불쌍해......'

난 태권도는 좋아했지만, 운동을 좋아해 본 적이 없다. 그러니 소질도 없고 안 해 본 일을 할 때 어리바리 해 보이는 것은 당연한 일 아닌가? 그런 시선에 신경 끈 지 아주 오래되었다. 스포츠 중계도 4년에 한 번 월드컵축구 한국전만 본다. 그나마 선수 이름도 잘 모른다. 그냥 열광할 뿐이다. 스포츠 천국인 미국서 ESPN 채널 없이도 잘 산다. 일 년 중 미국 사람들이 가장 열광한다는 슈퍼볼 선데이가 되면 차라리 일기예보 채널을 튼다. 해도 너무하다는 말도 듣지만, 나에겐 관심 가는 일이 아니라 눈총을 받으면서도 고치질 못하고 있다.

대신 무예에 관한 얘기라면 자다가도 벌떡 일어나 게거품을 물고 침을 튀기며 밤을 새운다. 우리 집에 다녀가신 무인들 치고 밤 안 새고 입술 부르트지 않고 가신 분이 거의 없다.

태권도와 더불어 모든 무예는 운동의 개념을 뛰어넘어서야 한다. 몸을 닦는 술(術)의 단계를 넘어 마음을 닦는 도(道)의 단계로까지 나아가야 한다.

예전 큰 뜻을 품고 천하를 주유하던 공자님께 제자들이 누군가 정치를 맡기시면 무엇부터 하시겠느냐고 물은 적이 있었다. 공자님은 두말 않고 이름부터 바로 잡겠다고 했다. 직책이든 관직이든 이름부터 바로 잡아야 그 권위가 서고, 하고자 하는 목적을 바로 잡을 수 있다는 말이다. 그만큼 이름, 명칭은 중요하다. 스승, 제자, 사범, 도장, 무예, 무인(武人). 이 얼마나 아름다운 말들인가!

체육관에서 학생들을 모아 놓고 운동을 가르치는 코치가 될 것인가? 도장에서 무예를 통해 심신을 수양시키고 인격을 도야시켜 제자들을 길러 내는 스승이 될 것인가? 이런 선택은 우리가 사용하는 낱말들의 신중한 선택으로부터 시작되지 않을까 생각한다.

고수(高手)의 꿈

모처럼 줄기찬 밤비가 내리고 있다. 빗소리에 풀벌레 소리가 씻겨선지 또 다른 운치가 묻어나는 밤. 두런두런 함께 옛이야기를 나눌 친구가 그립지만 그런 생각조차 사치인 먼 나라에서 저물어 가는 밤. 새록새록 지나간 추억들이 피어오른다.

나는 의학계에는 보고된 바 없는 두 가지 불치병을 오래도록 시름시름 앓아 왔다. 일명 **고수병(高手病)**. 무예의 고수가 되고 싶어 안달복달하다가 쓸데없는 수련들로 몸의 기력은 소진하고 기운은 머리 위로 뜨는 병이다. 일상생활조차 몽롱한 환각 속에서 수많은 적과 싸우며 사는 것 같은 착각을 일으키는 무인들에게만 걸리는 일종의 열병이다.

안고수비증(眼高手卑症). 눈은 높고 기예는 형편없을 때 발생하는 병으로 남을 업신여기는 증상을 주로 수반한다.

난 어려서부터 무사, 무예, 무인 이런 말들이 너무 황홀하게 들렸다. 재물이나 지위보다 명예와 신념을 위해 죽고 사는 사나이들. 목숨을 걸고 무언가를 지켜내는 이들의 모습이 더없이 값지게 보였다. 동서고금의 옛이야기들 중에서도 이런 영웅들의 서사시가 유독 좋았다. 이런 이야기에 등장하는 이들은 하나같이 당대 최고의 고수들이었다. 그러니 나도 이런 고수의 대열에 끼어서 역사의 한 페이지를 호령하고 싶지 않았겠는가? 아마 이 글을 읽는 이들은 누구나 정도의 차이는 있겠으나 이 두 가지 불치병 사이에서 고생해 본 경험이 있거나 아직도 이런 열병을 앓고 있는 이들일 것이다.

그런데 도장에서나 학교에서는 이런 고수가 되기 위한 수련은 시켜주질 않았다. 맨 날 받아 차기나 시키고 다 외우고 있는 품새나 다시 하고. 야외훈련이라야 왕복달리기에 계단 뛰기, 구보가 전부고. 철없던 시절 이것이 불만이었다.

그래서 어려서부터 특히 겨울이 되면 혼자 수련하는 시간이 많았다. 눈 내린 겨울밤 사람들이 아직 밟지 않은 하얀 눈밭 위를 달리기, 웃통 벗고 구르기, 발차기, 눈 위에서 품새 해보고 진행선 살

피기 등. 그리곤 동네 골목을 누비며 얕은 웅덩이에 얼어있는 얼음들 주먹으로 깨고 다니기. 이러다 보면 뿌옇게 날이 밝곤 했었다.

그 밖에도 삼류 무술 영화 속에서 본 수련장면들은 거의 다 따라 했다. 거대한 얼음을 쌓아놓고 내리쳐 부수는 장면은 그런 얼음을 구할 돈이 없어 2리터짜리 플라스틱 음료수병에 물을 넣고 냉장고에 얼렸다가 내리치거나 한겨울 세숫대야나 양동이에 물을 담아 밤새 얼렸다가 내려쳤다. 소나무며 벽돌이며 기회가 있을 때마다 치다 보면 얼었던 손이 터져 피가 났지만, 상처가 늘 때마다 훈장이 느는 기분이었다. 철사장을 하겠다며 휴대용 가스버너에 모래가 담긴 세숫대야를 올려놓고 찌르기도 여러 번. 결국, 부탄가스 값을 감당 못해 포기. 진검대신 쇠파이프를 대신 휘두르며 수련하다가 신고 받고 출동한 학교 경비아저씨한테 쫓겨 도망치던 일. 거리에서 만병통치약을 파시던 차력사 아저씨들의 입에서 불 뿜는 기술을 배워보려고 따라 했다가 휘발유와 경유를 잘못 조합해 입에 불 붙을 뻔한 일, 차에 줄 매어 이빨로 끌어보려다가 앞니 다 빠질 뻔

(장터 차력부터 영화 속 수련까지 본 것은 거의 다 따라 해 보았었다.)

한 일 등이 새록새록 기억이 난다. 이런 추억들을 엮어 쓴다면 단편 무예 모험소설 한 권쯤은 나올 법도 한데…….

고수가 되겠다던 청춘의 꿈도 흐르는 세월 속엔 버티지 못하고 점점 씻겨 가나 보다. 얼마 먹지도 않은 나이 탓에 벌써 지쳤는지 무술에 대한 애착도 희미해져 가고 있다.

그렇다면 고수란 무엇일까? 누가 고수일까? 많은 정의가 있겠지만, 나만의 정의를 먼저 내려 본다면 '문무를 겸비한 존경받는 무인' 정도가 아닐까? 만약 몸으로 갖춘 실력만을 기준으로 삼는다면 당연히 올림픽 금메달리스트들이나 태권도 한마당에서 우승한 청년들이 최고 고수일 것이다. 가장 혈기왕성한 나이에 가장 힘든 수련을 거쳐 최고의 예리한 감각과 기술을 갖추었지 않는가?

그런데 우리가 이런 이들을 진정으로 '존경'하는가? '칭찬'은 하지만 '존경'까지는 아닐 것 같다. 왜냐하면, 그들의 실력은 알지만, 아직 그들이 갖춘 무예에 대한 지식과 학문적 소양, 사상의 깊이 정도는 모르기 때문이다. 더욱이 실력에 비해 아직은 젊은 나이가 고수라 부르기에 뭔가 석연찮은 느낌을 준다. 물론 이것은 나의 생각일 뿐이다.

태권도에서 고수란 태권도를 대표할 수 있는 캐릭터를 가진 이들이어야 할 것이다. 태권도에서 '어른'으로 존경하고 모실만한 분들이어야 한다. 그러기 위해선 몸으로 갖춘 실력 외에도 세월의 깊이만큼 자신을 다듬어 나간 정신적, 사상적 경륜이 배어 있어야 할 것이다.

동양의 성자인 공자님이 항상 말씀하셨던 '군자'라는 완성된 인간형을 보자. 이(利)에 밝기보다 의(義)에 밝은 사람이 군자이다. 가난이나 역경에서도 한 치의 흔들림도 없는 사람이다. 배우기를 즐기며 가르치기에 싫증 내지 않는 사람이다. 남이 써 주지 않는 것을 걱정하기보다 그 직위에 맞는 실력을 갖추지 못했음을 염려하는 사람이다. 기타 등등 좋다는 수식어를 다 갖다 붙여서 만들어지는 경지가 '군자'이다. 이런 군자의 모습 속엔 학자나 선비의 모습이 쉽게 상상된다. 하지만 글만 열심히 읽은 선비는 군자가 될 수 없다.

공자님은 누구보다 '문무겸비(文武兼備)'를 주장하신 분이다. 문약한 선비는 아무리 똑똑해도 큰일을 맡길 수 없다. '무권무용 직위난계(無拳無勇 職位亂階)'라 하셨다. 힘과 용맹이 없으면 직책을 맡겨도 따르는 자들이 우습게 보기 때문에 그 자리가 위태롭다는 말씀이다. 그래서 공자님은 글 읽는 선비들에게 반드시 갖추어야 할 덕목으로 활쏘기, 말 타기를 무척 강조하셨다. 공자님 자신도 무인의 아들이었으며 부리부리한 눈, 장대한 덩치에 험한 인상으로 무인의 형상을 갖춘 분이셨다.

공자님께 배운 제자들 중에도 병법에 능한 자들이 많았다. 그 중 자로라는 제자는 이기지 못할 싸움임을 알면서도 군신의 의리를 지키기 위해 적진에 홀로 뛰어들었다. 칼을 맞고 쓰러지고도 "군자는 죽을 때도 관(冠)을 벗지 않는다."라는 명언을 남기고 갓끈을 고쳐 매고 바르게 앉아 최후를 맞았다고 한다. 이 모든 것이 공자님의 가르침이었던 것이다.

고수. 한때 나의 삶을 지탱해 주던 말이었다. 그런 고수가 되기 위해 열심히 묻기도 했다. 그러다 천운(天運)으로 수행을 오래 하신 고수 몇 분을 뵙기도 했다. 어떤 분들은 전설 속에서나 나올 법한 기예를 가진 분도 있었다. 그분들에게 물었다. '장풍이나 공중부양 같은 것은 어떻게 배웁니까?' '그건 왜 묻나?' '그야, 장풍 한방이면 바로 비즈니스 될 거 아닙니까?' 물론 이렇게 대답하진 않았지만 내 본뜻은 그랬다.

'예전엔 장풍, 축지, 공중부양이 필요했던 시대일 수도 있었겠지만, 지금은 필요 없네.'가 답으로 돌아왔다. 장풍으로 10m 밖의 상대를 거꾸러뜨리면 뭐하나. 대한민국 전 군인이 수백 미터 밖의 적군도 한 방에 쓰러뜨릴 총을 가지고 있는데. 지구 반대편까지 비행기 티켓 하나 끊으면 단박에 날아가는데 축지법에 공중부양은 무슨 쓸모이며 인터넷으로 세계 구석구석의 소식을 앉아서 다 아는데 천리안은 또 무슨 소용이냐는 말이다. 쓸모 적은 일에 공연히 시간 버리고 몸 상하지 말라는 뜻이다. 그런 것은 테크닉에 불과한 술(術)일 뿐이고 도(道)가 아니며 그런 술이 필요한 시대는 지났다는 말씀이셨다. 인간의 지식으로 만들어낸 기술들이 평생 산중수련을 통해 기를 모아 이룰 수 있는 경지를 이미 넘어섰기 때문이다.

유명한 일화가 있다. 두 수도승이 입산하여 세상과의 인연을 끊고 20년을 수행했다. 20년 수행을 마치고 하산해서 강을 만났다. 한 수도승은 물 위를 척척 걸어 강을 건넜는데 다른 수도승은 두 냥 돈을 내고 나룻배를 탔다. 그걸 본 사공이 물었다. '아니 저분은 물 위를 걸어 강을 건너시는데 당신은 20년 동안 뭘 했길래 배를 타고 건넙니까?' 수도승이 말했다. '저 사람은 고작 두 냥을 아끼기 위해 20년을 수행했을 뿐이요. 난 그 시간에 우주의 온 진리를 다 깨우쳤소.'

고수병에 시달리던 내게 뜨끔한 교훈이었다. 맨손으로 돌을 깨기 위해 숱한 시간을 피나게 단련했는데 고물상에서 구한 단돈 몇 푼짜리 망치도 같은 일을 할 수 있다. 벽을 타고 뛰어올라 높은 곳에 놓인 송판을 차 부수려 노력했는데 결과만으로 본다면 돌멩이 하나 던지는 것만 못한 꼴이 되고 말았다. 아무리 높이 뛰어 오르면 무엇하랴. 날아오른 물체는 언젠가 떨어지게 마련인데.

육체의 단련이 쓸모없다고 말하는 것이 아니다. 육체의 한계를 극복하려는 노력은 곧 정신의 한계, 우리 인간의 한계를 뛰어넘으려는 고귀한 노력이다. 그래서 올림픽경기나 모든 스포츠는 단순한 유희를 넘어서 매우 높은 가치가 있다. 다만 내가 후회하는 것은 혹독한 육체의 단련에만 매진하다가 몸만 망가지고 더불어 허황된 꿈에 시간만 낭비하고 당연히 갖추었었어야 할 소양은 갖추지 못했음이다.

'문무겸비' 이것은 고수를 꿈꾸는 사람이라면 반드시 새겨들어야 할 것이다. 나이가 점차 차가면서 몸은 점점 기력이 쇠하게 된다. 나 또한 기울어져 가는 몸을 보면서 차라리 태권도를 그만둘까 생각했던 적도 여러 번 있었다. 하루가 다르게 변해가는 태권도 세상에서 내가 꿈도 꾸지 못했던 기술들을 발휘하는 후배들에게 밀려 추레해져만 가는 모습을 더이상 바라볼 자신이 없었기 때문이다.

하지만 모든 것을 포기하기엔 아직 이르다. 지나온 삶을 되살펴 가야 할 길을 찾아야 한다. 나로 인해 많은 사람이 도움을 받을 수 있는 일을 찾아야 한다. 태권도. 보잘것없는 내 인생에서 그나마 좋아했던 일이다. 산을 좋아하는 이들이 산에서 인생을 배우듯, 바둑을 좋아하는 이들이 바둑판에서 인생을 읽듯, 우린 태권도안에서 인생을 읽고 배우며 살아가야 한다. 이것이야말로 진정한 고수가 아니겠는가? 무(武)에서 쇠한 만큼을 문(文)에서 채워가자. 아직도 고수가 되고자 하는 나의 꿈은 현재진행형이다.

지쳤던 몸과 마음을 추스르고 일어서자. 모자란 것을 탓하지 말고 내가 하지 못하는 것을 탐내지 말고 오늘의 나를 받아들이고 다시 시작하자. 다시 태어날 순 없지만, 다시 시작할 순 있다. 내일은 아무것에도 오염되지 않은 순수한 날들이 펼쳐져 있다.

세월의 흐름 만큼 점점 더 깊은 경륜이 쌓여 뒤따라오는 이들에게 번뜩이는 인생의 큰 지혜를 보여줄 수 있는 멋진 고수로 늙어가자. 그것이 오늘 내가 꾸는 꿈, 아직도 깨어나지 못한 고수(高手)의 꿈이다.

싸우기 전에 이기는 호신술

미국 법은 사소한 것이라도 한번 걸리면 너무하다 싶을 정도로 엄하다. 그러니 누가 괴롭힌다고 맞서 주먹질을 했다간 도리어 큰 코다친다. 스미스 아저씨는 남한테 싫은 소리 한번 안 하고 사는 점잖은 신사다. 그런 스미스(Smith) 아저씨가 하루는 다리를 절며 도장에 왔다. 어제 수갑 차고 경찰에 끌려갔다가 유치장서 하룻밤 보내고 나왔다고 했다. 사정은 이랬다. 이웃집에 직업 군인이었다가 제대한 막 돼 먹은 사내가 있었는데 다짜고짜 아줌마와 딸만 있는 스미스 아저씨네 집에 쳐들어와 문짝을 걷어차고 소리를 지르고 난리를 피웠다고 한다. 너무 놀란 아줌마가 급히 아저씨에게 전화를 했고 스미스 아저씨가 부리나케 직장에서 달려와 보니 옆집 사내 왈, 이 집 개가 자기네 마당에 똥을 쌌단다. 펜스는 없었지만, 거긴 스미스 아저씨네 잔디밭이 확실했다. 여긴 우리 마당이니 이렇게 소란피울 필요 없다며 좋게 말하고 돌아서는데 뒤에서 주먹이 날아왔단다. 눈에 불이 번쩍하더니 안경이 벗겨지고 갑자기 둘이 엉겨 붙고 말았다. 신고 받고 출동한 경찰이 폭행죄로 나란히 수갑을 채워 끌고 갔다고 했다. 평생 상상도 못했던 유치장 신세를 지고 비싼 보석금까지 내고서야 다음날 풀려 나왔다. (그 후 몇 달간 지루한 법원 공방 끝에 상호폭행에 대한 유죄판결 받고 적지 않은 벌금까지 내고서야 일이 일단락되었다.)

나는 이해가 안 되었다. '아니? 여자뿐인 집에 쳐들어와서 행패를 부리고 그것도 모자라 먼저 주먹질까지 한 사람에게서 자기 방어를 했는데 유치장에 벌금이라니? 그럼 아내와 딸 앞에서 경찰이 올 때까지 죽도록 맞고 있어야 한다는 말인가? 쓰레기 처리 문제로 말다툼하던 이웃이 자기 집 마당에 발을 들여놓자 총을 쏘아 죽이고도 가택침입에 대한 자위권발동이라며 무죄판결을 내렸던 나라가 아닌가? 그런데 가택침입에 폭력까지 행사한 자에게 주먹으로 맞대응했다고 폭행죄?' 도대체 미국에서는 어디까지가 정당방위인지 개념이 서질 않았다.

(늦깎이 수련생 스미스 아저씨, 평생 한 번 싸워본 싸움에서 태권도 득을 본 분이다.)

스미스 아저씨도 정말 법이 너무하다며 투덜댔다. 그건 그렇고 싸움은 이겼느냐고 물었더니 그 대목에서 스미스 아저씨가 갑자기 씨~익 웃더니 기다렸다는 듯이 말을 꺼냈다. 경찰서에서 사진을 찍는데 '난 평생 싸움 한 번 못해 본 사람인데 내가 미쳤다고 직업군인 출신의 근육질 녀석한테 먼저 싸움을 걸었겠는가? 내 얼굴의 멍 좀 보라.'며 억울하다고 했다. 그러자 경찰 왈, '당신은 아무것도 아니요. 저쪽 방에 있는 사람 얼굴은 아예 엉망진창이라고!' 정신이 없어 기억은 잘 안 나지만 이기긴 이긴 것 같단다. 지난 몇 달 꾸준히 태권도를 하고 몸 좀 만들어 놓은 덕을 봤다고 고마워했다. 나도 통쾌했다! 그 착한 스미스 아저씨가 맞기만 했다면 억울해서 내가 분통이 터졌을 것이다.

심사를 마치면 마지막으로 학생들을 앉혀 놓고 질문을 하는 시간이 있다. 그때마다 묻는다. '왜 태권도를 배우는가?' 십중팔구 호신(self defense)을 위해서라는 대답이 먼저 나온다. 그러면 내가 다시 묻는다. '누가 널 때리더냐? 누구한테 맞아본 적 있느냐? 왜 호신술이 필요하지?' 사실 미국사람들은 한국과 달리 크면서 주먹다짐하고 싸워본 기억들이 별로 없다. 학창시절 기껏해야 누가 세게 밀었다는 둥. 그래서 선생님께 일렀다는 기억 정도. 사실 이들이 무서워하는 것은 칼이나 총을 들고 마구잡이로 달려드는 강도, 치한들이다.

'진짜 호신이 필요하다면 차라리 총을 사라. 한 달 수업료면 권총 한 자루쯤 살 수 있다. 뭐 하러 시간 버리고 돈 내가며 삼 년씩이나 수행해서 힘들여 블랙벨트를 따려는가?'

내 말이 농담이 아니다. 미국 하면 갓난아기까지 포함한 전체 인구가 일인당 총 1자루씩을 보유하고 있다는 평균치가 나올 정도로 총이 많은 깔린 나라다. 미국인들이 상상하는 위험한 사람들은 마구잡이로 총질을 하는 사람이라고 보면 된다. 얼마나 많은 총기 난사 사건과 무장 강도 사건이 일어나는 나라인 줄 아는가? 그런 나라에서 한가하게 주먹질, 발길질을 배워 호신을 한다? 이게 별로 경제적이거나 이성적인 판단이 못 된다. 미국인들은 태권도를 배우면 영화 속 '닌자(Ninja)'처럼 표창 하나 들고 빗발치는 총알도 뚫고 들어가 마피아 두목도 혼자 해치울 수 있다고 믿는 것 같다. 덕분에 내가 먹고살고 있긴 하지만…….

'당신들 대부분은 평생 주먹질 할 일 없을 것이다. 목숨이 위태로울 정도의 상황이 아니라면 호신을 한답시고 태권도를 사용했다간 더 큰 법적 대가를 치르게 될 것이다. 그러니 태권도는 어쩔 수 없는 상황에서 마지막으로 선택하는 최후의 카드일 뿐이다.' 그럴 거면 태권도를 뭐 하러 배우냐는 눈치다. '게다가 난 돈을 받고 태권도를 가르치긴 하지만 당신들이 내게서 가져가는 것은 아무것도 없다!' 고도 한다. 가만 생각해 보니 그도 그런 것 같다. 난 소리만 지르고 정작 힘든 수련은 자기들이 다 한다. 그러니 어안이 벙벙할 수밖에.

대신 난 태권도를 통해 자신감(Self-Confidence)을 판다고 한다. 주먹질과 발길질을 주고받는 호신술은 태권도 수련을 통해 그저 덤으로 얻는 부수입이라고 말한다. 자신감이야말로 미국 사회에 있어서 가장 필요한 호신술이다.

범죄 심리학자들이 교도소의 죄수들을 상대로 조사를 해보았다. 어떤 상대를 범행의 타겟으로 고르는가? 그냥 생각 같아선 작고 힘

없어 보이는 사람으로 범죄목표로 삼을 것 같지만 그게 아니란다. 거리를 걸을 때 왠지 자신감 없어 보이는 사람을 제일 쉬운 상대로 보고 노린다고 한다. 어깨를 늘어뜨리고 눈을 깔고, 두려운 기색을 가지며 주위에서 일어나는 일을 잘 감지하지 못하고 걷는 사람이라는 것이다. 반대로 덩치나 성별에 상관없이 어깨를 딱 펴고 눈을 번쩍 뜨고 고개를 들고 걷는 사람. 활기찬 말투에 씩씩한 걸음걸이를 갖는 사람들은 피한다고 한다. 아무래도 상대하기 곤란한 느낌이 들기 때문이다. 범죄자들은 비겁한 사람들이다. 그런 이들이 뭣하러 쉬운 타겟을 두고 일부러 어려운 타겟을 고르겠는가?

미국 어린 학생들이 마주치는 대부분의 위기 상황은 바로 '왕따'나 학원폭력(Bully)이다. 누가 왕따가 되고 누가 학원폭력의 피해자가 되는가? 성인들의 경우와 똑같다. 바로 자신감 없는 눈빛과 행동, 말투를 가진 학생들이다.

그래서 난 늘 강조한다. '절대 만만한 먹잇감으로 보이지 마라!' 당당한 눈빛, 밝고 친절한 말투, 씩씩한 걸음, 언제나 당당한 자세를 보이라고 한다. 그러면서도 겸손하고 친절한 몸가짐, 신의로 맺은 우정 등이야말로 진정한 호신술이라고 가르친다. 친절하고 남을 배려하는 사람이 되면 당연히 좋은 친구들이 주위에 모이게 되고 그 친구들이 보호막이 되어주기 때문이다. 미국은 마약으로부터 학생들이 자유롭지 못한 나라이다. 많은 경우 문제아들은 마약과 관련되게 마련이다. 대부분 마약은 나쁜 친구들과 어울리면서 배우게 된다. 마약은 호신술로 어쩔 수 있는 존재가 아니다. 그러니 좋은 친구들과 어울려 지낼 자기의 공간, 자기의 세상을 구축하는 것이야말로 이런 위험한 상황에서 자신을 지켜내는 호신술이다.

성인들도 마찬가지다. 직장에서, 비즈니스에서 각자의 자리에서 당당하고 자신감 넘치는 자세가 필요하다. 인생은 언제나 문제의 연속이다. 어떤 문제가 발생하던 자신감 넘치는 자세로 임한다면 분명 해결방법을 찾을 수 있고 승산이 있다. 하지만 싸우기 전에 주저앉고 피하고 무기력해진다면 아무 승산도 희망도 없게 된다.

그렇다면 태권도 수련이 왜 필요한가? 힘든 수련을 통해 하나하나 태권도 기술들을 배워나가다 보면 자연히 몸에 힘이 붙고 당당한 자세가 나온다. 도장에서 항상 강조하는 말 중에 하나가 있다. '당신은 당신 생각보다 강하다! (you are stronger than you think!)' 처음엔 절대 못할 것 같은 일도 사범의 명령에 따라 자꾸 하다 보면 익숙해지고 마침내 쉽게 해내게 된다. 두꺼운 송판이나 블록 등 깨지기 어려울 것 같은 격파물도 하나씩 격파해 나가다 보면 뭐든 마음만 먹으면 할 수 있겠다는 자신감도 생긴다. 어려워만 보이는 심사를 하나씩 통과해 가면서 벨트도 자꾸 올라간다. 자기가 성장함을 눈으로 보고 느낀다. 이런 과정을 통해 자기도 모르게 목표에 대한 도전정신이 생기고 성취감을 맛본다. 이로써 스스로의 능력과 가치를 믿는 자신감이 배가된다. 이때 강해진 내면으로부터 자신감이 주는 힘이 자연스럽게 발산된다. 말을 하지 않아도 이런 힘은 주위 사람들이 느끼게 된다. 흔히 하는 말로 내공(內攻)이다.

이런 힘은 첫째 눈으로 발산된다. 눈은 마음의 창이다. 말로는 속여도 눈은 속이기 어렵다. 번뜩이는 눈을 통해 자신감을 발한다. 두 번째, 말로 발산된다. 맑고 당당한 목소리, 긍정적인 말투가 생긴다. 대인관계를 이끌 수 있다. 세 번째, 몸으로 발산된다. 활짝 편 가슴, 반듯한 자세, 활기찬 걸음. 건강한 힘이 느껴진다. 믿을만한 사람이라는 신뢰감이 든다. 마지막으로 얼굴 가득한 미소! 웃는 자는 강하다. 강하지 않는 자는 당당히 웃을 수 없다. 이런 자신감 넘치는 모습을 가진다면 아무도 만만히, 함부로 대하진 않을 것이다.

'자 따라 해 본다! 눈 번쩍 뜨고, 목소리 가다듬고, 배에 힘주고, 가슴 펴고, 기합! 앗~!' 한순간에 수련생들의 눈빛이 바뀌고 자신감이 넘치는 모습으로 태도가 바뀐다. 이때 가족들이 보는 앞에서 새로운 벨트를 수여한다. 가족들이 자랑스러워하고 자신도 스스로가 대견스러워진다. 이렇게 심사를 마무리한다.

처음 도장을 차렸을 때 별별 녀석들이 다 와서 시비를 걸었다. 이웃동네 유단자들이며 사범들, 터프하다는 동네 건달들에, 다른 무술이나 격투기를 한다는 녀석들까지. 그때마다 직접 부딪히기보다 이런 방법으로 아예 너희는 나의 상대 거리가 되지 않는다는 메시지를 주었다. 많은 경우 이 정도 선에서 굽히고 돌아섰다. 물론 겉으론 웃으며 당당하게 보였지만 여차하면 죽기 살기로 싸울 각오로 마음속엔 칼을 품고 있었다. 나중에 친구가 돼서 들어보면 그때는 왠지 모를 서늘한 느낌이 들어서 차마 더는 못 달려들었다고 한다. 헛말은 먹히지 않지만, 속에 든 것이 있을 때, 내공이 있을 때 하는 말은 먹히는 법이다.

싸우기 전에 이긴다! 이것이 태권도를 배우는 첫 번째 목적이고 이유라고 설명한다. 일단 싸움으로 뒤엉키게 되면 승패를 떠나 나도 피해를 당한다. 싸우기 전에 이기면 불필요한 힘을 낭비할 일도 없고 경우에 따라선 적도 친구로 만들 수 있다. 매일매일 부딪히는 삶 속에서 당당하고 자신감 넘치는 모습으로 살아가는 것, 그런 힘을 쌓아 가는 것, 그것이 태권도 수련이고 태권도 병법이라고 강조한다.

권총 강도, 로우 킥(Low Kick) 그리고 Mr. 터프 가이(Tough guy)

많은 한인들이 아직도 권총 강도의 위협이 있는 위험한 곳에서 일들을 한다. 나 또한 미국 정착 초기 이런 곳에서 다년간 일을 했다. 주위에서 권총 강도를 당한 한인들 이야기가 하루건너 들려올 때도 있었다. 한 번은 이웃 도시에서 백인 강도 둘이 총으로 한인 가게주인을 위협해서 돈을 털고 뛰어나갔는데 여러 번 강도를 겪었던 주인이 참지 못해 뒤따라 나가 도망치는 차를 향해 권총을 쐈다고 한다. 곧 총알은 떨어지고 빈총을 들고 섰는데 신고를 받은 경찰들이 들이닥쳤다. 강도들이 도망을 가는 쪽을 향해 쫓아가라고 소리를 쳤지만 도리어 자기를 향해 총을 빼든 경찰들. 그들에게 항의하다 총알 세례를 받고 현장에서 사망했다. 남의 땅에서 풀뿌리 같은 삶을 살아가는 한인 동포들에게 이 사건은 큰 충격이었다.

내가 사는 도시에 두 번의 총격전에 모두 8발의 총알을 맞고도 살아나신 한인 어른 한 분이 계신다. 강도가 달라는 돈을 순순히 내주었는데도 돈을 챙기더니 머리에 대고 총을 갈겼단다. 총알에 머리를 빗겨 맞고 쓰러진 분을 향해 계속 총질을 하자 총을 맞으면서 카운터 밑에 숨겨두었던 권총을 집어 대응 사격을 해서 강도를 쫓아내어 살았다. 두 번째도 같은 꼴이 벌어졌는데 이번엔 목에 총상을 당하면서도 반격을 해 도리어 강도를 사살했다. 총 맞고 나서 하신 말씀, '대한민국 해병을 뭐로 보고!'

할 소린 아니지만 죽었다가 살아난 이 분 이야기가 정말 재미있었다. 첫 번째 총을 맞고 퇴원한 다음 매일 하루도 안 빼고 방탄조끼를 입고 일을 했는데 방탄복만 입으면 목이 갑갑하고 숨쉬기도 힘들었다고 했다. 어쩐지 방탄복하고 자기하고는 잘 안 맞나 보다 하고 견뎠는데 두 번째 총을 맞던 날 아침 가만히 보니 이제껏 방탄조끼를 거꾸로 뒤집어 입었었다는 사실을 깨달았다. 등 쪽이 앞으로 가고 앞쪽이 등 뒤로 가게 입었으니 목이 조인 것은 당연지사. 앞

뒤를 바꾸어 입고 보니 숨쉬기도 좋고 훨씬 편하더라고. 그렇게 바로 고쳐 입고 나간 그날 저녁 총을 맞았다. 그것도 하필 뒤집어 입을 땐 늘 가려주던 그 목 부분을!

이런 위험한 지역에서 가게를 하는 한인들의 카운터 밑에는 권총이 하나, 둘씩 있다. 그런데 문제는 대부분 권총을 쏴본 적도 없고 사용할 줄도 모르거나 아니면 아주 오래전 가게를 사고팔 때 끼워 받아 작동하긴 하는지도 모를 경우가 많았다. 그래서 총을 쏠 줄 아는 나한테 사격 훈련을 받은 한인들이 수십 명이다. 어떤 총이 자기 상황에 맞는 총인지, 어떤 방식으로 구입해야 하는지 등을 자문해 주기도 했다.

친구 한 명이 하는 가게에서 부친상을 치른 친구를 위로하는 자리가 있었다. 한국에 계신 부친이 위독하다는 소식을 듣고 곧바로 달려갔지만 끝내 임종을 지키지 못했다. 부모님께서 한국 계신 모든 이들은 이런 불효를 하게 될까 봐 제일 걱정이다. 어쨌든 경사는 못 챙겨도 애사는 챙겨야 하지 않겠는가 싶어 도장을 마치고 차를 달려갔다. 친구가 하던 가게 뒤편 창고에 박스를 놓고 그 위에 떼어낸 문짝을 얹어 임시로 테이블을 만들고 아저씨들 십여 명이 빼곡히 둘러앉아 있었다. 몇 명은 처음 보는 이들이었다. 간단히 인사를 하고 자리에 앉았는데 쓰러진 술병들이 어지럽게 널려있고 왠지 분위기도 좋지 않았다. 가뜩이나 이국땅에서 살아가느라 쌓인 스트레스에 술까지 섞이고 분위기도 죽죽한데 이것저것 언짢은 상황들이 겹쳤는지 고성이 오가고 있었다. 초면인 한 젊은 친구가 사람들에게 함부로 들이대는데 좀 심하다 싶었다. 게다가 내 옆에 앉은 사람은 무슨 분풀인지 '야, 이 사범! 네가 맷집 좋다며?' 그러면서 사정없이 손바닥으로 내 등짝이며 허벅지를 내리쳤다. 아무리 성격 좋은(?) 나도 그렇게 수십 대를 계속 맞아주다 보니 은근히 열이 오르고 있었다.

이민생활을 하다 보면 정말이지 하소연할 곳도 없는 답답할 일이 많이 생긴다. 한국에서라면 겪지 않아도 될 인종차별이며 신분문제에, 사업문제, 한국어권 부모와 영어권 자녀 간의 세대갈등 문제 등등. 그러다 보면 사는 게 팍팍할 수밖에 없다. 그날 따라 다들 쌓인 울분에 술까지 들어가고 이상한(?) 친구까지 하나 끼어 악재가 겹쳤나 보다. 게다가 그 친구가 하도 터프하니 다들 말리지를 못했다. 한국 같으면 이런 이상한 친구 안 마주치면 그만이지만 여긴 바닥이 좁아 피할 곳도 없다.

참다못했는지 한 사람이 술병을 거꾸로 집어 들고 달려들었다. 내가 일어나 팔을 잡고 술병을 낚아챘다. '이역만리 타향살이도 괴로운데 같은 한인끼리 왜 이러나? 좀 참자'고 했다. 한 번에 분위기가 흩어져 버렸다. 갑자기 반대쪽에서 가게주인이 권총을 뽑아들었다. 내가 총 쏘는 법을 가르쳐준 사람이었다. 그 총도 내가 구해주었고 장전도 내가 해 준 터라 어떤 총알이 몇 발 장전되어 있는 것까지 알고 있었다. 술상을 건너뛰어 총을 쥔 손을 움켜잡았다. '

이게 무슨 일이요? 아무리 그래도 총에 손을 대서는 안 되지!' 권총을 쥔 손이 완강했다. 열 받아서 안 되겠다고 저 녀석 겁주게 공포라도 쏘겠다는 것이다. 한밤중에 총을 쏘면 경찰이 출동할 것이 뻔하다. 음주운전이 큰일이듯, 음주 상태에서 사람이 모인 곳에서 총질이라면 이건 돌이킬 수 없는 사태가 된다. 한참을 설득한 끝에 총에서 탄창을 분리하고 치워두었다.

내가 나서 이 사람 저 사람 말리자 그 터프한 친구가 나한테 시비를 걸었다. '네가 태권도 사범이냐?' 그렇게 잘났으면 자기랑 붙어보자고 시비다. 술 마신 사람하고 시비해서 무엇하겠나? 계속 예예하고 받아만 주는데 끝이 안 났다. 자기도 격투기며 권투를 20년은 족히 했다고 했단다. 그러니 붙어보잔다. '그러신가? 그런데 어쩌나? 난 태권도 한 지 30년이 넘었는데?' 경륜으로 상대가 안 된다는 뜻이었다. 그러자 더 막무가내였다. 자긴 지금도 웨이트 트레이닝하고 운동 열심히 해서 아직 할 만하니 붙어보잖다. 그래서 물었다. '아, 그럼 팔굽혀 펴기도 잘하겠네! 한 번에 몇 개나 하시나?' 200개는 너끈히 한다고 했다. '그럼 안 되겠는데....... 난 한 번에 300개씩 하는데.' 말로 자꾸 지니까 그냥 나가서 붙자고 계속 대들었다. 게다가 다들 나를 바라보는 눈빛이 뭘 좀 어떻게 해보라는 눈치였다. 어차피 안에 있어봐야 분위기만 더 험해질 테고 그럼 나가자고 했다. 다른 이들이 따라 나오려고 해서 그냥 앉아들 계시라고 찬바람 쐬고 정신 좀 챙겨 들어오겠노라고 했다.

그러면서 속으로 염려가 앞섰다. 난 싸움을 몹시 겁내고 싫어하는 사람이다. 싸우기 전에 긴장감이 싫고, 싸울 때 이성을 잃는 게 싫다. 몇 대 맞는 건 겁나지 않지만 질까 봐 겁이 난다. 졌을 때의 패배감이 정말 싫고 무섭다. 시합장에서도 지고 나서의 패배감이 정말 무섭고 싫었다. 그래서 나름 피땀 흘려 훈련했지만 언제나 나보다 뛰어난 이들이 있었다. 아무리 이겨도 결국 누군가에게 또 지고 마는 심정은 안 당해본 잘 사람은 모를 것이다.

게다가 미국서 태권도 사범이 누군가를 때렸다. 이건 정말 살인미수다. 가중처벌이란 바로 이런데 해당된다. 오래전에 들은 이야기인데 LA에서 버스를 기다리던 한인 유학생 둘이 장난삼아 길거리에서 겨루기를 했다고 한다. 발로 차고 막고 자기들끼리야 낄낄대며 온갖 폼을 다 잡으며 실감 나게 놀았을 것이다. 하지만 잠시 후 신고를 받고 출동한 경찰차들이 사방에서 들이닥치더니 총을 들이댔다. 깜짝 놀란 이들이 수갑에 채워져 경찰서에 끌려갔을 때 입건 사유는 '살인미수'였다. 길거리에서 무술을 사용해서 싸움을 했다는 것이다.

한국서 듣자면 웃기는 얘기지만 그만큼 미국에선 무술을 살인기법으로 생각하기도 하고 이것을 사용했을 땐 심각한 행위로 간주한다. 그러니 나 같은 사람은 진짜 더 문제다. 주먹을 쓰면 태권도 사범이 주먹질을 했다고 큰일이 나고 그렇다고 사람 좋게 그냥 맞아주면 태권도 사범이 자기 자신도 못 지켰다고 소문난다. 그러면 밥벌이는 끝나는 것이다. 때릴 수도 없고 맞을 수도 없는 것이다. 그러니 이도 저도 못하는 상태에서 이 사태를 해결해야 한다.

어두운 뒷골목에 둘이 마주 보고 섰다. 그 친구가 두 손을 바짝 쥐고 가드를 올렸다. '누가 싸운 데?' 그러지 말고 재미 삼아 몸이나 풀자고 했다. 격투기를 했다니 로우 킥 할 줄 아냐고 물었다. 잘한단다. 그렇다면 그 로우 킥으로 나를 한 번 차보라고 했다. 황당하다는 표정으로 나를 쳐다보다가 '진짜지?' 하고 묻는다. '물론!' 어금니 꽉 물고 허벅지를 들이댔다. 그 친구가 너 한번 죽어보라는 표정을 짓더니 내 허벅지를 로우 킥으로 힘껏 걷어찼다. 퍽 하는 소리가 나고 다리가 몹시 저리긴 했지만 견딜만했다. '어쭈?' 아마 내가 맞고 주저앉을 줄 알았나 보다. '와~ 진짜 세네!' 라며 치켜세워주고 한 번 더 차보라고 했다' 그러자 이번엔 진짜 열 받았는지 같은 자리를 또 한 번 돌려 찾다. 또 퍽하고 맞았다. 엄청나게 아팠다. 그래도 버티고 서 있었다.

우리 속담에 먼저 맞는 매가 낫다고 했다. 이럴 때 쓰는 명언이다. 웃는 얼굴로 이번에 내가 차 봐도 되느냐고 물었다. 피식 웃더니 그러라고 했다. 가드를 딱 올리고 섰다. 그 친구는 웃는 얼굴 뒤에 감추어진 나의 사악한 음모(?)를 모르고 있었다. 오른발로 허벅지를 돌려 찼다. 퍽! 소리가 나자 휘청했다. 아무렇지 않은 척 서 있긴 했지만 얼굴 표정이 바뀌긴 했다. '역시 만만한 상대는 아니었군! 하지만 이럴 줄 알고 내가 두 대 맞아 준거지!' 같은 다리는 아플 테니까 이번엔 다른 쪽을 차겠다고 했다. 그리고는 쭉 밀고 들어가며 허리를 깊게 넣어 왼발로 돌려 찼다. 일명 '이중타법!'(태권도의 과학 259페이지 참조.)

(하단 돌려차기로 도낏자루 꺾기. 날아가는 도끼날과 부러진 자루가 보인다.)

퍽! 소리와 함께 휘청하더니 두 다리가 풀린 채 확 무너졌다. 두 무릎이 땅에 닿기 전에 얼른 받아 주었다. 아무리 미워도 무릎까지 꿇게 되면 평생 자존심에 상처받을 것 같아서였다. 내 어깨 기대어 걸쳐 놓고 한마디 했다. '야, 운동했다더니 진짜 했나 보네. 나한테 맞고도 이렇게 멀쩡하게 서 있는 걸 보니, 대단해!' 주저앉을 수도 서 있을 수도 없는 상태에서 그 친구는 입만 벌린 채 말을 잃었다. 혼자서는 이미 다리가 풀려 설 수도 없었다. 이때 내가 달려들기라도 하면 어쩔 것인가? '왜 성에 안 차면 주먹질도 해볼거나?' 이건 쓰러진 사람을 밟아버리는 것과 마찬가지인 심리전이었다. 커다래진 눈에 공포가 비쳤다. 고개를 저었다.

간신히 몸을 추스를 수 있게 된 후에야 안에 들어가자고 했다. 실내로 들어서는데 다들 눈을 동그랗게 뜨고 우리를 쳐다보았다. '이 사범, 조금 전에 그 소린 뭐요?' '글쎄요?' 갑자기 공손해진 그 친구의 태도로 보아 다들 대충 짐작은 간다는 투였다. 소란했던 장내가 정리되자 그럭저럭 분위기 좋게 한잔씩들 더 하고 자리가 파했다. 하나둘씩 가족들을 불러 차를 태워 보내고 뒷정리를 해주고 나서 나도 마지막으로 아내를 불러 돌아갔다. 그날 이후 행여 그 친구 민망할까 봐 그 일에 대해선 쉬쉬했다. 하지만 나만 입 다문다고 될 일은 아니었다. 대번에 한인들 사이에 소문이 났다.

나중에 그 친구가 불쑥 우리 집에 찾아왔다. 초면 인사를 그렇게 한 터라 내심 다음엔 얼굴을 어떻게 보나 노심초사를 했었는데 그 친구가 찾아와 주어서 서로 사과를 하고 웃고 말았다. 그 친구는 그날 자신이 실수했던 사람들을 일일이 찾아가 사과를 구했다. 그러고 나니 오히려 다들 친해졌다. 이후에 보니 그렇게 사람 좋은 친구일 수가 없었다. 의리도 좋고 배운 것도 많고 매사에 바른 사람이었다. 동양 사람이 들어가기 힘든 미국 대기업에서 중견 엔지니어로 근무하는 실력 있는 친구였다. 그런 그가 그날의 실수를 만회하고자 자기 도움이 필요한 일이 생기면 회사 일도 놓고 달려가 도와주어 모든 사람에게 칭찬받는 친구가 되었다. 손재주가 좋은데다가 영어도 잘하고 미국 생활도 잘 알아 여러 사람이 도움을 받았다. 컴퓨터 프로그래밍도 잘해 우리 집사람도 박사논문 쓸 때 여러 프로그램으로 도움을 받아 이 친구를 무척 좋아했다. 정말 뭐든 척척 박사였다. 동네 고장 난 컴퓨터는 이 친구가 거반 수리해주었다. 온갖 한인들의 애경사를 회사까지 빼먹어 가면서 다 챙겨주었다. 그래서 다들 집에 먹을 것 생기면 그 친구부터 불렀다. 놀기도 잘하고 입담도 좋고 아는 것도 많아 같이 있으면 정말 배울 게 많은 친구였다. 어쩌다 그런 사람이 딱 하루 실수한 꼴을 보였는지.

서로 격 없이 친한 사이가 된 후에 사람들이 그날 일을 언급하며 서로 배꼽을 잡고 웃는다. '어이, 왜 몸 근질거리면 이 사범이랑 또 한판 붙지?' 그러면 내가 말린다. '아, 그만들 해요. 지난 일 가지고 자꾸 민망하게.' 그 친구도 성격이 참 좋다. '내가 미쳤어요? 또 그러게? 그날일 만회하느라고 내가 얼마나 고생인데. 하여튼 그날 이 사범님 없었으면 다 죽었어, 진짜!' 그리곤 다들 웃고 만다.

이역만리 타향살이가 쉽지만은 않다. 남들이 말하는 아메리칸 드림은 꿈속에서나 꾸어본다. 우리 같은 서민들에겐 필요할 때 도움되는 이런 친구야말로 진정한 재산인데 올봄 그 친구도 다른 먼 도시로 떠나고 말았다. 한 번 만나면 헤어지고 마는 것이 인생이라지만 그래도 못내 서운했다.

그날 내가 잘한 일은 없었다. 술 취한 사람을 상대로 꼼수를 부렸으니. 한쪽 다리만 차면 다른 한 다리로 서 있을까 봐 양쪽을 찬 것이었다. 그래도 지금 생각해 보면 딱 하나, 그 친구가 무너질 때 받아준 것. 아무리 적수라도 마지막 자존심은 지켜주려 애썼다는 것,

그거 하난 잘한 것 같다. 그러지 않았으면 이런 좋은 친구를 평생 사귈 기회가 없었을 테니. 남자는 싸우면 적이요, 사귀면 벗이라 않던가? 찬바람 부는 계절이 오니 이런 벗이 더욱 그리워진다.

인종차별, 나만의 국가대표

우리 도장이 있는 마을은 남북전쟁 당시 최고 격전지 중 하나였다. 단 이틀간의 전투로 3만 7천 명이 죽어나간 곳이다. 아주 옛날에는 소위 잘나가던 도시였다고 한다. 하지만 지금은 우거진 숲 사이로 목장들만 즐비할 뿐 이렇다 할 것 없는 시골 마을이 돼버렸다. 세월의 흐름에서 빗겨 나간 마을이라 그런지 변화에 무딘 고인 물이 되어 버렸다. 그러다 보니 특이한 것이 미국에서도 보기 드문 백인 중심의 마을로 남았다는 점이다. 물론 흑인들도 있지만 다른 도시들에 비해 현저하게 적다. 미국서 흔히 볼 수 있는 멕시코나 과테말라 출신의 남미(南美) 노동자들조차 찾아보기 힘들다.

이런 마을에 처음으로 커다랗게 Tae Kwon Do란 간판을 달고 도장을 열었다. 어떤 할머니는 양말을 파느냐고 묻기도 했고 어떤 이는 메뉴 좀 보자고 들어오기도 했다. 이런 마을에서 영어도 짧고 발음도 어색한 동양 사람이라면 가난한 나라에서 돈이나 벌려온 사람 취급을 당한다. 그러니 웬만한 무시는 감수하고 살아가야 한다. 가게에 가도 점원과 손님끼리 농담도 하고 인사도 잘 건네다가 내 차례가 되면 입을 다물고 물건만 싸 주거나 힐긋 쳐다보다가 눈이 마주치면 고개를 돌렸다.

그러거나 말거나 축제 때마다 거리에 나가 시범을 했다. 학교에 가서 봉사활동으로 전교생에게 태권도를 가르치기도 했다. 그렇게 십 년을 지내고 보니 학교에 갈 일이 생기면 복도에서 꼬마 아이들이 쪽~ 줄을 서서 손을 흔들고 아는 체를 한다. 조금이라도 안면이 있다 싶은 녀석들은 달려와 한 번씩 안기고 간다. 건축자재상에 가면 동네 아저씨들이 먼저 말을 걸며 반가워한다. '또 블록 깨려고 하느냐? 한 번에 몇 장이나 깰 수 있느냐?' 어떤 때는 다짜고짜 '내가 돈 낼 테니까 여기서 한번 보여줄 수 있겠느냐?'고 묻는 사람들도 있다. 그러면 웃으며 점잖게 대답한다. '제가 광대로 보이십니까?' 대번에 움찔한다. 돈 낸다고 아무 때나 재주 부리는 사람이 아니라는 뜻이다. 이렇게 주목을 받다 보니 이 마을에선 행동이 자연히 조심스러워 지게 되었다.

마을에 중국음식집이 있는데 가끔씩 수련생들을 몰고 가 함께 식사를 한다. 물론 테이블에선 나를 중심으로 대화가 오가고 웃고 떠든다. 어떤 때는 다른 테이블의 손님이 대신 계산을 하고 가기도 한다. 아마 가족 중에 누군가 나한테 태권도를 배운 사람이었으리라. 그러니 이 중국 분들이 나를 보는 눈이 의아할 수밖에. '같은 동양인인데다가 영어도 벅벅거리는데 왜 저놈만 이리 대접을 받나?'

도장에서는 수업시간에 한국말로 구령이 붙여진다. '차렷, 국기에 대하여 경례, 하나 둘 셋 넷, 준비, 시작, 그만, 감사합니다.' 등등. (꼬마 아이들은 아예 발음이 한국 사람과 똑같다!) 그러니 수업시간엔 사범이 최고다. 영어 못한다고 무시당하는 일도 없다. 그런데 어떤 영어단어는 아무리 반복해서 발음을 해줘도 못 알아먹는다. 그러면 '학창시절 영어 선생님께서 일본 유학파라서 그래!'하며 영어 못하는 책임을 일본에 슬쩍 떠넘기기도 한다.

스미스 아저씨네 추수감사절 식사에 초대받아 간 적이 있었다. 동네 이웃들도 초청한 자리였다. 큰 식탁에 둘러앉아 칠면조 요리를 잘 먹고 나서 차를 마시는데 내 옆의 아주머니가 돌발적인 발언을 했다. 발언의 요지는 대충이랬다. 자기는 컬러드 피플(colored people, 유색인종: 이 표현 자체가 이미 심각한 인종차별이다.)들이 너무 싫다. 흑인들은 못 배우고 무식한 것들이 목소리만 크다. 동양 것들은 돈만 안다. 게다가 애들은 혹독하게 공부시켜 우리 애들을 다 잡아먹고 있다. 딸이 다니는 고등학교에 가봤더니 유색인종들이 많더라. 교장한테 가서 왜 우리 딸이 이렇게 많은 유색인종 사이에서 공부를 해야 하는가? 유색인종들을 받지 말라고 따졌다. 교장이 그럴 순 없다고 하자 아예 딸을 유색인종이 거의 없는 이 마을 학교로 전학을 시켜버렸다고 했다.

듣는 이들의 얼굴이 굳어졌다. 물론 나 때문이다. 나를 초청한 스미스 아저씨 내외는 아예 창백해졌다. 자꾸 화제를 돌리려고 하는

데도 막무가내로 그 주제만 물고 늘어졌다. 식사 전에 인사를 잠깐 했었지만 내가 여름 한 철 잘 놀고 까맣게 타버린 백인으로 보였었나? 이처럼 백인들끼리만 모인 자리에 유색인종이 끼어 있으리라곤 생각 못한 듯 보였다. 나중에 헤어질 때도 웃으며 악수까지 하고 헤어졌다. 스미스 아저씨 내외가 어쩔 줄 몰라 하며 평소에도 말에 실수가 있는 아줌마니 부디 이해해 달라며 사과를 했다. 그런데 정작 나는 당황하지도 기분 나쁘지도 않았다. 그저 항상 느끼던 장벽 너머 백인들의 솔직한 심정을 듣게 되어서 좋은 공부가 되었다고 생각했다. 만약 내가 열 받아 경찰에 신고를 한다면 이것은 심각한 혐오범죄(Hate crime)로 구분되기 때문에 혹독한 법의 심판을 받게 될 일이지만 말이다.

난 돈을 잘 못 버는(?) 재주를 가지고 태어났다. 물론 부지런하지도 못하고 실력도 형편없어서겠지만, 굳이 또 다른 핑계를 들자면 돈만 밝히는 동양인으로 비치기 싫어서이기도 하다. 난 태권도를 통해 한국의 우수한 문화를 전하러 왔지 돈만 벌려고 온 것이 아니다. 내가 도움을 주러 온 거지 도움 받으러 온 것이 아니다. 그것이 평소 내 주장이다. 그러다 보니 돈과 연관되는 일이 생기면 내가 손해 보더라도 대충 넘어가고 만다. 물론 이건 바른 일도 아니고 속도 쓰리지만 그래도 행여나 '돈! 돈! 돈!' 하는 모습으로 비칠까 봐 그렇다.

아이들이 학교에서 모금행사를 한다고 쿠키며 초콜릿, 다디단

팝콘 등을 팔러 다닌다. 어디 먼저 가겠는가? 가장 No 소리 못하고 사줄 만한 사람에게 온다. 바로 나다. 이거 다 팔아 주려면 지갑에 구멍이 난다. 사무실에 물건이 쌓이면 아이들에게 나누어 주기도 하지만 그래도 남아 할 수 없이 이것들로 끼니를 때우기도 한다. 어쨌든 이렇게 나를 좋아해 주는 수련생들 덕분에 인종차별은 못 느끼고 살게 되었다.

군대 가면 효자 아닌 자식이 없고 외국 나가면 애국자 아닌 국민이 없다고 한다. 내가 그랬다. 한국에 대한 좋은 자료가 있으면 수업시간에 앉혀 놓고 보게 한다. 김연아의 동계올림픽 경기도 수업시간에 다 앉혀 놓고 보여줬다. 야구나 골프는 할 줄도 모르면서 '찬호 박!, 세리 박! 미쉘 위!' 등을 외쳤다. 좋은 한국영화가 나오면 옹기종기 모여 감상하기도 한다. 요즘은 싸이의 강남스타일 덕분에 또 고개 들고 산다. 기회 있을 때마다 금속활자, 첨성대, 석굴암, 한글, 신기전, 거북선 등을 들이대며 한국 문화의 우수성에 대해 열변을 토한다. 한국에 대한 것은 무조건 좋은 것만 보여준다. 편파보도이긴 하지만 뭐 어쩔 수 없다.

그러다 보니 동네 학교들에서 사회시간이나 외국어 시간에 와서 한국 좀 소개해 달라는 부탁이 들어온다. 그러면 각종 한국 역사, 전통, 현대의 발전상이 담긴 비디오 자료나, 사진 자료를 만들어 가서 한 시간씩 멋지게 수업을 해 주고 온다. 휴대폰 중에 삼성, LG를 가진 사람 손들어 보라고 하면 반이 훨씬 넘는다. 기아, 현대 차를 보여주고 월마트에 나와 있는 한국 컵라면을 보여주고 이렇게 한국이란 나라가 우리 곁에 아주 가까이 있음을 설명한다. 이젠 한국을 알고 배우고 따라가야 할 시대임을 역설한다. 그러고 나면 선생님들도 한국이 이렇게 대단한 나라인 줄 미처 몰랐다며 고마워했다. 그것이 연장되어서 대학 교양과목 시간에 '한국 대표문화로서의 태권도'라는 주제로 강연을 하기도 했다.

한국은 해마다 유행과 첨단기술이 바뀌는 나라다. 그러니 한국에 다녀올 때마다 보고 온 새로운 선진문물을 마구 떠들어 댄다. 미국은 땅이 워낙에 넓어 유행이란 것이 쉽게 바뀌지 않는다. 더구나 세월의 흐름에 뒤처진 시골 마을 사람들은 내 이야기를 들으면 '우~아!'하고 놀란다. '나라는 작아도 국민이 작지는 않다! 인구는 적어도 인재는 많다! 그러니 한국을 만만히 보지 마라!' 그게 내 주장의 요지다.

수련생들의 애경사를 챙기다 보면 결혼식이나 장례식에 갈 때도 있다. 가보면 역시 동양인은 딱 나 하나다. 신랑 신부가 정중하게 허리 숙여 절을 하면 반갑게 손을 잡아 주고 장례식장에서는 상을 당한 가족들의 어깨를 감싸 안고 위로해 준다. 그때 나를 향해 쏟아지는 시선들이 느껴진다. 내가 이런 자리에서 남들 눈에 더욱 띄는 것은 바로 한복을 입고 다녀서이다. 난 수련생들과 관계된 자리에 갈 땐 꼭 한복이나 개량한복을 입고 다닌다. 시합장이나 심사장에 갈 때도 그렇다. 되도록 한국인으로서의 내 색깔을 분명히 드러내려고 노력한다. 이런 복장은 우리 수련생들이 더 좋아하기도 한다. 우리 사범님은 좀 특별해 보이지 않는가?

난 국가대표다. 대부분의 내 도복에는 태극마크가 달려 있다. 아무도 나를 국가대표로 임명하진 않았지만, 외국에서 태극마크를 달고 사니 나 홀로 국가대표다. 이곳에서 난 더 이상 한 개인이 아니다. 한국을 대표하는 문화 사절이다. 내 모습이 곧 한국의 위상으로 직결된다. 내가 못난 짓을 하면 한국도 못났을 것으로 생각할 것이고 내가 잘하면 한국도 잘나 보일 것이다.

태권도를 배웠다는 이유 하나만으로 현대, 기아차를 타고 삼성, LG 휴대폰을 들고 다니며 K-pop을 듣고 한국 영화를 보는 수련생들이 늘고 있다. 이들은 한국인들과 한국 문화는 우수하며 한국을 배워야 한다는 사실을 나 대신 강변하고 다닌다. 사실이 그렇기도 하다. 요즘 들어 한국이 모든 방면에서 미국이 따라가기 힘든 눈부신 도약을 하고 있다. 물론 조국의 무한경쟁 사회 속에서 치열하게 하루하루를 전쟁처럼 살아가는 분들이 있기에 가능한 일일 것이다. 그런 분들과 자랑스러운 내 조국 대한민국이 있기에 난 오늘도 미국 시골 땅에서 어깨에 힘주고 살아간다.

프로(Pro)와 천직의식(天職意識)

프로 구단에서 뛰는 야구 선수나 축구선수, 그리고 '국민 여동생', '국민요정' 등의 수식어가 붙는 소위 잘나가는 프로선수들이 있다. 중소기업 사장보다 높은 연봉에 끊임없는 팬들의 사랑과 식을 줄 모르는 인기. 세상 부러울 것 없어 보인다. 역시 프로는 다르다는 생각이 든다. 그런데 나는 어떠한가? 높은 연봉도 들끓는 팬들의 사랑도 인기도 없다. 번잡한 거리를 걸어보지만 누구 하나 눈길 주지 않는다. 그렇다면 나는 프로인가? 아니면 아마추어인가?

프로는 프로페셔널(Professional: 전문가)의 준말이다. 꼭 프로 구단에서 고액의 연봉을 받는 사람만을 말하진 않는다. 수입의 많고 적음을 떠나 전문 기술로 밥벌이하는 사람을 일컫는다고 할 수 있을 것이다. 그런 면에서 의사도 프로고, 요리사도 프로고 어부도 프로고 태권도를 가르치는 나도 프로다. 이에 비해 아마추어라고 하면 여가로, 취미로나 그 일을 하는 사람이 아닐까 싶다. 물고기 잡는 일로 비교를 해 본다면 그저 재미로 낚시를 즐기는 사람이라고나 할까? 이렇게 물고기를 잡아선 생계를 유지하기 힘들 것이다. 바둑이나 컴퓨터 게임도 아마추어와 프로와는 명확한 구분이 있다. 이처럼 프로와 아마추어의 차이는 그 전문성을 인정받아 자신의 기술로 밥벌이를 하는지 그렇지 못한지가 가장 중요한 기준이 될 것이다.

주위에서 취미생활에 올인(All in)하는 사람들을 본다. 피곤한데도 잠을 아껴 새벽에 공 먼저 차고 출근을 한다. 주말이면 산으로 들로 자전거를 타고 달린다. 가욋돈이 생기면 자기 수준에 넘치는 장비들을 사들인다. 실력보단 장비에 의존하기 때문이다. 하지만 이들도 애착만큼은 프로에 뒤지지 않는다. 그런데 왜 이들은 그토록 좋아하는 일에 프로가 되진 않을까?

프로라면 그 분야에서 목숨을 걸고 피 터지게 노력한 경험이 있는 사람이다. 지금의 위치에 도달하기 위해 수많은 피땀을 흘린 사람이다. 수백 번 그만두고 싶은 충동을 느끼면서도 인생 전체를 걸고 그 길을 굳이 걷는 사람이다. 이에 반해 아마추어라면 신선한 열정으로 재미있게 즐기긴 하지만, 자신의 생활까지 포기할만한 필요나 용기는 내지 못하는 사람이 아닐까. 즐거움은 누리고 싶지만, 고난까진 원치 않는 정도랄까. 그러다 보니 오랜 노력과 경험에서 나오는 프로의 전문성을 따라갈 아마추어는 많지 않다. 이런 기준에 비추어 본다면 알 수 있을 것이다. 자기가 프로인지 아마추어 인지를.

그런데 프로들은 너무 많은 고난을 겪어서인지 몸이 병들고 마음이 지쳐 시간이 흐를수록 떠나버리고 싶은 마음이 들 때도 많다. 그러니 프로의 전문성과 아마추어의 신선한 열정을 동시에 지속시킬 수만 있다면 얼마나 좋을까?

나는 헤어스타일이란 것을 일찍이 포기한 사람이다. 받쳐줄 만한 인물이 없으니 뚜껑 잘 덮고 다닌다고 별달라질 것도 없어 그렇다. 오랫동안 집에서 혼자 기계를 머리에 대고 죽죽 밀어 버렸다. 그런데 언제까지 '깍두기' 머리만을 고집할 수 없어서 올해부턴 이발소에 다니기로 했다. 내가 다니는 이발소는 통 유리창에 빨강, 파랑, 흰색 페인트로 Barber shop(이발소)이라고 달랑 적어놓은 것이 전부인 곳이다. 어두운 실내엔 달랑 이발 의자 두 개가 놓여 있지만, 항상 한쪽은 비어있다. 이발사라야 하얗게 머리가 쉰 할아버지 한 분뿐이라 그렇다. 백 년은 돼 보이는 사슴 대가리와 물고기 박제만 뽀얗게 먼지를 뒤집어쓴 채 손님들을 내려다보고 있다. 아마 미국이니까 아직도 이런 풍경이 남아 있지 않나 싶다.

오가는 손님들이라곤 빛바랜 흑백 사진 속에서 튀어나온 것 같은 할아버지들뿐이다. 손님 중에 내가 제일 젊다. 그래서 할아버지가 나만 오면 "헤이, 영맨! (Hey~, young man!)" 하며 좋아하신다. 머리를 깎으며 노인들끼리 나누는 얘기를 듣다 보면 군대 얘기가 많이 나온다. 동서를 막론하고 예비역들은 군대 얘기를 평생 달고 사나 보다. 그런데 소재가 2차 세계대전 때 독일군, 일본군들과의 전투 얘기나 한국전 참전 내용들이었다. 일흔을 넘기신 우리 아버지가 월남전 출신이신데 도대체 이분들은 연세가 얼마란 말인가? 아흔이 넘은 할아버지들도 여럿 계셨다. 이발소 풍경도 1970년대인데다가 이들이 나누는 이야기를 듣다 보면 마치 타임머신을 타고 먼 옛날로 돌아간 느낌이 든다. 이 이발소에선 난 젖도 못 뗀 '

아기'였다.

이발사 할아버지는 억센 남부 사투리에 허리가 곧고 손이 빠르신 분이다. 정정하셔서 60대 중반이라고 생각하고 있었다. 연세를 여쭤 보았다. "나? 일흔 아홉!" 예? 농담이시죠? "아냐! 내가 이발만 55년째여. 가위 잡은 그 해에 결혼했으니까 마누라도 55년째고. 운전면허증, 사업자등록증도 다 유효기간에 만기가 있는데 그놈의 결혼증명서는 만기일이 없어서 지겹지만, 그냥 같이 살아!" 그러곤 껄껄껄 웃으신다.

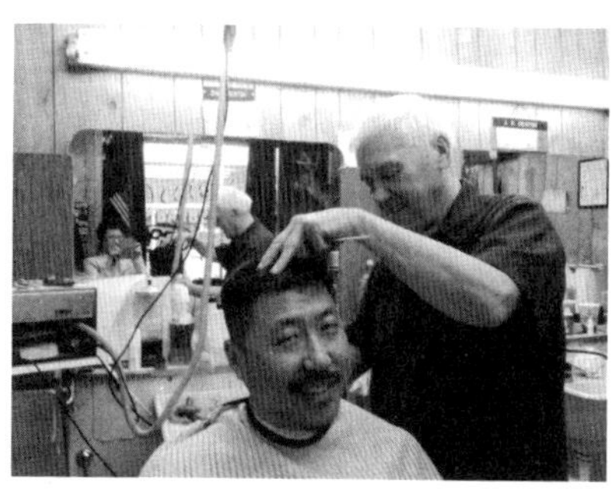

(55년 경력의 79세 프로 이발사 할아버지)

아니 그 연세에 은퇴도 안 하시고 힘들지 않으시냐고 물었다. "웬걸 난 이 일이 좋아. 그래선지 별로 힘도 안 들고. 그냥 죽기 전까지는 해 보려고" 아침 일찍 집안 정원을 가꾸고 나와 종일 오가는 손님들 맞는 것이 즐겁다고 했다. 돈을 벌 필요보다 사람들을 만나 얘기를 나누고 단정해진 모습으로 나서는 손님들을 보는 낙으로 일하신다고 했다. 혹시 할아버지가 우리 주(州)에서 가장 연세 많으신 이발사냐고 물었더니 아니란다. 다른 도시에 아흔두 살 되신 할아버지가 아직도 가위를 잡고 계신다고 했다. 천직(天職)이란 이럴 때 두고 하는 말인가 싶다.

지금부터 35년이 더 흘러 내가 저 연세가 되어서도 저렇게 정정하게 수련생들 앞에 설 수 있을까? 저렇게 자기 일에 즐거워하며 종일토록 덕담을 나누며 살아갈 수 있을까?

중학생 조카가 방학을 맞아 미국에 왔다. 한 달간 있다가는 사이에 놀 생각 말고 영어나 좀 익혀가라는 뜻에서 매일 과제를 내주었다. 도장에서 미국 친구들과 태권도 하기, 한 시간씩 동갑내기와 마주 앉아 회화 배우기. 그리고 나선 제대로 했는지 시험을 봤다. 낮게 선 주춤서기 자세에서 그날 배운 것을 다 되뇔 때까지 못 일어나게 했다. 더듬더듬 배운 것을 주워내다 보면 금방 다리가 저려 온다. 대충 끝내고 일어서려고 하면 눌러 앉혔다. "우리 집 가훈이 밥값하고 밥 먹기다. 밥값 못하면 계속 주춤서기야!" 매일 5~10분씩은 그렇게 시험을 보는데 이 시간이 조카한테는 무척 고통스러웠나 보다. 모처럼 애틀랜타에 모임이 있어 구경도 시킬 겸 동행을 했다. 한 원로 관장님께서 '미국 와보니 재미있더냐?'고 물으셨다. 그러자 조카 녀석 인상이 영 아니라는 표정이었다. 신 나게 놀 줄 알았는데 고모부란 사람이 맨 날 주춤서기만 시켰다는 것이다. 그랬더니 관장님 왈, "뭘, 5분 주춤서기 가지고 그러냐? 난 50년째 주춤서기하고 있는데." 그 말씀에 다들 큰 소리로 웃었지만, 조카 녀석은 아예 사색이 되고 말았다. 아마 평생 태권도는 하지 말아야겠단 생각을 했을지도 모르겠다. 50년째 주춤서기라. 농담 반 진담 반으로 하신 말씀이었지만 이런 분이 바로 외길인생을 걸으신 프로시구나 하는 존경심이 느껴졌다. 미국에는 칠십이 넘은 연세에도 매일 도복을 입고 수련생들을 지도하시는 관장님들이 아직도 많이 계신다. 이런 일은 정말이지 천직의식(天職意識)이 없으면 불가능한 일일 것이다.

자신의 천직을 안다는 것. 그것이 바로 공자님이 말씀하신 지천명(知天命)일 것이다. 자신이 걷는 길을 하늘이 내리신 사명으로 알고 천직으로 여기며 살아가는 사람 그가 바로 프로가 아닐까? 나에겐 이런 천직의식, 프로 의식이 있는가. 곱씹어 보게 된다.

그렇다면 아마추어가 아닌 프로라면 어떤 능력을 지녀야 하는 것일까? 인터넷에 떠도는 재미난 비디오 클립들 중에 고속카메라로 물풍선이 터진다든지 날아온 축구공에 맞는 등 일상 속의 흔한 소재들을 찍어 슬로우 모션으로 올려놓은 동영상들이 있다. 그런데 고속카메라로 찍힌 세계는 정말 신기하고 다르게 보였다. 그 단순한 사건 속에 그렇게 복잡다단하고 신비로운 세상들이 들어 있다니! 프로라면 이렇게 같은 사물을 보더라도 보통사람들에겐 보이지 않는 세상을 들여다볼 줄 아는 안목이 필요하지 않을까?

일본의 검성(劍聖) 미야모토 무사시도 오륜서에서 사물을 바라

볼 때 견(見)하지 말고 관(觀)해야 한다고 조언을 했다. 견이 얕고 넓게 보는 것이라면 관이라면 깊게 꿰뚫어 보는 것이라 할 수 있다. 세상 사물은 겉으로 보이는 것이 다가 아닌 것이다. 그 안에 숨겨진 이치가 있게 마련이다. 이 숨겨진 이치를 볼 수 있어야 난관을 뚫고 나갈 수 있다. 이것이 진짜 힘이고 능력이다. 내가 미처 보지 못했던 사물의 뒷면을 꿰뚫어 본 사람들이 바로 유명 작가, 감독, 천재, 보스, CEO, 뛰어난 정치인들이다. 관(觀)의 안목을 갖춘 사람들이다. 그러기에 사회의 리더들로서 각 분야에서 뛰어난 프로들로 인정받고 있는 것이다.

이 글을 읽는 사람들이라면 무예에 관한 한 일가견(一家見), 즉 자기 분야에 독자적인 안목을 갖춘 프로들일 것이다. 무협지의 표현을 빌리자면 강호(江湖)에 속한 사람들일 것이다. 강호에는 지금 어떤 문제들이 발생하고 있는가? 좁디좁은 바닥에 끝없이 불어만 가는 경쟁 도장들, 부익부 빈익빈의 경제적 악순환, 인력수급의 어려움, 기득권층의 횡포, 종잡을 수 없는 국가, 협회의 정책, 미래에 대한 불안감으로 출구가 보이지 않는 미로 속을 헤매는 것 같다. 그러다 보니 끊임없이 생겨나는 문제들과 현실에 대해 실망으로 분노를 느끼고 있는 이들도 생긴다.

난 우주의 어떤 문제에도 답은 있다고 믿는 사람 중 하나다. 신이 계신다면 문제만 만들고 답은 만들지 않으셨겠는가? 어느 열쇠공이 자물쇠만 만들고 열쇠는 만들지 않겠는가? 물론 어떤 문제도 쉽게 답을 찾긴 어려울 것이다. 하지만 답은 있다!

참선수행을 하는 수행자들이 화두 수련을 한다. 절대로 답이 없을 것 같은 문제를 가슴에 품고 고민에 고민을 거듭하다 보면 죽을 것 같은 고통 속에서 모든 생각이 다 정지해 버리고 고민하던 자신마저 잊게 된다. 결국, 자신의 모든 사상과 신념마저 다 내려놓고 사라지게 되면 그때 비로소 섬광처럼 답이 터져 나온다고 한다. 마침내 득도(得道)에 이르는 것이다. 지도무난(至道無難). 도에 이른즉 더 이상 아무 어려움이 없다! 즉, 어떠한 문제에도 답을 얻게 되고 어떤 난관도 뚫고 갈 수 있게 된다!

비단 종교 수행자가 아니라도 누구든 문제를 직시하는 하고 그 문제를 가슴에 품고 피눈물로 삭히는 과정을 거치면 답이 나오게 되어 있다. 마치 모래알을 품은 진주조개처럼 말이다. 그렇게 답을 내다보면 하나씩 문제들을 해결할 수 있는 능력이 배양되기 시작한다. 즉, 내공이 쌓인다. 이런 내공을 갖추게 되면 문제는 사라지고 삶은 점점 가볍고 맑아지게 되는 것이다.

득도는 비단 종교 수행자들만의 것이 아니다. 무예의 길(道)을 걷는 이들은 이미 도인이다. 각자의 길을 걸어가면서 하나씩 삶을 깨달아 가는 것이 바로 득도의 과정이다. 무인(武人)에게 있어서 수행과 생활은 둘이 아니다. 우리 무예지도자들은 지혜로운 이들이며 나보다 남을 먼저 헤아리고 돌아볼 줄 아는 뜨거운 가슴을 가진 이들이다. 우리는 먼저 깨닫고 깨달은 바를 우리를 따르는 수련생들과 이웃들에게 나누어주어야 할 책임이 있는 사람들이다.

우리가 걷는 이 길이 자신의 길이라고 믿는다면 다시 한 번 천직 의식을 다잡고 살아가야 할 때이다. 영혼이 없는 전문가를 상상할 수 없듯이 자신의 길에 영혼과 마음을 담아가는 사람만이 진정한 프로가 될 수 있다. 바르게 자신을 닦아 나가는 프로라면 분명 하늘이 먼저 알고 도울 것이다.

한밤의 어둠보다 동트기 전 새벽 미명이 더 어둡다고 했다. 깊은 어둠이 지나야 동이 트기 마련. 여기서 주저앉지 말고 조금만 더 인내하고 나아가 보자 곧 터져 오르는 태양을 보게 될 것이다.

미국에서 사범으로 살아가기

미국에 오기 전에 들은 말이 있다. 미국 가면 절대 '여자조심!'이라는 말이었다. 사범이 수련생들을 가르치다 보면 의외로 멋지게 보일 수가 있다. 그러다 보면 미모의 여인들에게 데이트 신청이 들어오곤 하는데 '절대 사절' 해야 한다고 들었다. 만약이라도 개인적인 만남을 갖게 되면 온갖 스캔들로 사범 생활은 끝이라는 것이었다. 변변한 여자 친구 하나 없이 청춘을 방황하던 내겐 그것은 경고라기보다 설레는 유혹에 가까운 말이었다.

하지만 미국에 발을 들여 놓고 보니 나에겐 별 해당 사항이 없었다. 나의 우직함과 경노사상(?)이 빚어낸 결과였다. 주위에 몰려드는 할머니 팬들 덕에 자연스레 젊은 여인들은 범접할 틈이 없었다. 짧은 영어의 젊은 사범이 볼 때마다 살갑게 굴어주니 얼마나 귀여웠겠는가.

그런데 주름이 청년의 얼굴을 가려버린 어른 관장님들의 옛이야기들을 듣다 보면 정말 다른 세상이 존재했었던 것 같다. 시범이 끝날 때마다 수많은 미녀의 싸인 공세에 시달리고 이리저리 끌려다니며 사진을 찍어주고. 간신히 자리를 뜨고 나면 차를 타고 추격해 오며까지 데이트 신청이 줄을 이었다고 했다. 도장 안에서도 미모의 여성들이 서로 사범님의 주말 스케줄을 차지하겠다고 경쟁을 벌이다가 소동이 일어났던 일들이며 금발의 미인들이 온갖 물질공세에 도장 하나 따로 차려 줄 테니 결혼해 달라고 구애를 했다는. 전설 따라 삼천리.......

미국은 성문화가 상당히 자유로운 나라 중 하나이다. 그래서 미국을 만만히 보는 시선도 있는데 그건 좀 달리 생각해 봐야 한다. 여름이면 젊은 여성들은 속옷인지, 겉옷인지 모를 옷을 입고 온몸을 다 내보이며 거리를 누빈다. 몸매도 톱 모델급이다. 이러니 남성들의 시선을 안 모을 수가 없다. 그런 자유분방한 나라지만 성추행에 관한 기준은 매우 단호하다. 당한 사람입장을 기준으로 적극 해석되기 때문인 것 같다.

미국 법은 성범죄를 살인에 버금가는 중범죄로 다룬다. 주(州)마다 차이는 있지만, 특히 미성년자 대상 성범죄자에게는 징역 25년형부터 종신형 또는 무기징역을 선고하며, 플로리다 등 6개 주는 사형을 선고한다. 피해자가 16세 미만이면 가중처벌하고, 12세 미만일 경우 형량이 그보다 한 단계 더 무겁다. 아동 대상 성범죄로 두 번 유죄판결을 받으면 무조건 무기징역에 처해 사회와 격리하는 '투 스트라이크 아웃'제도 시행하고 있다.

사실 도장에서도 성추행에 관계된 일로 문제가 발생하는 것을 종종 듣는다. 이 때문에 도장 문을 닫게 되거나 사범을 재기불능의 상태로 만드는 치명적인 결과를 불러오기도 한다. 잠시도 방심하면 안 되는 일들이다. 결혼 안 한 싱글(single)이라고 이 사람 저 사람 사귀다가 혼선이 생겨 전쟁을 치르기도 하고, 미성년자와 개인적인 접촉을 가졌다가 철창신세를 지기도 한다. 성문화가 매우 자유롭다는 미국이지만 만약 이런 일에 연루되게 되면 그 결과는 한국과는 비교되지 않을 만큼 혹독하다. 정말이지 박살난다. 이런 일은 비단 '여자문제'로 국한되지 않는다. 미국은 '남자문제'도 고려해야 하는 나라이기 때문이다.

그래서 도장에서 수련생들을 대할 때 사범에겐 더욱 엄격한 잣대가 적용된다. 지도를 위해서 꼭 필요한 정도 이상의 신체접촉은 엄격히 금한다. 함부로 어깨 이상에 손을 대면 안 된다. 어린 꼬마 아이들이라도 부모허락 없이 함부로 안아주거나 뽀뽀를 해선 안 된다. 화장실 사용을 도와주거나 옷을 갈아입는 것을 도와주는 짓을 해서도 절대 안 된다. 불가피한 상황이라면 주위의 학부형들에게 대신 도움을 청해야 한다.

사범이 터프함을 과시한답시고 도장에서 웃통을 벗어젖히는 일도 안 된다. 한국 사범 중에 수련생 앞에서 웃옷을 갈아입는 모습을 보였다가 문제가 커져 쫓겨난 경우도 있다. 여자아이가 귀엽다고 볼 때마다 등 두드리며 며느리 삼고 싶다고 했다가 부모에게 고소를 당한 사범도 있다. 미성년자를 차에 태워 주고 고소당한 사람, 재미삼아 기합 준다고 엎드려 뻗혀 자세에서 엉덩이를 때려주고 난리 난 사람, 상담을 원하는 싱글 맘(Single mom)을 사무실로 불러들였다가 박살 난 사람, 미성년 수련생과 통화했다가 피 본 사람 등등 본의 아니게 봉변을 당한 이야기는 끝도 없다. 행여라도 오해받을 만한 짓은 하면 안 된다.

그러니 나는 지레 겁먹고 방어진을 쳤다. 학부모든 수련생이든 여성이면 우선 두 발짝 물러서서 대한다. 가까운 사이라 해도 껴안는 인사법인 허그(Hug)는 되도록 금한다. 가끔 무작정 두 팔 벌리고 달려들어 얼굴까지 막 비비려 드는 아줌마들이 있다. 그럴 땐 딱 물러서며 정중히 고개 숙여 인사를 하고 손을 내민다. 그럼 벌쭉해진 아줌마들이 다시 그런 짓을 안 한다. 꼬마들이나 여학생들에게 특별한 일로 축하를 해줄 일이 생기면 가볍게 어깨를 감싸 안고 토닥거려주는 정도로 끝낸다.

그래도 가끔 상담이라는 명목으로 어떻게 해서든 끈적하게 달라

붙으려는 아줌마들도 있다. (가만 보면 특별히 매력적이지 않은 분들이 주로 나를 노리는 것 같다.) 그럼 바로 아내에게 보고한다. 아내가 번뜩이는 눈으로 대신 '상담'을 해주면 딱 떨어진다. 이런 노력의 결과인지 우리 도장 안에서는 보이지 않는 선이 생겼다. 이젠 누구든 그 선을 넘으려 하지 않는다. 덕분에 아직 큰일 없이 잘 지내고 있다. 이렇게 미국에서 사범으로 살아가려면 어떤 가이드라인이 있어야 한다. 무작정 인기 좋다고 제멋대로 굴었다간 한순간에 인생이 막 내릴 수도 있다.

성공하신 관장님들은 경제적으로도 상당한 부를 이루신 걸 볼 수 있다. 수천 명에 이르는 관원들을 거느린 분들이다. 그런데 이분들이 도장에 타고 오시는 차를 보면 좀 의아했다. 벤츠, BMW는 보이지 않고 무슨 트럭이나 벤 종류의 차를 타고 오신다. 물론 집에는 남부럽지 않은 최고급 승용차들이 있다. 하지만 함부로 이런 것을 자랑하려 하시지 않는다. 행여 수련생들보다 좋은 차를 끌고 다니는 모습이 수련생들의 부를 착취해 누리는 것으로 보일까 염려하신다. 한마디로 수련생들에게 덕이 안 된다는 것이다. 값비싸 보이는 멋진 양복을 입고 다니시지도 않는다. 정갈하지만 수수한 차림이 대부분이고 도장에 오시면 딱 도복부터 갈아입으시기 때문에 수련생들은 언제나 도복을 입고 계신 모습만을 본다. 마치 평생 도복만 입고 사시는 도인처럼.

한 관장님이 최고급 중형 승용차를 타고 고속도로를 달리셨다고 한다. 허름한 차가 하나 따라붙어 나란히 달리기에 보니 히스패닉(중남미 출신) 노동자들로 보이는 이들이 노려보더란다. 아마도 자기들과 별반 다를 것 없어 보이는 동양인이 최고급 차를 타고 가는 게 못마땅했나 보다. 아무 생각 없이 다시 앞을 보고 달리는데 갑자기 차 유리창들이 박살나며 총알이 마구 날아들었다고 했다. 기겁하며 피했더니 총을 쏜 차량은 유유히 사라지더라고.

인품 좋기로 소문난 한 관장님은 오랫동안 사회봉사를 해 오셔서 지역사회의 존경을 받는 분이셨다. 시장출마 권고까지 마다하는 분이니 인덕이야 말할 것 없으신 분이시다. 그런 분 도장에 방화로 보이는 화재가 나서 도장이 전소된 일이 발생했다. 게다가 타고 난 뒷벽에는 인종차별적인 낙서가 크게 적혀있었다. 아마 키 작은 동양인의 성공을 시기한 인종차별주의자의 소행이었으리라. 다행히 수련생들과 지역사회가 발 벗고 일어나 도장 재건을 후원해주어서 일 년 만에 더 나은 건물로 재기하셨다.

내가 사는 이 도시에도 처음 오자마자부터 제프(Jeff)라는 미국 사범 이름 하나를 들었다. 어찌나 유명한지 모르는 이가 없어 의아할 지경이었다. 잘생기고 실력도 좋아 따르는 사람들도 많았고 로컬 방송국 미녀 앵커를 여자 친구로 두고 뚜껑 없는 스포츠카를 몰고 다녔다는 것이었다. 어디 있느냐고 물었더니 지금은 죽고 없단다. 어느 날 여자 친구와 함께 차를 타고 가다가 신호등에 섰는데 다짜고짜 두 명의 괴한이 머리에 총을 쏘고 사라졌다는 것이다. 그의 유명세를 시기한 이들의 짓이라고 다들 생각하고 있었다.

이런 이유들 때문인지 내가 만난 성공하신 관장님들은 항상 겸손과 하심(下心)을 강조, 또 강조하셨다. 평소 벌어들인 수익 중 일정 부분은 항상 지역사회에 환원하는 일 또한 게을리 않으셨다. 함께 살아가는 모습을 삶으로 보이지 않으면 안 된다는 말씀들이셨다.

그 밖에도 미국에서 사범들은 행동 가짐을 매우 조심한다. 술 담배를 하는 모습은 일절 보이지 않으려 노력한다. 그러니 담배 피우는 모습을 보이지 않으려고 멀리 숨어서 피우거나, 피운 담배 냄새를 숨기기 위해 구강청정제를 씹는 것을 보면 우습기도 하고 딱하기도 하다.

하루 종일 수업에 지친 늦은 밤, 맥주 한잔이 그리워도 누가 볼까 싶어 멀리 다른 동네까지 운전해 가서 캔 맥주 몇 개를 사 들고 퇴근을 한다. 그러니 왁자지껄 술집에 앉아 떠들며 비틀거리는 모습을 수련생들은 상상을 할 수조차 없다.

도장에선 언제나 목소리며 행동에 기력이 넘쳐 보인다. 지치고 무기력한 모습을 보일 수 없다. 그러니 고장 난 몸을 이끌고 병원에 가는 것도 비밀이다. 아내도 내게 그런다. '밖에선 천하무적 태권V인줄 아는데 집에선 깡통로봇이라네!'

어느 해인가 독감이 돌았는데 나도 호되게 앓았던 적이 있다. 도장에 나가긴 했지만, 너무 열이 오르고 정신이 없어 성인 유단자에게 전화를 걸어 수업 좀 때워달라고 부탁을 하곤 어떻게 집까지 돌아왔는지 모를 정도였다. 다음 날 정신 차려 도장에 갔더니 수련생들 사이에 논쟁이 있었다. '어제 사범님이 수업에 안 오신 건 독감 때문이었다.'라는 팀과 '사범님이 독감 따위에 걸린다는 건 불가능하다.'라는 팀의 다툼이었다. 어느 쪽이 진짜냐고 묻길래 엉겁결에 둘러댄다는 것이 그만 '한국에 다녀왔다.'고 했다. '하루 만에?' '윽~!' 치명적인 실수였지만 돌이킬 수가 없었다. "자, 수업하자!"

가장 사소하면서도 어려운 것이 사범은 화장실 따위는 가지 않을 것이란 은근한 상상도 한몫을 한다. 만약 사범이 수련생들 앞에서 바지춤을 추키며 화장실에서 나온다고 상상을 해봐라. 수련생들의 존경심은 큰 상처를 받을 것이다. 게다가 화장실이 하필 수련생들이 다 볼 수 있는 곳에 위치해 있기 때문에 수련생들이 오기 전에 일찍이 다녀오지 못하면 적게는 대여섯 시간에서 길게는 열두 시간도 꾹 참고 견뎌야 할 때도 있다. (이땐 소변이 빨갛게 나온다.) 견디다 못하면 뚜껑이 달린 깡통을 구해 사무실 문을 걸어 잠그고 꼭꼭 숨어 실례(?)를 하기도 했다. 가끔 꾸룩꾸룩 끓던 속이 마침내 수분함량이 높은 물질들을 격하게 뒤로 방출하고자 요동이라도 치는 날이면 정말 그 인고(忍苦)의 고통은 무어라 형언할 길이 없다. 허옇게 핏기 걷힌 얼굴로 뒤를 잔뜩 조이고 다리는 배배 꼬며 구령만 넣는다. 그런 날 꼭 무슨 발차기 보여 달라고 하는 녀석들이 있다. 정말 밉다. 속으로만 소리쳐 본다. '야~! 너 같으면 지금 다리 벌릴 수 있겠냐!'

오래전 미국에서는 도장 문만 열면 관원들이 미어지게 들어오던 때가 있었다고 한다. 여기저기서 도장을 열어달라는 요청에 지관들을 열어 놓고 일주일 내내 차타고 돌며 수업을 했다고 한다. 어느 관장님은 쉴 새 없이 뛰다 보니 너무 지쳐 정말 수업에 들어가기 싫었다고 하셨다. 그래서 다른 도시 수업에 갈 땐 술집으로 먼저 가서 보드카를 한잔시켜 마셨다고 한다. 보드카는 마시고도 입 냄새가 잘 나지 않기 때문이라고 하셨다. 그리곤 수련생들 몰래 술기운으로 당당한 척 버텼다고 하셨다.

이런 관장님들이 조언해 주시는 것 중 하나가 잘나갈 때 조심하라는 것이다. 인생이 언제고 잘나가면 좋겠지만, 결코 그렇지만은 않다는 것이다. 왕년에는 지관을 열 몇 개씩 거느리기도 했고 돈도 갈퀴로 긁고 가방에 담느라 피곤할 정도였다고 한다. 그러던 도장 사업도 거품이 꺼지고 나니 그 많던 돈은 어디론가 사라지고 그 옛날의 영화도 간 곳 없다고 했다. 이젠 정말 성실한 사람, 새로운 사고, 새로운 패러다임을 가진 사람들만 살아남는 세상으로 변해가고 있다고 한다. 편법이나 요행은 더 이상 먹히지 않는 시대라는 것이다.

미국이나 한국이나 사범으로서의 자세는 대동소이할 것이다. 오해받을 만한 짓은 하지 말며 근면, 성실, 겸손으로 무장한 모범을 보여야 한다. 항상 믿음을 줄 수 있는 언행일치의 삶을 살아야 하며 권위보단 실력으로 수련생들을 리드할 박력도 갖추어야 한다. 엄한 질책보다는 미소와 칭찬으로 수련생들을 성장시켜야 한다. 부드러운 음성 속에도 굳은 신념을, 서두르기보단 최선의 노력을 할 때 좋은 결과가 생김을 가르칠 수 있어야 한다. 이야깃거리가 많은 재미있고 감동 있는 수업을 만들 수 있다면 더욱 신이 날 것이다.

한국이든 미국이든 도장의 핵심은 인테리어가 아닌 사범이다. 사범이 살아야 도장이 산다. 마주 대할 때마다 맑은 풍경의 울림 같은 느낌을 주는 사범이 되어 줄 때 도장은 숨 쉴만한 공간, 머물고 싶은 공간이 되지 않겠나 생각해 본다.

미국의 총기 문화

미국 하면 한국과 가장 다른 문화 중 하나가 바로 민간인의 총기 휴대다. 미국은 국민 개인이 무장 할 수 있는 권리를 헌법으로 보장하고 있는 나라이다. 그중에서도 내가 있는 조지아 주의 총기 문화는 자유롭기로 세계 제일이다. 동네 월마트에 가면 스포츠 용품 코너에 라이플(Rifle,소총)과 샷건(Shotgun,산탄총) 그리고 실탄들이 즐비하게 진열되어 있다. 총과 총알을 사서 식료품과 함께 카트에 던져 넣고 끌고 나오면 그만이다. 라이플은 18세 이상에 범죄경력, 정신 병력만 없으면 누구나 살 수 있다. 그 자리에서 경찰에 전화해서 조회만 하면 된다. 5분도 안 걸린다. 미국서 18세는 맥주도 못 산다. 그런데 총이나 총알은 살 수 있다. (권총은 술을 살 수 있는 21세가 되어야 살 수 있다.)

우리 카운티(county:행정구역상 군(郡)에 해당)는 보수적인 성향이 강해서 술을 마실 수 있는 바(Bar)가 없다. 지역의회에서 아예 허가를 안 내준다. 공공장소에서 주류 서비스를 금하기 때문에 큰 식당이라고 가봐야 반주로 마실 맥주도 없다. 마시고 싶다면 주유소 같은 곳에서 맥주나 사다가 집에 가 마셔야 한다. 길이나 공원 등 일체의 공공장소에서는 술을 마실 수 없으며 뚜껑을 따지 않았다 하더라도 노출된 술병이나 캔을 들고 다니는 것만으로도 위법이다. 그래서 속이 비치지 않는 종이봉투나 비닐봉지에 싸서 이동해야 한다. 위스키 같은 독한 술을 파는 곳은 차타고 다른 큰 동네로 가야 한다. 이런 리쿼 스토어(Liquor store: 양주 파는 곳)에 갔다가 오려면 왕복 두 시간은 걸린다. 게다가 밤 12시가 되면 모든 주류는 일제히 판매 금지가 된다. 일요일엔 아예 술을 사고팔 수가 없다. 먹고 싶다면 미리 사다가 냉장고에 재워두어야 한다. 술 떨어진 술꾼들에겐 여간 고역이 아닌 날이다.

그런데 총은 안 그렇다. 일요일에도 얼마든지 구입이 가능하다. 총알은 밤 열두 시가 넘어서도 살 수 있다. 밤늦게 월마트를 갔다가 무심코 총알 한 박스랑 맥주 하나 들고 나왔다가 계산대에서 맥주는 빼기고 총알만 달랑 들고 쫓겨났던 적도 있다. 자정이 막 지났다는 것이다. 개인끼리 총을 사고, 파는 것도 지역 신문 무료광

고란에 총 삽니다, 팝니다. 광고 내고 서로 만나 돈 받고 주고받으면 그만이다. 사업으로 하는 것 아니면 정부에 신고할 일도 아니다.

다만 권총을 소지하고 다니고 싶다면 총기소지면허를 따야 한다. 법으로 총기 반입을 금한 학교, 관공서, 교회 등 몇몇 특별한 곳 이외엔 권총을 항상 휴대할 수 있다. 이 총기소지면허도 운전면허 따는 것보다 쉽다. 21세 이상 범죄, 정신 병력이 없는 사람이면 그냥 총기에 대한 안전교육 8시간 코스를 앉아서 들으면 된다. 시간 없으면 주말에 두 번으로 나누어서 4시간씩 들을 수도 있다. 그리곤 5미터, 10미터 거리의 사람크기의 타겟을 자기가 가져온 권총으로 쏘아 맞히면 통과다. 손에 익은 놈으로 쏘니 떨어질 일도 없다. 그러고 나면 운전 면허증과 비슷하게 생긴 총기휴대면허가 나온다.

사격은 시티(City) 경계선 밖이면 어디나 가능하다. 시티 경계선 밖에 사는 사람들은 주로 집 뒷마당에서 총을 쏜다. 도시 사는 사람들은 멤버제로 운영되는 사설 사격장에 가서 쏜다. 그런데 재미있는 것이 우리 동네는 무료 야외 사격장이 있다. 도장서 5분 거리에 있다. 아주 오래전 카운티에서 땅을 내주었다. (언제부터인지 아무도 기억을 못 한다.) 산의 한쪽 벽을 깎아 방벽을 만들어 놓고 불도저로 밀어 공터를 만들어 놓았다. 아무 때나 가서 총을 쏘게 해 놓았다. 십여 명 이상이 나란히 서서 일제 사격이 가능하다. 일출 후부터 일몰 전까지 아무 때고 가서 쏘면 된다. 통제관도 없다. 총을 쏘고 있으면 등 뒤로 차들이 지나다닌다. 가끔씩 구경하느라 섰다 가기도 한다.

타겟은 깡통, 우유통, 유리병, 벽돌, TV, 컴퓨터, 냉장고, 드럼통, 가스통 뭐든 쓰다 버릴 물건들을 가져다 놓고 쏜다. 가끔씩 폭발물(1파운드, 2파운드씩 합법적으로 파는 것이 있다.)을 가져다 놓고 쏘아 가전제품들을 통째로 날려 버리기도 한다!

발밑에 흩어진 수많은 탄피며, 벌집이 된 타겟들은 한 달에 한 번씩 시청에서 나와 말끔히 치워준다. 글도 못 읽는 꼬맹이들부터 남녀노소 할 것 없이 총을 쏘러 온다. 특히 주말에 가면 전쟁터가 따로 없다. 각 나라 별별 총들이 다 나온다. 난 한국 K1 소총과 K5 권총을 들고 간다. 다들 처음 보는 총이라 뭐냐고 물으면 'Made in Korea!' 대우에서 만든 총이라고 자랑한다. 보통 사람들은 '대우면 가전제품 만들던 회사 아냐?' 하며 잘 모르지만, 총기 전문가들 사이에선 믿을만한 명품으로 알려져 있다. 요즘 K1은 구하기도 쉽지 않다. 그래서 가격도 웬만한 미국 총 두 배 값이다. 누구나 한번 쏴보면 좋은 총이라고 칭찬을 한다. 여기서도 국위선양!

담배 물고 총 쏘는 사람, 샌드위치를 먹어가며 총 쏘는 사람, 의자에 테이블까지 갖춰 놓고 편안히 앉아서 쏘는 사람, 애인이랑 데이트하며 총 쏘는 사람. 나처럼 기회 봐서 사람들 없을 땐 이리저리 뛰어다니며 총 쏘는 사람. 그 뒤로 아무렇게나 뛰어노는 꼬맹이들 등등.

자율적인 통제 속에서 아무런 사고도 없다. 서로가 서로를 믿는다. 참 신기한 일이다.

시골 인심 후한 것은 여기 가야 제대로 느낀다. 마치 한국 담배 인심 같다. 초면인데도 '내 총은 이건데, 네 총은 뭐냐?' 자기 총 쏴보라며 친절하게 탄창 가득 장전까지 해서 총을 건네주기도 한다. 그러면 답례로 내 총도 총알을 장전해 건넨다. 한국군대에서 정말이지 한 발, 한 발 피땀 흘려 쏘고 행여 탄피라도 하나 잃어버리면 해가 지도록 수색작업을 했던 기억이 선명한 사람들은 아마 이런 상황을 도저히 이해 못 할 것이다. 발밑에 수북이 쌓인 탄피들을 발로 차다 보면 간간이 흘리고 간 실탄들을 주워 다시 쏘는 재미도 있다. 먼저 가는 사람이 쏘다 남은 총알을 쏘라며 주고 가기도 한다.

이 동네선 총기휴대도 특별할 것 없는 생활문화이다. 수업시간에 부모들이 쭉 앉아 수업을 지켜본다. 앉아 있는 아빠들 중에 경찰이나 보안관들도 여럿 있다. 옆구리에는 장전된 권총(총알이 약실에 들어 있는 상태로 방아쇠만 당기면 발사된다.)에 예비탄창을 두, 세 개씩 더 차고 앉아있다. 보이진 않지만, 바지 아래 발목엔 작은 권총이 하나 더 채워져 있다. 일본 사무라이들처럼 꼭 2개의 권총을 차고 다닌다. 백업 건(Back up gun)이라고 해서 제1화기가 기능 고장을 일으킬 경우를 대비한다.

얌전해 보이는 엄마들도 핸드백에 권총을 들고 다니기도 한다. 한 엄마가 남편이 생일선물로 사주었다며 권총을 슬쩍 보여주었다. 루거 LCP 380구경, 6연발이다. 탄약실에 한 발 더 장전하면 7연발이 된다. 필요하면 15연발 탄창으로 바꿔 낄 수도 있다. 크기가 손안에 쏙 들어간다. 가볍고 얇아 여자들이 딱 달라붙는 반바지에 스포츠 브라만 입고 달릴 때 가슴골 사이에 숨겨 넣고 뛰기도 한다. 전혀 무장 상태로 안 보인다. 하지만 여자라고 얕보고 함부로 추행하려 했다간 벌집 되기에 십상이다.

"좋은 총이네요. 다른 분들은?" 그랬더니 바로 여기저기 핸드백에서 권총들이 튀어나왔다. 서로 총 자랑이었다. 남편이 결혼기념일 선물로 사주었다. 아버지가 시집갈 때 줬다 등등. 그러자 평소 말이 적던 페기 아줌마가 조용히 일어나 차에 갔다 와서 씩 웃으며 품에서 총을 꺼냈다. 44구경 매그넘 리볼버! 20세기 말까지 세상에서 가장 강력한 권총으로 불렸던, 그리즐리 곰도 잡는 총이다. "Ms. Peggy, you win! (페기 아줌마가 이겼네!)"

이 동네 남편들은 이렇게 가르친단다. 누가 달려들면 배에다 대고 탄창 다 빌 때까지 방아쇠 당기고 총은 돌아오는 길에 강이나 저수지에 던져버리고 오라고. 하나 더 사 줄 테니!

이런 동네서 송판이나 차고 검(劍)으로 대나무 베는 시범을 보이는 동안 주위에 둘러선 사람들은 품 안에 권총을 하나씩 차고 있었을 걸 생각을 하니 뜨끔했다. 안 되겠다 싶어 큰 맘 먹고 나도 총 하나 샀다. 혼자서 총 쏘는 연습을 하고 총기휴대면허도 땄다. 미국 산다지만 이런 경험은 흔하지 않은 것 같다. 다른 도시의 사범님들께 이런 말씀을 드리면 '그런 동네가 다 있어?' 하며 놀래시는 분들도 많다.

많은 집 아이들이 어릴 때부터 사냥을 따라다닌다. 어려서부터 아버지 따라 멧돼지 배도 가르고, 사슴 가죽도 벗긴다. 다람쥐 토막 치고, 칠면조 털도 뽑으며 큰다. 그러다 보니 한국 아이들이 보기엔 충격적인 장면들과 피에 대해서 거부감도 없다.

한 수련생 아버지가 칼로 멧돼지 사냥하는 것을 보여주었다. 사냥개들을 풀어 멧돼지를 코너에 몰아 놓고는 멧돼지 등위에 올라타 큰 사냥용 칼로 심장을 찔러 버렸다. 그리곤 심장에 박힌 칼을 쥐고 마구 비틀어 돌렸다. 비명을 지르며 발버둥치는 멧돼지에서 뿜어져 나온 피가 얼굴과 온몸에 다 튀었다. 총이 있으면서도 그런다. 손맛이 틀리다나. 이런 사람이 자식을 내게 맡긴다. 위험한 세상 강하게 크게 해달라고. 나로선 참, 할 말이 없다.

이런 동네에서 함부로 '무(武)는 창 모(矛)자에 그칠 지(止) 자를 써서 전쟁을 그치게 하는 수단이다'라며 주먹질, 발길질만으로 실전호신술 운운하거나 이걸 배우면 무조건 이긴다. 어떤 상황도 헤쳐 나갈 수 있다는 말들은 도리어 수련생들에게 헛된 상상을 심어주어 위험에 쳐하게 할 수도 있다. 그러니 난 눈에는 눈, 이에는 이, 주먹엔 주먹, 칼엔 칼, 총에 총으로 맞설 줄도 알아야 병법에 맞는다고 가르친다. 그러나 총칼이 없는 불리한 상황에서도 끝까지 포기하지 않고 자신과 사랑하는 이들을 지켜내는 것이 또한 무도정신이라고.

이런 동네지만 내가 총을 쏘게 된 계기는 따로 있었다. 한 수련생이 권총을 쏘러 가자고 했다. 나는 총이 없다고 하자, '사범님, 권총은 무인에게 있어서 현대식 검이 아니냐?'고 되물었다. 예전에야 무인들이 개인 병기로 검을 항상 차고 다녔다지만 현대에 선 그럴 수 없으니 당연히 권총은 차야 하는 것 아니냐는 것이다. 합법적으로 권총휴대를 허용하는데 무인이 되어서 그 정도 무장도 안 하면 어쩌느냐는 것이었다. 언제 어디서라도 빈틈없는 임전태세를 갖추어야 하는 것 아니냐. 나름 일리가 있었다.

일본의 검성(劍聖) 미야모토 무사시의 일화가 있다. 무사시가 주군(主君)을 보러 갔다. 쓸 만한 인재를 찾기 어렵다는 말에, 들어오다 보니 문밖에 대기 중인 자들 중에 범상치 않은 자가 있다며 추천했다. 주군은 '내가 모르는 자가 있었는가?' 하며 무사를 불러들였다. 평범해만 보이는 무사에게 무사시가 '평소 어떻게 자신을 단련하고 있습니까?'라고 묻자 그가 대답했다. '예, 제가 워낙에 겁쟁이이므로 잠을 잘 때도 칼을 빼어 머리 위에 매달아 놓고 잡니다.' 그 한마디에 주군은 감탄하며 그에게 즉석에서 큰 직책을 맡겼다. 흘깃 스쳐 가면서도 시골출신 무사의 비범함을 알아챈 무사시도 대단하고, 한순간도 방심하지 않는 임전태세를 갖추고 자신을 닦아온 시골 무사도 대단하다. 이런 빈틈없는 이들에겐 어떤 일을 맡겨도 잘 감당해 낼 것은 불 보듯 뻔한 일이다. 무인(武人)에게 있어서 순간의 방심은 죽음이다. 그러한 판에 요즘 우리는 얼마나 많은 일에 방심하고 살아가고 있나 살펴보아야 할 일이다.

미국에 총기휴대 반대론자들도 많지만, 총기휴대 찬성론자들의 생각은 선량한 시민이 더 많이 무장해야 사회가 더욱 안전해진다는 믿음이다. '나쁜 놈들이 다 총을 들고 활개를 치는 세상에 순식간에 일이 벌어지는데 언제 올지 모르는 공권력만 믿고 기다린다? 총을 든 악당에 대항해 맨주먹으로 가정과 평화를 지키겠다?' 그런 생각은 사실 현실적이지 않다는 것을 미국서 살아가며 공감하곤 한다. 더구나 무인이라면서 현대의 가장 기본적인 개인 병기에 대해 잘 알지도 못하고, 다룰 줄도 모른다는 것은 어찌 보면 호신술에 문외한인 껍데기로 비칠 수도 있겠구나 싶었다.

그래서 우리 도장 블랙벨트 야외훈련에서 빠지지 않는 순서 중 하나도 사격이다. 부모들의 허락을 받고 권총 사격을 가르친다. 물론 대부분 총을 쏘아 본 아이들이다. 부모들과 함께 안전하게 총을

(도장 가족들과 함께하는 주말 친목 사격)

다루는 법, 부모 없을 때, 친구 집에 놀러 갔다가 총을 발견했을 때 대처요령 등을 지도한다. 미국에선 아이들이 호기심에 몰래 총을 만지다가 오발사고로 죽는 경우도 빈번하다. 그래서 이런 교육도 한다. 어떤 때는 경찰인 학부모에게 부탁해 도장에서 총기 안전 교육도 한다. 수 십 가지 총들을 가져와 진열해 놓고 정말 진지하게 강의를 한다.

(자기 총만 3정인 10살 트레이븐. 날아가는 타겟을 맞추는 클레이 사격의 귀재다.)

내가 총에 관심을 가지게 된 또 다른 이유는 미국은 총과 관련된 강력사고들이 일상적으로 일어나기 때문이다. 남에게 호신술을 가르치니 어떤 상황이 어떻게 발생하는지, 어떻게 대처해야 하는지 알아야겠다 싶었다. 관심을 가지고 들여다보니 총기 관련 강력범죄는 심각한 수준이었다. 내가 직접 만난 사람 중에도 총 맞고 살아난 사람만 5명이다. 무장 강도를 직접 당한 사람은 13명이나 된다. 이 중 우리 도장 수련생도 여럿이다. 물론 나에게 그런 일이 직접 일어날 확률은 극히 낮지만 내가 경각심을 가지고 일깨워 주어야 할 사람들까지 범위를 넓혀 생각하면 확률은 훨씬 높아진다. 싫든 좋든 무인이라는 타이틀을 가지고 살며 공공의 안전을 가르치는 것이 내 직업이다. 그러니 내게 허락된 병기의 성능과 장단점은 잘 알고, 파악해 상황에 맞게 쓸 줄도 알아야 하지 않겠는가?

얼마 전에도 한 수련생의 할머니가 봉변을 당하셨다. 낮에 혼자 집에 계셨는데 누가 뒷문을 부수고 침입하려 했다는 것이다. 놀라 비명을 지르는데도 계속 문짝을 부수더란다. 할머니가 총을 꺼내다 바닥에 대고 한방, 빵! 쏘자 그때서야 기겁을 하고 달아났다. 덕분에 마루에 총구멍만 났다고. 할머니에게 그 이야기를 듣고 나니 더 실감이 났다. 미친놈들이 가까이 있구나! 이런 미친놈들이 집안에 뛰어들었다가 주인 총 맞고 죽거나 아니면 반대로 주인이 총 맞고 죽는 사건은 지역 뉴스만 보더라도 수를 셀 수 없을 정도로 많이 있다.

그래서 어떤 사람들은 총도 무식하게 파워풀한 것들을 선호한다. 곰 잡는 총을 들고 다닌다. 총을 맞은 상대가 즉각 쓰러지지 않고 방아쇠라도 당긴다면 큰일이라 그렇다. 총알도 특수제작된 것으로 아주 살상력 높은 것들을 선호한다.

사실 총이 항상 답은 아니다. 총이 있다지만 함부로 총질할 수도 없다. 만약이라도 겁에 질려 총을 쏘고 봤더니 상황이 정당방위가 아니라든지, 주위의 애매한 사람이 총을 맞았다든지 하는 경우가 생기면 그 책임을 다 져야 한다. 일절 사정 봐주지 않는다. 그러니 살겠다고 총 쐈다가 도리어 인생 망가지는 경우도 많이 있다. 겁에 질려 상황판단을 잘못한 것이다. 그래서 총을 다루기에 앞서 냉철한 판단력이 필요하다.

그렇다면 총은 무슨 필요인가? 오래전 가르쳤던 한 수련생의 어머니가 권총 강도에게 머리채를 잡혀 이리저리 끌려 다니는 모습이 CCTV에 찍혀 로컬 뉴스에 보도되기도 했다. 그 뒤로 가게에서 항상 권총을 두 개씩 차고 일하셨다. 하지만 권총이 안전을 보장해주지는 못한다는 걸 잘 안다. 다만 마음속에 뭔가 믿을 구석이 있다는 위안을 삼는 것이다.

즉, 총으로 인해 발생한 자신감을 방패로 살아가는 것이다. 그러면 불안한 세상, 나름대로 정신 차리고 살아갈 수 있게 되는 것이다. 그러니 많은 총기애호가에게는 총이란 불확실한 상황 속에 던져진 자신에게, 부족한 자신감을 채워주는 상징이나 부적에 지나지 않을지도 모른다. 그러니 이들이 정말 필요한 것은 세상을 당당히 살아갈 수 있는 자신감일지도 모른다. 다만 그 자신감을 갖는 방법이 다를 뿐이다.

마담 X, 이분이 도장에 처음 왔을 때부터 기분이 별로였다. 팔짱을 딱 끼고 째려보는데 척 봐도 상냥한 사람이 아니었다. 키는 작고 뚱뚱한 몸매에 몸까지 굳어, 뭐하나 제대로 하는 것도 없으면서 마구 따라 했다. 조심하시라 해도 막무가내였다. 그러다 발목 꺾여 넘어지고. 몇 주 쉬고 다시 나와서는 파트너마다 꼭 이겨 먹고 말겠다는 태도로 마구 달려들어 다들 싫어했다. 치고받는 겨루기가 아니라고 해도 말을 안 들었다.

수업 전후에 꼭 와서 '싸움 붙으면 어떻게 하나, 난 언제 540도 돌개차기를 할 수 있나.' 이상한 것만 자꾸 물었다. 나도 좋게 대해 줄 수가 없었다. '마담 X, 손은 높게, 발은 낮게. 손은 눈 찌르고 발은 낭심을 노려라. 가능한 한 빠르고 세게 치고 바로 뛰어야 산다. 아줌마 수준에 무슨 540도며 그게 할 줄 안다고 통하는 게 아니다.' 그렇게 핀잔을 주었다. 그런데도 눈치 없이 매번 무슨 '싸움의 기술' 물었다.

그런 마담 X가 일 년이 지난 어느 날 활짝 웃으며 자기성적표라며 건강검진 결과를 가져왔다. 태권도 배우기 전에는 검사항목마다 뭐하나 정상이 없었고 먹는 약의 종류도 엄청나게 많았는데 올해 수치는 몸무게도 20파운드 빠졌고 대부분 항목이 정상인 궤도로 돌아왔다고 했다. 작년 검진결과를 한마디로 표현하면 죽지 못해 살았음이고 올해 검진 결과는 건강하고 활기차게 살고 있음이었다. 이게 지난 일 년 Master Lee의 성적표이기도 하다며 태권도가 자기를 구해주었다고 극구 칭찬했다. 그러더니 따로 할 말이 있는데 남들 없을 때 얘기할 수 없겠느냐고 해서 상담 약속을 잡았다.

다음 날 찾아온 마담 X가 대뜸, 요즘은 집 마당에 차를 세워놓고 내려 혼자 현관까지 당당히 걸어 들어가는 데 그것이 너무 살맛난다는 것이다. 이 전까지는 집 마당까지 가서 남편에게 전화를 걸면 남편이 마당에 서 있는 차까지 나와 자기를 데리고 들어갔다고 했다. 그렇게 지난 삼십 년을 살았다는 것이다. 사정이 있었다.

열일곱 꽃다울 때 몸매도 좋고 한참 잘나갔다고 했다. 어느 날 밤, 치어리더 훈련을 마치고 돌아와 마당에 차를 받쳐놓고 현관문을 따고 들어가는데 뒤에서 인기척이 나서 돌아서니 얼굴에 뭐가 딱 닿더란다. 그땐 몰랐는데 그건 건장한 남자의 가슴팍이었다. 위를 올려다보자 불이 번쩍하며 정신을 잃었고 나중에 깨어 보니 병원응급실 침대였다. 얼굴은 다 뭉개져서 형상을 알아볼 수 없었고, 옷은 갈가리 찢긴 채 알몸에 피투성이가 되어 현관 앞에 쓰러져 있던 것을 아버지가 발견했다고 한다. 누군가에 의해 폭행에 강간까지 당한 채 버려진 것이었다. 아마도 인근에 사는 사람 중 하나였을 것이라는 짐작뿐 범인은 밝혀내지 못했다고 했다.

그 일 이후 망가진 것은 육체뿐만 아니라 피폐해진 영혼까지였다. 도무지 아무도 믿을 수 없었고 차에서 현관까지 가는 그 길이 너무 무서워 30년을 그렇게 살았다고 했다. 한 번의 큰 상처가 그 영혼까지 갉아먹고 그 오랜 세월 족쇄처럼 따라다녔으니 얼마나 소름 끼치는 일인가. 그런데 태권도를 배우고 나서 건강도 돌아오고 체력도 생기자 자신감이 하나씩 붙더란다. 이젠 '그딴 놈 다시 한 번 걸려봐라! 이번엔 네가 죽는다!'라는 오기도 생겼단다. 그렇게 마음을 고쳐먹고 나니 정신이 상쾌해지고 사는 것이 즐겁더라고.

이 이야기를 듣고 할 말을 잃었다. 강간 피해자를 직접 대하긴 처음인데다가 그 충격적인 일을 상상하니 내가 다 미안하고 마음이 미어졌다. 그런 줄도 모르고 성격 안 좋다고 미워만 했으니 속 좁았던 내가 반성 되었다. 그 이후 나도 태도를 바꾸었다. 되도록 친절하게 대해주고 묻는 말에도 성의 있게 대답해주었다. 그러다 보니 마담 X 실력이 부쩍 늘었다. 성인들이 하기 어려운 동작들도 제법 잘한다. 힘도 좋고 나름대로 자기 몸에 맞는 코디네이션을 익혀 안정감도 높아졌다. 내가 생각했던 것 이상으로 잘해 주고 있다. 한 번씩 기분 나라고 일부러 맞아주기도 하는 데 힘이 좋아 엄청나게 아프다. 게다가 가끔 실수로 발이 허리 아래로 낮게 날아들기도 하는데 그땐 나도 기겁을 하고 피한다. 그럴 땐 저거 맞으면 진짜 병신(?) 될 수도 있겠구나 싶다.

수련생들과의 관계도 좋아졌다. 먼저 편하게 말도 잘 건네고 곧잘 웃어도 준다. 직장에서도 대인 관계에 문제가 많았었는데 요즘 부쩍 좋아졌다는 평을 듣는다고 한다.

마담 X를 그 지옥 같던 시간에서 구해 낸 것은 태권도라기보다 작지만 자기 안에 뭔가 믿을 만한 구석이 생겼다는 자신감이 아니었을까? 건강해진 육체 속에서 샘솟은 신선한 에너지가 그런 자신감을 만든 것이 아니었을까?

지혜로운 스승들의 가르침을 들어 보면 바른 수행을 하고 스스로 기운을 맑히면 탁한 기운은 물러가고, 모든 마(魔)도 따라서 물러간다고 한다. 밝은 빛이 어둠을 내모는 것과 같은 이치인 것이다. 자석이 자석을 끌어들이듯이 맑은 기운은 맑은 기운을 끌어들이고, 어두운 기운은 어두운 기운을 불러들인다고 한다. 교도소가 어떤 곳인가? 어두운 기운을 가진 사람들이 모이는 곳이 아닌가? 끼리끼리 어울려 고통받는 곳이다. 주위를 둘러보라. 행복한 이들은 행복한 이들끼리 더 잘 어울리고, 불행한 이들은 불행한 이들과 어울려 살아갈 일이 더 많이 생긴다. 그러니 맑은 기운으로 나를 채우고 도장을 밝히면, 우리를 둘러싼 인생의 모든 문제도 빠르게 물러갈 것이다.

현대의 도장은 심신의 수련을 통해 맑고 밝은 기운을 채워 가는 에너지 충전소가 되어야 할 것이다. 그리고 사범은 그 에너지 충전소의 에너지의 근원이, 샘이 되어주어야 한다.

현대인들에게 꼭 필요한 신선한 에너지를 충전시켜 주어 저마다 새롭고 살맛나는 인생을 살게 해주는 에너지사업, 그런 사업을 일으킨다면 도장은 더 이상 퇴행사업이 아닌 새 시대, 새로운 사업으로 자리 잡게 될 것이다. 그렇다면 돈이야 덤으로 저절로 따라올 것 아니겠는가. 사람들에게 꼭 필요한, 어디서도 구할 수 없는 귀한 가치를 도장 안에서 캐낼 수만 있다면 이것이야말로 금맥을 찾는 일일 것이다.

인간에게 가장 귀한 금이 세 가지가 있다고 한다. 황금, 소금 그리고 지금(只今)! 그중에서도 지금이 제일 귀하다. 그래서 지금 나를 맑히는 일이 중요하다. 지금부터 새로이 몸도 맑히고, 마음도 맑히고, 영혼도 맑혀보자. 싱싱한 기운을 끌어 올려 도장을 채우는 새 프로젝트가 시작될 때 우리들의 삶이, 그리고 우리가 책임져야 할 수련생들의 삶이 더욱 밝아지지 않겠나.

병졸(兵卒)공부, 장수(將帥)공부

가끔 전생을 체험했다는 이들의 이야기를 듣는다. 지금은 별 볼 일 없지만, 전생엔 어느 나라 공주였다거나 공작새였다는 등, 다들 우아한 전생을 기억해 낸다. 물론 그게 사실인지 아닌지는 알 수 없는 일이다.

아시는 분 중 산중수행을 오래 하신 분이 계셨다. 그분 스승님은 남의 전생과 내생도 훤히 본다는 분이셨다. 하루는 당신도 궁금해 스승님께 여쭈어 보았다고 한다. 스승님 왈, "전생이 알고 싶으냐? 그야 쉽지. 지금 사는 네 꼬락서니를 봐라. 그게 바로 전생의 네 꼬락서니였다. 내생을 알고 싶으냐? 지금 네가 사는 꼬락서니 그대로가 내생이다!" (이것은 사실 부처님의 말씀인데 제자를 일깨우기 위해 이 스승님은 조금 거친 표현을 쓰셨다.) 결국 별다르게 노력하지 않는다면 전생이나 내생이나 좋아질 것은 없을 것이란 말이다.

만약에 전생이 있다고 가정을 하면 나는 어땠을까? 지금 내 사는 꼴을 보면 무예와 관계된 어떤 삶을 살았을 법도 하다. 그렇다면 장군? 글쎄 거기까진 못 갔을 것 같고 아마 육모 방망이 들고 설치던 포졸이었거나 변방의 군졸 정도가 아니었을까 싶다. 그도 저도 아니면 오랑캐의? 설마 그건 아니겠지.

군대는 국가가 허락한 공식적인 무력집단이다. 직위와 계급 그리고 그에 따른 책임과 임무가 복잡한 구조로 이루어져 있다. 그런데 이 군대를 크게 둘로 나누어 보면 명령을 내리는 장수(將帥)와 그 명령을 따르는 병졸(兵卒)로 구분해 볼 수도 있을 것이다. 아마 무예를 닦은 이라면 병졸이기보다는 장수가 되어 전군(全軍)을 호령해 보고 싶을 것이고.

그렇다면 현대에서 무예의 전문가인 사범이란 어떤 위치일까? 많든 적든 자기를 따르는 수련생들이 있고 이들에게 무예를 가르치며 이끄는 입장에서 보면 병졸보단 장수에 조금 더 가까운 위치가 아닐까 싶다.

그러나 사범이 무예만 출중하다고 해서 장수가 될 수는 없을 것이다. 장수가 무예에 출중해야 함은 당연한 일이나 이것은 전장에 직접 투입되는 병졸도 마찬가지다. 유능한 병졸은 그저 칼 잘 쓰고, 활 잘 쏘는 등 자신에게 주어진 기예에만 능하면 그만이다. 하지만 장수라면 말 먹이는 일에서부터 병장기, 군량미 등의 군수품 조달이며 병사들의 사기와 직결되는 술, 담배에 이르는 자질구레한 부식조달 상황까지 구석구석 다 꿰뚫고 있어야 한다. 작전에 직접적인 영향을 끼치는 지형 파악과 날씨의 변화, 조석간만의 차는 물론 간접적인 영향을 미치는 심리전에 이르기까지 모든 것을 끼워 맞추어 운용할 수 있는 안목이 절대적으로 필요하다. 일대일로 부딪혀 싸우는 단병접전술(單兵接戰術)에서부터 수만의 병사들을 밀고 당기는 대규모 병법(兵法)까지, 그리고 이에 영향을 미치는 후방의 정치, 경제, 국제 역학 관계까지도 다 꿰고 있어야 한다.

한마디로 '상통천문 하달지리 중찰인사(上通天文 下達地理 中察人事)'로 천문과 지리의 모든 이치를 통달하고 아군과 적군의 심리까지 꿰뚫어 알고 전법(戰法)을 펼쳐야 하는 자리이다. 그러니 장수의 공부는 하루아침에 이룰 수 없는 일이며 꾸준한 인내와 노력이 쌓이고 쌓일 때 마침내 하늘이 내리는 자리가 아닐까.

그런데 어떤 이는 평생 주먹질, 발길질과 더불어 창, 칼 휘두르는 백병전 수련에만 죽도록 매진하는 것도 본다. 이런 병졸 공부로 개인기만 갖추어선 그저 평범한 칼잡이일 뿐 아무리 시간이 흘러도 장수가 될 순 없을 것이다. 비록 공부의 시작은 병졸로 하였을지라도 세월이 흐를수록 공부를 갖춰 지략과 덕을 갖춘 장수(將帥)로 변모해 가야 순서에 맞는 일일 것이다. 이제는 장수가 되어 따르는 무리에게 승리의 기쁨을 안겨줄 줄도 알아야 하지 않겠는가 말이다.

지난 십 년 지구 상에서 가장 크게 치러진 미국과 이라크 전쟁을 보자. 세계 최강의 무력을 자랑하는 미군 병사 4천 5백여 명이 전사하는 동안 얼마나 많은 장군이 죽었는가? 아마 들어보지 못했을 것이다. 하지만 병졸은 말단에서 혼신의 힘을 다해 싸우기에 죽음에 더 가까이 기대어 있다. 때에 따라선 전쟁의 승리의 밑그림을 그리기 위해 자기 의사와 상관없이 희생타로 사용되어질 때도 있다. 전쟁엔 이긴다고 하나 죽고 없다면 결국 궁극의 승리는 맛볼 수 없는 직위가 아닌가? 호국 영령이라는 이름으로 위령탑에 합동봉안되는 것이 전부다. 그러니 같은 값이면 일개 병졸 역할을 하다가 이름 없이 산화하는 것보다 이순신 장군처럼 장수로서 한 나라를 구해내고 홀연히 세상을 뜨는 것도 무인으로서 바래봄 직한 영예다.

그렇다면 장수가 되는 공부는 어떤 것이 있을까? 장수란 우선 많은 인원을 이끌 수 있는 힘을 가진 사람이어야 한다. 많은 사람이 호감과 관심을 갖고 따르는 사람에게 우리는 인기(人氣)가 많다, 인기가 좋다고 한다. 인기란 말 그대로 사람(人)의 기운(氣)을 말한다. 그러니 인기가 많다는 말은 주위에 몰려드는 사람이 많다는 말이다.

인기(人氣)는 세상에서 가장 큰 에너지이다. 사람이란 돈, 지식, 정보, 기술, 힘 등 모든 에너지를 포용한 기운의 집합체이기 때문이다. 사람들이 많이 모이면 힘이 모이고 돈도 명예도 더불어 따라온다. 그래서 김연아 같은 스포츠 스타들은 돈을 벌려 애써 노력할 필요가 없다. 인기가 좋으면 모든 일이 잘 풀린다. 인기가 많은 사람은 큰일을 도모할 수 있다. 그러니 많은 사람의 인기를 모을 수 있는 능력을 갖추는 것이 장수가 되는 으뜸 공부일 것이다. 그렇다면 인기는 어떤 원리로 어떻게 모이는지 생각해 보지 않을 수 없다.

첫째, 인기는 남들이 갖지 못한 특별한 재능을 갖출 때 모인다.

남들이 갖지 못한 특별한 재능을 갖추면 사람들이 몰려오게 된다. 필요한 사람이 있어 찾아오게 된다. 의사들이 그렇고 가수들이 그렇다. 의사에게는 병자를 고치는 재능이 있다. 아픈 사람들이 찾아온다. 가수는 노래를 통해 심금을 울린다. 노래를 듣고 싶은 사람들이 찾아온다. 사범도 마찬가지다. 무예라는 재능 때문에 건강이나 호신에 관심이 있는 사람들이 찾아오는 것이다. 따라서 남이 갖추기 힘든 뛰어난 재능을 갖출수록 더 많은 인기가 몰려들게 되는 것을 알 수 있다.

둘째, 인기를 모으려면 맑고 신선한 기운을 갖춰야 한다. 지금 인기가 한참 좋은 사람들을 떠올려보자. 연예인도 좋고 주위에서 도장을 잘 운영하셔서 많은 수련생을 거느리신 분들도 좋다. 그들을 볼 때 어떤 기운이 느껴지는가? 척 봐도 맑고 신선하다. 한마디로 좋은 기운이 느껴진다. 이렇게 남들에게 좋은 기운을 나누어줄 수 있는 맑고 신선한 기운이 있을 때 사람들은 그 주위로 스스로 모여든다. 신선하고 활기찬 에너지를 공급받을 수 있기 때문이다. 많은 사람이 즐겨 찾는 명산대천(名山大川)이 그렇다. 기운이 맑고 힘차고 신선하다. 지친 몸을 이끌고 하루 발품 팔고 오면 도리어 활력이 솟는다. 막혔던 탁한 기운이 풀리고 맑은 기운이 채워진다. 덕분에 삶의 막혔던 부분들도 잘 뚫린다.

과거에는 잘 나갔는데 지금은 인기가 푹 꺼진 연예인이나 운동선수들을 보자. 기운이 예전 같지 않다. 신선한 맛도 느낄 수 없다. 뭘 하든 잘 안 된다. 자신의 유명세를 등에 업고 차린 체인점 사업들이 속속 망해간다. 기운이 막히고 소진했기 때문이다. 이처럼 자신의 기운을 신선하고 맑게 돌리지 못하면 갖추었던 재주는 점점 구식이 되고 인기는 자연스레 멀어져 가게 된다. 또한 인기는 자신이 갖춘 기운만큼 모이는 것이다. 마치 자석과도 같다. 작은 기운을 갖추었다면 작은 인기가 모일 것이요, 큰 기운을 갖추었다면 많은 인기가 몰릴 것은 당연한 일이다.

셋째, 인기를 모으려면 남들이 갖지 못한 색다른 콘텐츠와 이념을 갖추어야 한다.

인터넷으로 보는 한국의 도장들은 정말 미국과 비교가 되지 않았다. 카페인지 도장인지 구분이 안 된다. 내가 다녀 본 미국의 성공한 도장들을 보면 한국처럼 카페 수준의 인테리어를 갖춘 곳은 거의 없었다. 수련하기에 쾌적하고 편리한 구조를 가지고 있을 뿐이다. 대신 남다른 독특한 수련 프로그램을 가지고 있다. 곁눈으로 대충 훔쳐보고 따라 할 수 없는 무엇인가가 있다. 그게 바로 차별화된 콘텐츠다. 지도자의 높은 이념이 그 콘텐츠의 뼈대를 이루고 있다.

인테리어 좋은 곳은 놀러 가는 곳이지 배우러 가는 곳이 아니다.

정말 배우고 싶은 콘텐츠만 있다면 산중토굴은 어떻고 히말라야 꼭대기는 안가겠는가. 세계적 명문인 하버드나 예일, 코넬 등 굴지의 대학들이 있는 동네들을 가보면 정말 어쩌자고 이런 외진 곳에 학교를 세웠나 싶다. 찾아가기도 힘든데다가 학교 말곤 주위에 갈 만한 곳도 마땅치 않다. 정말 공부 말곤 할 것 없는 분위기다. 그런데도 이런 곳을 찾아 세계의 석학들이 몰려든다. 세계적으로 엄청난 인기를 누리고 있음을 누구도 부인하지 못할 것이다. 멋진 해변과 석양이 아름다운 휴양도시에 명문대가 드문 것은 학교의 운영체제가 콘텐츠에 있지 좋은 로케이션이나 인테리어에 있지 않음을 잘 보여주는 것이다. 그러니 사범은 돈에 매여 일하는 직업인이 되지 말고 새로운 콘텐츠를 개발하는 연구원이 되어야 한다.

넷째, 인기를 모으기 위해선 전문분야에 대한 실력과 지식을 갖추어야 한다. 요즘은 인터넷으로 인해 지식의 공유시대가 열렸다. 인터넷에 들어가 보면 무예에 대해 갑론을박 벌이는 전투들을 볼 수 있다. 가만 보면 전문가들 같지는 않은데 생전 처음 듣는 무술이론이며 역사까지 들이대며 싸운다. 나 같은 사람은 자칫 십자포화를 당할까 봐 낄 수조차 없다. 일명 키보드 워리어(Keyboard warrior)들. 평생 파스와 반창고를 일용할 양식 삼아 산 나보다 아는 것이 더 많다. 논리도 정연하다. 도대체 어디서 이런 지식들을 얻는 건지. 나만 아는 비법이라는 것이 있을 수가 없다.

그러니 내가 말하는 실력과 지식이란 아직 인터넷에 나오지 않는, 몸 버리고 맘 상하고 돈까지 날리며 현장에서 얻은 실전지식을 말한다. 이런 지식들은 인터넷 키보드 전사(戰士)들이 함부로 얻을 수 있는 것이 아니다. 누구도 인터넷에서 공짜로 얻을 수 있는 지식 따위에 돈을 지불하려 하진 않는다. 그래서 더욱 현장에서 배운 경험을 바탕으로 인터넷에 등장하지 않은 새로운 지식을 갖추어야 한다. 이런 실질적인 지식과 더불어 실력을 갖춘다면 이것을 필요로 하는 사람들이 찾아오게 될 것이다. 인터넷을 통해 공짜로 배울 수 없기 때문이다. 자연히 인기를 다시 모을 수 있게 된다.

다섯째, 인기를 모으려면 사람들을 바르게 대하여야 한다. 아주 오래전 인기를 끌던 동방불패(東方不敗)라는 중국무협영화를 기억하는 사람들이 많을 것이다. 절대 고수들이 온갖 신공(神功)으로 투쟁하는 영화였다. 그 신공들 중 내가 제일 갖고 싶었던 것이 바로 흡성대법! 손만 대면 상대의 기(氣)를 다 빨아들여 자기의 기운으로 만들어 버리는 절대신공!

사범의 일이란 항상 사람을 만나고 대하는 일이다. 내게 오는 사람들 하나하나가 인기(人氣)다. 인기는 최고의 에너지라고 했다. 사람들을 존중하며 거부감 없이 바르게 대할 때 비로소 그 인기들이 가져온 정보, 지식, 돈 그 밖에 모든 힘이 되는 에너지를 내놓게 된다. 이때 비로소 이 에너지들을 바르게 흡수할 수 있고 이렇게 흡수한 에너지가 내공으로 쌓일 때 큰 힘을 발휘할 수 있게 된다. 이것이 바로 흡성대법이다. 이 사실을 깨닫는다면 사범이라는 일은 힘들지 않고 즐거울 것이다.

여기서 사람들을 바르게 대한다는 것은 내게 온 모든 인연을 '수단'으로 대하지 말고 '목적'으로 대해야 한다는 말이다. 내게 온 사람들은 존중하고 겸손하게 대하며 그들에게 받은 에너지로 나를 성장시키고 그들의 인생을 성장시키는 것이 목적이고 더불어 따라오는 돈은 방편에 불과하다는 점을 분명히 해야 한다. 이럴 때 이들이 내게 가져다준 에너지들을 바르게 운용하여 큰 빛을 낼 수가 있다.

여섯째, 인기를 모으려면 처한 자리에 너무 얽매이지 말아야 한다. 현재 처한 자리가 명당이다. 여기서부터 쌓아가야 한다. 제아무리 명당이라도 개가 앉아있으면 개자리가 되고, 맑은 기운을 갖춘 장수가 앉으면 다시 명당이 되는 법이다. 청년실업자들과 명예퇴직자들이 계속 불어나고 있는 때이다. 할 일 없어 놀아보면 알겠지만 노는 것만큼 곤욕스러운 일도 드물다. 그러니 비록 지금 자리가 최상의 자리는 아닐지라도 일할 수만 있다면 감사히 여겨야 한다. 추수 후 흩어진 낟알을 줍는 마음으로 하나씩 인기를 모아가면 '조금씩 천천히 그러나 항상 앞으로' 가게 될 것이다. 지금의 처지를 불평만 해서는 아무것도 이룰 수 없다.

이렇게 부지런히 인기를 모아가면 막혔던 일들이 하나둘씩 풀리고 지금의 자리를 떠나 더 나은 자리로 옮길 기회도 생길 것이다. 이때 주의할 것이 있다. 격에 맞지 않는 자리를 탐하면 안 된다. 인기가 치솟아 높은 자리에 올라앉았다가도 한 번의 실수로 나락으로 떨어지는 경우를 주위에서 종종 볼 수 있다. 자리에 맞는 실력은 갖추지 못한 채 남이 가져다준 인기에만 편승해 올라간 자리라서 그렇다. 그러니 인기가 좋다고 거들먹거려서도 안 되고 사람들 위에 군림하려 해서도 안 될 것이다. 사람들이 모아준 인기라는 에너지로 힘이 생기고 지위가 생긴다면 그 힘으로 다시 나를 따르는 사람들을 이롭게 하는 일이 바로 장수(將帥)의 일이 아닐까 싶다.

태권도를 닦든, 합기도를 닦든, 그 밖의 어떤 무예를 닦든. 우리는 무예의 길을 걷는 크고 작은 장수(將帥)들이다. 그렇기에 우리의 전문분야에서 많은 인기를 모아 세상을 널리 이롭게 해야 한다. 이런 장수들이 많이 나와 세상을 이끌 때 비로소 세상이 광채가 나는 법이다. 우리는 용맹을 갖춘 용장(勇將)에서 지략을 갖춘 지장(知將)으로 그리고 마침내 큰 덕을 쓰는 덕장(德將)으로 나가야 한다.

지금 세상을 둘러보면 어둡고 어려워 마음 둘 곳 하나 없는 난세(亂世)라 할만하다. 하지만 난세는 영웅을 부르고 하늘은 사람을 내린다고 했다. 지금 이 글을 읽는 바로 당신이 이 난세를 구할 영웅, 하늘이 내려주신 사람이다! 부디 웅비의 힘찬 도약으로 하늘이 내린 장수(將帥)가 되어 쓰러져 가는 세상을 구해주시길!

에필로그

소낙비 가득하던 여름, 하늘 푸르던 가을, 서리 내린 겨울, 그리고 다시 돌아온 봄…… 지나고 보니 스쳐 지나간 모든 사람들, 친구들, 수련생들이 다 내게 왔던 소중한 인연들이었다. 내일로만 향하던 불안했던 마음을 내려놓고 보니 무엇하나 소중하지 않은 시간이 없었고 아름답지 않았던 일들이 없었다. 지나온 생의 모든 순간, 모든 만남이 인연이 아니고 배움이 아닌 것이 없었다. 내가 서 있던 곳이 바로 낙원의 모퉁이였다.

어릴 적 내 꿈은 국제 태권도 사범이었다. 내 꿈은 여기까지였고 그 꿈은 이루어졌다. 더 이상 갈 곳도 바랄 것도 없다. 갑자기 막막해 졌다. 이젠 무엇을 위해 어디를 향해 가야 하나? 좀 더 지혜롭게 살 걸 하는 후회가 든다. 싫든 좋든 다시 한 번 삶을 추슬러 나아가야 할 때이다. 다시 새로운 꿈을 꾸며 나아가야 할 때이다.

세월에 녹슬지 않는 사범(師範). 싸우지 않고 이기는 무인(武人). 태권(跆拳)으로 도(道)에 이르는 도인(道人)으로 영혼의 먼지를 털어 내며 맑게 살아가고 싶다. 가고 가다 하늘이 주신 사명을 다하고 이 땅을 뜨는 날, 평생의 도반(道伴)이 된 도복을 수의(壽衣)로 입고 가고 싶다. 그날이 오기까지 살랑거리는 바람을 느끼며 천천히 그러나 항상 앞으로 그렇게만 가고 싶다. 내 나이 마흔 하고도 넷, 이것이 오늘 꾸어 보는 굼벵이의 꿈이다.

※ 헌사 : 함께 태권도의 길을 걷는 이 시대 모든 태권도인들에게 바칩니다.

곰팡이 태권도 사범의
좌충우돌 미국 체험기